Grundwortschatz Englisch

8 000 Wörter zu über 100 Themen

Hans G. Hoffmann
Marion Hoffmann

W0277037

Hueber Verlag

Wenn Sie Fragen zum englischen Sprachgebrauch oder Kommentare zum Inhalt dieses Buches haben, besuchen Sie uns doch auf unserer Website *www.englishmaster.de*
Dort finden Sie auch Informationen zu Grammatik, Wortschatz, Sprachgebrauch und Landeskunde sowie Übungen und Hinweise auf nützliche Lernhilfen.

Hans G. Hoffmann, Marion Hoffmann

Das Werk und seine Teile sind urheberrechtlich geschützt.
Jede Verwertung in anderen als den gesetzlich zugelassenen Fällen bedarf deshalb der vorherigen schriftlichen Einwilligung des Verlags.

Hinweis zu § 52a UrhG: Weder das Werk noch seine Teile dürfen ohne eine solche Einwilligung überspielt, gespeichert und in ein Netzwerk eingespielt werden. Dies gilt auch für Intranets von Firmen und von Schulen und sonstigen Bildungseinrichtungen.

4. 3. 2. | Die letzten Ziffern
2011 10 09 08 07 | bezeichnen Zahl und Jahr des Druckes.
Alle Drucke dieser Auflage können, da unverändert, nebeneinander benutzt werden.
1. Auflage
© 2005 Hueber Verlag, 85737 Ismaning, Deutschland
Die farbig unterlegten, hoch frequenten Wörter sind dem Macmillan English Dictionary entnommen. Das Macmillan English Dictionary ist bei Macmillan Publishers Limited erschienen; © Bloomsbury Publishing PLc, 2002. (www.macmillandictionaries.com)
Umschlaggestaltung: Parzhuber und Partner, München
Redaktion: Valerio Vial, Ismaning
Layout und Satz: Kerstin Rieger, Ismaning
Druck und Bindung: J. P. Himmer GmbH, Augsburg
Printed in Germany
ISBN 978-3-19-009520-9

Einführung

Dieser *Grundwortschatz Englisch* ist gedacht für die Nutzung in Schule, Volkshochschule, Beruf und Alltag sowie im Zusammenhang mit Reisen. Er besteht im Wesentlichen aus zwei Teilen:

1. Einem alphabetisch geordneten Allgemeinwortschatz der 500 häufigsten und wichtigsten Wörter.
50 bis 60 Prozent eines jeden beliebigen englischen Textes bestehen aus Wörtern, die in dieser Liste enthalten sind. Daher sollten Sie diese Wörter beherrschen. Sie sind das Gerippe der Sprache.
Ohne Wörter aus dieser Liste können Sie keinen englischen Text formulieren. Mit ihnen allein allerdings auch nicht, denn Sie wollen mit Ihrem Text ja etwas mitteilen; Ihr Text hat ein Thema.

2. Einem thematisch geordneten Wortschatz.
Zum Ausdrücken eines Themas benötigen Sie nämlich außer den Allgemeinwörtern der 500-Wörter-Liste auch noch Wörter aus einem engeren thematischen Bereich. 8 000 solcher alle wesentlichen Lebensbereiche erfassenden Wörter finden Sie nach Themen geordnet im Hauptteil des Buches.

Auch im thematischen Hauptteil des Buches stoßen Sie immer wieder auf Wörter aus der 500-Wörter-Liste, und zwar vor allem in den Anwendungsbeispielen. Nehmen Sie zum Beispiel auf Seite 104 den Satz *She's (= She has) given us a lot of homework.* (= Sie hat uns viel aufgegeben.) Von diesen acht Wörtern gehören sieben zum Allgemeinwortschatz; das achte allerdings (*homework*) ist ein thematisches Wort, das dem Satz erst seinen Sinn gibt. Es kommt aus dem Themenkapitel *Teaching and learning* und ließe sich durch viele Nomen aus anderen Kapiteln – je nach Aussageabsicht – ersetzen: *affection, freedom, kindness, material, motivation, optimism* usw. Mit der Fähigkeit, Allgemeinwortschatz und thematischen Wortschatz sinnvoll miteinander zu verknüpfen, wächst Ihr Ausdrucksvermögen.

8 000 Wörter sind eine Menge, könnten Sie sagen, und Sie hätten damit Recht! Wenn Sie im Laufe Ihres Englischlernens einen aktiv verfügbaren Kernwortschatz von ca. 2 000 Wörtern erwerben, sind Sie schon sehr gut. Neben dem aktiven hat jeder Sprachbenutzer aber auch einen passiven Wortschatz; dieser ist wesentlich größer und individuell verschieden.

Mit diesem *Grundwortschatz Englisch* können Sie sich entsprechend Ihren thematischen Interessen Ihren persönlichen aktiven und passiven Englischwortschatz aufbauen – ein interessanter Lernprozess, bei dem

Sie die spaltenweise Anordnung des Materials, die farbige Kennzeichnung des wichtigsten Alltagswortschatzes, die vielen Infoboxen und die beiden umfassenden Register wirksam unterstützen.

Hinweise für den Gebrauch:

1. Einzelne benötigte Wörter finden Sie schnell über das deutsche oder englische Register. Aber die thematische Anordnung des Wortschatzes ermöglicht Ihnen natürlich auch systematisches Suchen und Lernen - ein wesentlicher Zweck dieses Buches.

2. Die über 150 farbig gekennzeichneten Infoboxen bieten Ihnen Listen thematisch zusammengehörigen Wortmaterials sowie Hinweise zu Übersetzungsproblemen, Sprachgebrauch, Grammatik, Landeskunde, Idiomatik und Aussprache.

3. Die farbig gekennzeichneten Wörter werden nach Angabe des Macmillan English Dictionary besonders häufig gebraucht und sollten darum vorrangig beachtet und gelernt werden.

4. Auf Unterschiede zwischen britischem (BE) und amerikanischem (AE) Vokabular wird konsequent hingewiesen. Schreibweise und Ausspracheangabe entsprechen dem britischen Sprachgebrauch.

Wie prägen Sie sich neuen Wortschatz ein?

Für das Vokabellernen gibt es viele individuelle Methoden, unter denen die folgenden am häufigsten praktiziert werden:

- Sie lernen den spaltenweise angeordneten Wortschatz nach Möglichkeit laut, erst links - rechts und dann rechts - links.
- Sie testen sich, indem Sie zunächst die deutsche Entsprechung des englischen Eintrags abdecken, die deutsche Übersetzung aus dem Gedächtnis sprechen und dann das Blatt nach unten schieben, um die Übersetzung zur Überprüfung sichtbar zu machen.
- Später verfahren Sie entsprechend mit der englischen Spalte.
- Nehmen Sie sich nie einen zu langen Abschnitt vor! Mehr als acht Einträge sollten Sie nicht auf einmal lernen.
- Begrenzen Sie Ihre Lernsitzungen. Jeden Tag eine Viertelstunde ist besser als einmal die Woche zwei Stunden üben.

Was machen Sie mit „hartnäckigen Verweigerern“, d.h. Wörtern oder Wortfolgen, die Sie sich nicht merken können?
Schreiben Sie sie auf Zettel im Format DIN A7 – das Englische auf die eine Seite, das Deutsche auf die andere. Legen Sie die Zettel an auffälliger Stelle in Ihrer Wohnung aus oder tragen Sie sie bei sich, damit Sie immer wieder einmal üben oder sich testen können.

Inhaltsverzeichnis

Der wichtigste Allgemeinwortschatz

Die folgenden besonders häufig gebrauchten Wörter sind thematisch neutral und kommen daher nur beiläufig in den Themenkapiteln vor.

a(n) ein(e)
able imstande
about ungefähr; etwa
about: talk about sth. über etw. reden
above (dar)über; oberhalb
across über
actually an sich; eigentlich
after nach; nachdem
again wieder
against gegen
ago: ten years ago vor zehn Jahren
agree der gleichen Meinung sein
air Luft
all all(e); alles
allow erlauben
almost fast; beinahe
along entlang
already schon
also auch
although obwohl
always immer
among (friends etc.) unter (Freunden etc.)
and (so on) und (so weiter)
animal Tier
another noch ein(e)
answer antworten; Antwort
any irgendwelch
any: not any kein
anyone (irgend)jemand
anyone: not anyone niemand
anything (irgend)etwas
anyway sowieso; jedenfalls
appear erscheinen
area Gebiet
argue argumentieren; sich streiten
around herum; umher
as (big) as so (groß) wie
as if als ob
as well as sowie
ask fragen
ask for bitten um
at (the door) an (der Tür)
at least mindestens
at: not (good) at all überhaupt nicht (gut)
away weg
back zurück; Rückseite; Rücken
bad schlecht; schlimm
be sein; werden
be to sollen
because weil
because of wegen
become werden
before vor; bevor; vorher
begin anfangen
behind hinter
believe glauben
better besser
between zwischen
big groß
bit bisschen
body Körper
book Buch
both beide
boy Junge
break brechen; kaputtmachen
bring bringen
build bauen
building Gebäude
business Geschäft(sleben)
but aber; sondern
buy kaufen
by (car) mit (dem Auto)
by (Shaw) von (Shaw)
by: (finish) by (5 o'clock) bis (5 Uhr fertig sein)

call rufen; anrufen
can kann
cannot / can't kann nicht
car Auto
carry tragen
case Fall
catch fangen; erwischen
cause Ursache; verursachen
centre Zentrum
century Jahrhundert
certain(ly) gewiss; bestimmt
chance Chance; Möglichkeit
change ändern; (Ver-)Änderung
child [aɪ] – children [ɪ] Kind – Kinder
choose (aus)wählen
church Kirche
city Stadt
class Klasse
clear klar
colour Farbe
come kommen
company Gesellschaft
condition Bedingung; Zustand
consider erwägen; halten für
cost [ɔ] kosten; Kosten
could könnte; konnte
country Land
cut schneiden
date Datum; Verabredung
day Tag
dead tot
death (der) Tod
decide entscheiden; beschließen
decision Entscheidung; Entschluss
describe beschreiben
die sterben
difference Unterschied
different verschieden
difficult schwierig
difficulty Schwierigkeit
discuss diskutieren
do tun; machen
doctor Arzt, Ärztin
dog Hund
door Tür
down (he)runter; hinunter
drive fahren; treiben
during während
each jede(r, s) (einzelne)
each other einander; sich
early früh
easy leicht; einfach
eat essen
either ... or entweder ... oder
else sonst
else: (sb.) else (jem.) anders
end Ende; enden
enough genug
enter betreten; eintreten
especially besonders
even sogar
evening Abend
event Ereignis
ever je(mals)
every jede(r, s)
everyone jeder(mann); alle
everything alles
example Beispiel
expect erwarten
explain erklären
eye Auge
face Gesicht
fact Tatsache
fail scheitern
fall fallen
family Familie
far weit
father Vater
feel (sich) fühlen
few wenige
few: a few ein paar
field Feld; Gebiet
fight kämpfen; Kampf
finally schließlich
find finden
fine schön
finish beenden; fertig sein (mit)
fire Feuer; Brand

first erste; zuerst
floor (Fuß-)Boden; Stock(werk)
follow(ing) folgen(d)
food Essen; Nahrung; Futter
foot Fuß
for für
for (two years) zwei Jahre lang; seit zwei Jahren
foreign ausländisch
forget vergessen
free frei; kostenlos
friend Freund(in)
from (Italy) aus (Italien)
from ... to von ... bis
full voll
further weiter
future Zukunft
game Spiel
garden Garten
get bekommen; kommen; werden
girl Mädchen
give geben
glass Glas
go gehen; fahren
good gut
government Regierung
great groß(artig)
group Gruppe
grow (up) (auf)wachsen
hair Haar(e)
half halb
hand Hand
happen geschehen; passieren
happy glücklich
hard hart; (*Aufgabe*) schwer
have haben
have (got) to müssen
he er
head Kopf
health Gesundheit
hear hören
heart Herz
help helfen; Hilfe
her sie; ihr
here hier
high hoch
him ihn; ihm
his sein
hold (ab)halten
home Heim; Wohnung; Haus
home: at home zu Hause
hope hoffen; Hoffnung
hospital Krankenhaus
hotel Hotel
hour Stunde
house Haus
how wie
however jedoch
I ich
idea Idee
if wenn; falls; ob
important wichtig
in in
including einschließlich
indeed wirklich; tatsächlich
information Information(en)
interest Interesse
international international
into in (hinein)
it es; er; sie; ihn
its sein; ihr
job Arbeit; Job
join beitreten; sich anschließen
just gerade; genau; einfach; nur
keep halten; behalten
kill töten
kind Art
know wissen; kennen
land Land
language Sprache
large groß
last letzte(r, s)
late spät
law Recht; Gesetz
lead führen
learn lernen
leave (ver)lassen
less weniger

let lassen
letter Brief
lie liegen
life (das) Leben
light Licht
like wie; mögen; gern haben
line Linie; Zeile
little klein; wenig
live leben; wohnen
long lang(e)
look schauen; Blick
lose [lu:z] verlieren
lot: a lot of viel(e)
love lieben; Liebe
low niedrig
main Haupt-
make machen
man Mann
many viele
market Markt
matter Sache
may darf; mag; kann
me mich; mir
mean meinen
meet (sich) treffen; kennen lernen
meeting Sitzung; Begegnung
member Mitglied
might könnte (vielleicht)
mind Kopf; Geist; Gedanken
minute Minute
money Geld
month Monat
more mehr
morning Morgen
most (die) meisten; höchst
mother Mutter
move (sich) bewegen
much viel
music (die) Musik
must muss
must not darf nicht
my mein
name Name
national national
nature (die) Natur
near in der Nähe von
necessary notwendig; nötig
need brauchen; Notwendigkeit
never nie(mals)
new neu
next nächste(r, s)
nice nett; hübsch
night Nacht; Abend
no nein; kein
no one niemand
not nicht
not anything nichts
nothing nichts
now jetzt
number Zahl; Anzahl
of von
of course selbstverständlich
off weg; aus(geschaltet)
office Büro; Amt
often oft
old alt
on auf
on (the first of May) am (1. Mai)
once einmal
one ein(s)
one: a good one ein(e) gute(r)
only nur
open (er)öffnen; offen
or oder
order Ordnung
order: in order to um zu
other andere
our unser
out hinaus; (he)raus
over (her/hin)über
own eigen
paper Papier; Zeitung
part Teil
party Partei; Party
pay (be)zahlen
people Leute; Menschen
perhaps vielleicht
person Person; Mensch

picture Bild
piece Stück
place Ort
plan Plan; planen
play spielen
please bitte
point Punkt
police Polizei
political politisch
poor arm
possible möglich
pound Pfund
power Macht
president Präsident(in)
price Preis
probably wahrscheinlich
problem Problem
produce herstellen
product Produkt
program(me) Programm
public öffentlich
put stellen; legen; setzen
question Frage
quick(ly) schnell
quite (right) ganz (richtig)
raise erhöhen
rather ziemlich
reach erreichen
read lesen
real(ly) wirklich
reason Grund
reduce reduzieren
relationship Beziehung
remain bleiben
remember sich erinnern (an)
report Bericht; berichten
rest Ruhe; ruhen; Rest
right richtig; rechte(r, s)
rise (an)steigen
road Straße
room Zimmer
round rund; (rund)herum
rule Regel
run rennen; laufen
sale Verkauf
same selbe
say sagen
school Schule
sea: the sea die See
see sehen
seem scheinen
sell verkaufen
send schicken
several mehrere
shall soll
she sie
shop Laden
short kurz
should sollte; müsste
show Show; zeigen
side Seite
similar ähnlich
simple einfach
since (May) seit (Mai)
sit sitzen
size Größe
small klein
so so; sodass; damit
social sozial
some einige; etwas
someone jemand
something etwas
sometimes manchmal
son Sohn
soon bald
sorry! Entschuldigung!
sort Art; Sorte
speak sprechen
special besondere(r, s)
spend ausgeben; verbringen
stand stehen
start anfangen
station Bahnhof
stay bleiben
step Schritt
still (immer) noch
stop (an)halten
story Geschichte

street Straße
strong stark
student Studierende(r)
study studieren; lernen
such solch(e, er, es)
such as wie (zum Beispiel)
suggest vorschlagen
sure sicher
table Tisch
take nehmen; bringen
talk reden; Gespräch
teacher Lehrer(in)
tell sagen; erzählen
than: bigger than größer als
thank you danke
that dass; das; diese(r, s)
the der; die; das
their ihr
them sie; ihnen
then dann
there dort
they sie
thing Ding; Sache
think denken
this dies(e, er ,es)
though obwohl
through durch
time Zeit
to zu; nach
today heute
together zusammen
too zu (sehr); auch
town Stadt
true wahr
try versuchen
turn drehen
under unter
understand verstehen
union Union
until bis
up hinauf; rauf
us uns
use [ju:s] Gebrauch; Nutzen
use [ju:z] gebrauchen; benutzen
used to pflegte zu
usually meistens
very (much) sehr
wait warten
walk (zu Fuß) gehen
want (to) wollen
war Krieg
watch beobachten
water Wasser
way Weg; Art und Weise
we wir
week Woche
well gut
what was
when wann; wenn
where wo(hin)
whether ob
which welche(r, s)
while während
who wer; der / die / das
whole ganz
whose wessen; dessen / deren
why warum
wife (Ehe-)Frau
will wird
win gewinnen
wish wünschen
with mit
without ohne
woman Frau
word Wort
work arbeiten; Arbeit
world Welt
would würde
write schreiben
wrong falsch
year Jahr
yes ja
yesterday gestern
yet: not yet noch nicht
you du; Sie; ihr; dich; dir; Ihnen; euch
young jung
your dein; Ihr

1.1 Personal data
Angaben zur Person

name [neɪm]	**Name**
What's your name?	Wie heißt du / ist Ihr Name?
Her maiden name is Smith.	Ihr Mädchenname ist Smith.
first name / given name	**Vorname**
surname / *AE* **last name**	**Familienname; Nachname; Zuname**
middle name [mɪdl 'neɪm]	**mittlerer Name; zweiter Vorname**
George Bush's middle name is Walker.	George Bushs zweiter Vorname ist Walker.
nickname ['nɪkneɪm]	**Spitzname**
date of birth [bɜːθ]	**Geburtsdatum**
She was born on the sixth of May / on May (the) sixth, nineteen sixty-two.	Sie ist am sechsten Mai neunzehnhundertzweiundsechzig / am 6. Mai 1962 geboren.
When is / When's your **birthday**?	Wann hast du **Geburtstag**?
It's his birthday today.	Er hat heute Geburtstag.
She has a birthday next Monday.	Sie hat nächsten Montag Geburtstag.

Vermeiden Sie die abgekürzte Form:
6/5/62 heißt *BE* 6. Mai, *AE* dagegen 5. Juni!

age [eɪdʒ]	**Alter**
What age are you?	Wie alt bist du / sind Sie?
place of birth [bɜːθ]	**Geburtsort**
place of residence ['rezɪdəns]	**Wohnort**
nationality [næʃə'næləti]	**Nationalität; Staatsangehörigkeit**
What nationality are you?	Welche Staatsangehörigkeit haben Sie?
marital status ['mærɪtl steɪtəs]	**Familienstand**
Married, single, or divorced?	Verheiratet, ledig oder geschieden?
sex: male [meɪl] – **female** ['fiːmeɪl]	**Geschlecht: männlich – weiblich**
height [haɪt] – **weight** [weɪt]	**Größe – Gewicht**
What height are you?	Wie groß sind Sie / bist du?
What weight are you?	Was wiegen Sie / wiegst du?
address [ə'dres]	**Adresse; Anschrift**
at this address	unter dieser Adresse
What's your e-mail address?	Wie ist deine E-Mail-Adresse?

1.2 Parts of the body
Körperteile

head [hed]	**Kopf**
from head to toe [təʊ]	von Kopf bis („Zeh") Fuß
brain [breɪn]	**Gehirn**
hair [heə]	**Haar; Haare**
I had my hair cut.	Ich ließ mir die Haare schneiden.
face [feɪs]	**Gesicht**
eye [aɪ]	**Auge**
She's blind [blaɪnd] in one eye.	Sie ist auf einem Auge blind.
nose [nəʊz]	**Nase**
mouth [mauθ]	**Mund; Maul**
tooth [tu:θ] – **teeth** [ti:θ]	**Zahn – Zähne**
tongue [tʌŋ]	**Zunge**
lip [lɪp]	**Lippe**
ear [ɪə] – **eardrum** ['ɪədrʌm]	**Ohr – Trommelfell**
an infection of the middle ear	eine Mittelohrentzündung
neck [nek]	**Hals** (*von außen gesehen*)
He broke his neck.	Er brach sich das Genick.
throat [θrəʊt]	**Kehle; Hals** (*von innen gesehen*)
I've got a sore [sɔ:] throat.	Ich habe Halsschmerzen.
shoulder ['ʃəʊldə]	**Schulter**
He shrugged his shoulders.	Er zuckte mit den Achseln.
arm [ɑ:m]	**Arm**
She has broken her arm.	Sie hat sich den Arm gebrochen.
elbow ['elbəʊ]	**Ell(en)bogen**
hand [hænd]	**Hand**
He injured ['ɪndʒəd] his hand.	Er verletzte sich an der Hand.
finger ['fɪŋgə]	**Finger**
(finger)nail [('fɪŋgə)neɪl]	(Finger-)Nagel
leg [leg]	**Bein**
knee [ni:]	**Knie**
foot [fʊt] – **feet** [fi:t]	**Fuß – Füße**
chest [tʃest]	**Brust(korb)**
breast [brest] – **breasts**	**Brust – Brüste**
Breast milk is best for babies.	Muttermilch ist für Babys am besten.
rib [rɪb]	**Rippe**
heart [hɑ:t]	**Herz**
lung [lʌŋ] – **lungs**	**Lungenflügel – Lunge**
liver ['lɪvə]	**Leber**

kidney ['kɪdni]	**Niere**
stomach ['stʌmək]	**Magen; Bauch**
on an empty stomach	auf nüchternen Magen
abdomen ['æbdəmən]	**Unterleib**
the bowels ['baʊəlz] / **the intestines** [ɪn'testɪnz]	**der Darm**
have a bowel movement	Stuhlgang haben
faeces ['fi:si:z] – **stools** – **motions**	**Stuhl; Kot**
He's got blood [blʌd] in his faeces.	Er hat Blut im Stuhl.
buttocks (*Mit Pluralverb!*) ['bʌtəks]	**Gesäß; Hintern; Hinterteil**
anus ['eɪnəs]	**After; Anus**
urine ['jʊərɪn] – **urinate** ['jʊərɪneɪt]	**Urin / Harn – urinieren**
genitals ['dʒenɪtəlz]	**Genitalien; Geschlechtsteile**
vagina [və'dʒaɪnə]	**Vagina; Scheide**
penis ['pi:nɪs]	**Penis**

Euphemismen

Ein Euphemismus ist eine beschönigende, „verhüllende" Umschreibung für etwas, das man sich scheut direkt auszusprechen. Beispiele: *anus* ['eɪnəs]: *back passage* • *breast* [brest]: *bust / chest* • *buttocks: behind / bottom / seat* • *defecate* ['defəkeɪt] (= Kot ausscheiden): *have the bowels opened* • *faeces* ['fi:si:z] / *stools: motions* • *genitals* ['dʒenɪtəlz]: *private parts* • *penis* ['pi:nɪs]: *private part(s) / privates* • *urinate* ['jʊərɪneɪt]: *pass water* • *vagina* [və'dʒaɪnə]: *down below, front passage, private (part)* • *vomit* ['vɒmɪt] (= erbrechen): *be sick*

circulation [sɜ:kju'leɪʃn]	(der) **Kreislauf**
blood [blʌd]	**Blut**
blood donor ['blʌd dəʊnə]	Blutspender(in)
vein [veɪn] – **artery** ['ɑ:təri]	**Vene – Arterie**
varicose ['værɪkəʊs] veins	Krampfadern
skeleton ['skelətən]	**Skelett**
bone [bəʊn]	**Knochen**
joint [dʒɔɪnt]	**Gelenk**
swollen ['swəʊlən] joints	geschwollene Gelenke
skin [skɪn]	**Haut**
muscle ['mʌsl]	**Muskel**
nerve [nɜ:v]	**Nerv**
She has good / bad nerves.	Sie hat gute / schlechte Nerven.
He gets on my nerves.	Er geht mir auf die Nerven.
nervous ['nɜ:vəs]	**nervös; ängstlich; Nerven-**
She is a nervous type [taɪp].	Sie ist ein nervöser Typ.
a nervous breakdown	ein Nervenzusammenbruch

1.3 Outward appearance
Äußere Erscheinung

tall [tɔ:l] – **short** [ʃɔ:t]	**groß – klein** (gewachsen)
slender ['slendə] / **slim** [slɪm]	**schlank**
thin [θɪn]	**dünn**
wiry ['waɪəri]	**drahtig**
the wiry figure of a runner	die drahtige Figur eines Läufers
skinny ['skɪni]	**mager; dünn**
lean [li:n] – **gaunt** [gɔ:nt]	**mager – ausgemergelt**
a lean boy of seventeen	ein schmaler Siebzehnjähriger
haggard ['hægəd]	**ausgezehrt; verhärmt; abgespannt**
underweight [-weɪt] – **overweight**	**untergewichtig – übergewichtig**
plump [plʌmp]	**rundlich; mollig; pummelig**
stout [staʊt]	**korpulent; beleibt; füllig**
broad(-shouldered) [brɔ:d'ʃəʊldəd]	**breit(schultrig)**
husky ['hʌski] / **burly** ['bɜ:li]	**kräftig** (gebaut)
stocky ['stɒki] / **thickset** [θɪk'set]	**stämmig; gedrungen**
stooped [stu:pt] (with old age)	(vom Alter) **gebeugt**

Attractiveness [ə'træktɪvnəs] **(= Attraktivität)**
cute [kju:t]: *a cute little baby* (= ein niedliches kleines Baby)
lovely ['lʌvli]: *a lovely little girl* (= ein reizendes kleines Mädchen)
attractive [ə'træktɪv]: *an attractive man* (= ein attraktiver Mann)
handsome ['hænsəm]: *young and handsome* (= jung und gut aussehend)
good-looking: a good-looking man (= ein gut aussehender Mann)
shapely ['ʃeɪpli]: *shapely legs* (= wohlgeformte Beine)
smart: a smart, lightly built man (= ein schicker Mann von schlankem Wuchs)
pretty ['prɪti]: *a pretty young girl* (= ein hübsches junges Mädchen)
beautiful ['bju:təfl]: *beautiful blue eyes* (= wunderschöne blaue Augen)

Unattractiveness [ʌnə'træktɪvnəs] **(= mangelnde Attraktivität)**
homely AE: *a plump, homely woman* (= eine rundliche, wenig attraktive Frau)
plain: plain, almost ugly (= unansehnlich, beinahe hässlich)
unattractive: an unattractive woman (= eine unattraktive Frau)
unpleasant: an unpleasant-looking man (= ein unangenehm wirkender Mann)
ugly ['ʌgli]: *a fat, ugly woman* (= eine dicke, hässliche Frau)

face [feɪs] — **Gesicht**
an oval ['əʊvl] / round face — ein ovales / rundes Gesicht
eye [aɪ] — **Auge**
dark eyes – bright eyes — dunkle Augen – strahlende Augen
He was pale and hollow-eyed. — Er war bleich und hohläugig.
complexion [kəm'plekʃn] — **Gesichtsfarbe**
a ruddy / pallid ['pælɪd] complexion — eine rosige / bleiche Gesichtsfarbe
radiant ['reɪdiənt] — **strahlend; leuchtend**
She was radiant with joy. — Sie strahlte vor Freude.
wrinkles ['rɪŋklz] – **wrinkled** ['rɪŋkld] — **Falten – runzlig / faltig**

Zur Beschreibung des Haares
a trendy hairstyle ['heəstaɪl] / *hairdo* ['heədu:] (= eine aktuelle Frisur)
his shining blond [blɒnd] *locks* (= seine leuchtenden blonden Locken)
her beautiful blonde [blɒnd] *hair* (= ihr schönes blondes Haar)
brunettes, blondes, redheads (= Brünette, Blondinen, Rothaarige)
dark-haired – white-haired (= dunkelhaarig – weißhaarig)
straight, curly, and frizzy ['frɪzi] *hair* (= glattes, lockiges und krauses Haar)
a crew cut ['kru: kʌt] (= ein Bürstenschnitt)
His hair is thinning ['θɪnɪŋ]. (= Sein Haar lichtet sich langsam.)
He wears [weəz] *a wig.* (= Er trägt eine Perücke.)
He's in his fifties turning grey. (= Er ist in den Fünfzigern und wird langsam grau.)
He's balding ['bɔ:ldɪŋ]. (= Er bekommt langsam eine Glatze.)
He's bald [bɔ:ld]. (= Er hat eine Glatze.)

dress [dres] – **dressed** [drest] — **Kleidung – gekleidet**
stylishly / trendily dressed — elegant / modisch gekleidet
She was dressed in a blouse and skirt. — Sie trug eine Bluse und einen Rock.
He's a smart dresser. — Er geht immer schick / flott gekleidet.

well groomed [u:] – **badly groomed** — **gepflegt – ungepflegt**
dishevelled [dɪ'ʃevld] — **ramponiert; ungepflegt**
his dishevelled / unkempt appearance — seine ungepflegte Erscheinung
dirty ['dɜ:ti] – **grubby** ['grʌbi] — **schmutzig – schmuddelig**
a grubby shirt — ein schmuddeliges Hemd
shabby ['ʃæbi] – **scruffy** ['skrʌfi] — **schäbig – vergammelt**
rumpled ['rʌmpld] — **zerknittert; verwuschelt; zerzaust**
He was wearing [eə] a rumpled suit. — Er trug einen zerknitterten Anzug.

1.4 Childhood and youth
Kindheit und Jugend

child [tʃaɪld] – **children** ['tʃɪldrən]	**Kind – Kinder**
children's wear [weə]	Kinderbekleidung
childminder / nanny / baby-minder	Tagesmutter
She's an only child.	Sie ist ein Einzelkind.
baby ['beɪbi] – **babies**	**Baby – Babys**
a newborn ['nju:bɔ:n] (baby / child)	ein Neugeborenes
baby-sitter / sitter	Babysitter
toddler – infant ['ɪnfənt] **child**	**Kleinkind**
infancy ['ɪnfənsi]	**frühe Kindheit; Kindesalter**
cradle ['kreɪdl]	**Wiege**
from the cradle to the grave [greɪv]	von der Wiege bis zur Bahre
cot [kɒt] *BE* / *AE* **crib** [krɪb]	**Kinderbett**
pram [præm] *BE* / *AE* **baby carriage** ['kærɪdʒ]	**Kinderwagen**
pushchair [ʊ] *BE* / *AE* **stroller** [əʊ]	**Buggy**
dummy [ʌ] *BE* / *AE* **pacifier** [æ]	**Schnuller**
crèche [kreʃ] *BE*	**Kinderkrippe**
(day) nursery ['nɜ:səri] *BE* / *AE* **day-care center**	**Kindergarten / -tagesstätte** (für 2- bis 5-Jährige)
playgroup ['pleɪgru:p]	**Spielgruppe** (für 2- bis 5-Jährige)
a **toy** [tɔɪ]	ein **Spielzeug**
Every child needs toys.	Jedes Kind braucht Spielzeug.
toy train set	Spielzeugeisenbahn

Dinge, mit denen sich Kinder beschäftig(t)en
play (with a) ball (= Ball spielen) • *play cards* (= Karten spielen) • *play at mothers and fathers* (= Mutter und Vater spielen)
doll [dɒl] (= Puppe) • *doll's pram* BE / AE *doll carriage* ['kærɪdʒ] (= Puppenwagen) • *doll's house* BE / AE *dollhouse* (= Puppenstube) • *stuffed animal* (= Stofftier) • *teddy bear* [eə] (= Teddybär)
building blocks ['bɪldɪŋ blɒks] (= Bauklötze) • *model* ['mɒdl] *railway* BE / AE *model railroad* (= Modelleisenbahn)
comics [ɒ] / *comic books* (= Comic-Hefte) • *comic strips* • *picture book* (= Bilderbuch) • *fairy tale* (= Märchen)
colouring ['kʌlərɪŋ] *book* (= Malbuch) • *colouring set* (= Mal- / Tuschkasten) • *crayons* ['kreɪənz] (= Buntstifte) • *wax crayons* (= Wachsmalstifte) • *paints* (= Farben)
board [ɔ:] *game* (= Brettspiel) • *puzzle* ['pʌzl] (= Rätsel, Denksportaufgabe) • *jigsaw* ['dʒɪgsɔ:] *(puzzle)* (= Puzzle / Puzzlespiel)

roller [əʊ] *skates* (= Rollschuhe) • *ice skates* (= Schlittschuhe) • *skateboard* (= Skateboard / Rollbrett) • *bicycle* ['baɪsɪkl] / *bike* (= Fahrrad) • *tricycle* (= Dreirad) • *sledge* BE / AE *sled* (= Schlitten)

young [jʌŋ]	**jung**
young people ['pi:pl]	junge Leute; Jugendliche
young children ['tʃɪldrən]	kleine Kinder
for the young	für die Jugend; für junge Leute
youngster ['jʌŋstə]	**Jugendliche(r)**

Männliche Jugendliche sind *boys*, *guys* [gaiz], *lads*, *youngsters*, *youths* [ju:ðz]. Weibliche Jugendliche sind *girls* oder (besonders nordenglisch oder schottisch) *lasses* ['læsɪz], auch *young ladies*.

youth [ju:θ]	(die) **Jugend(zeit)**
youth club – youth hostel [ɒ]	Jugendklub – Jugendherberge

Entsprechungen für „Jugend"
Jugend = Jugendzeit:
I spent my youth in Hull. (= Meine Jugend verbrachte ich in Hull.)
Jugend = junge Menschen:
Young people are optimistic [ɒptɪ'mɪstɪk]. (= Die Jugend ist optimistisch.)
Today's youth has its own problems ['prɒbləmz]. (= Die heutige Jugend hat ihre eigenen Probleme.)

schoolboy – **schoolgirl**	**Schüler** – **Schülerin**
adolescent [ædə'lesnt]	**Heranwachsende(r)**
adolescence [ædə'lesns]	**das Erwachsenwerden**
puberty ['pju:bəti]	(die) **Pubertät**
a teenager / **a teen**	**ein Teenager**
a teen(age) mother ['mʌðə]	eine Mutter im Teenalter
a girl in her early teens	ein Mädchen zwischen 13 und 14
come / **be of age** [eɪdʒ]	**großjährig werden / sein**
juvenile ['dʒu:vənaɪl]	**Jugend-**
juvenile court	Jugendgericht
juvenile delinquent [dɪ'lɪŋkwənt]	jugendliche(r) Straftäter(in)
adult ['ædʌlt]	**erwachsen; Erwachsene(r)**
grown-up [grəʊn'ʌp / 'grəʊnʌp]	**erwachsen**
They have two grown-up ['grəʊnʌp] sons.	Sie haben zwei erwachsene Söhne.
grownup ['grəʊnʌp]	(*Kindersprache*) Erwachsene(r)
Don't tell the grownups.	Sag das nicht den Erwachsenen!

1.5 Middle age and old age
Mittlere Jahre und Alter

middle age [mɪdl 'eɪdʒ]	**das mittlere Lebensalter** (ca. 40–65)
mid-life crisis [mɪdlaɪf 'kraɪsɪs]	**Krise in der Lebensmitte** (um die 40)
mature [mə'tʃʊə] – **maturity**	(*körperlich, geistig*) **reif** – **Reife**
a mature student *BE*	Student(in) über 25
prime [praɪm]	**Höhepunkt; Krönung**
She's in her prime.	Sie ist in den besten Jahren.
She's past her prime.	Sie ist über die besten Jahre hinaus.
life expectancy [ɪk'spektənsi]	(die) **Lebenserwartung**
ageing ['eɪdʒɪŋ] *BE* / *AE* **aging**	**das Altern**
menopause / **the change of life**	**die Wechseljahre**
grow old / **get old**	**alt werden**
get on (in years) (– got – got)	**(langsam) älter werden**
We're getting on (in years).	Wir werden langsam älter.
elderly ['eldəli]	**ältere(r, s)**
poverty ['pɒvəti] among the elderly	Armut unter älteren Menschen

> Die Adjektive *elderly* und *older* haben nicht die gleiche Bedeutung! *Elderly* bezeichnet Menschen, die (absolut) alt sind: *elderly people* ['pi:pl] (= ältere / alte Leute / Menschen).
> *Older people* dagegen sind relativ älter als andere, aber nicht notwendigerweise alt: *older people are more experienced* [ɪk'spɪəriənst] (= ältere Menschen haben mehr Erfahrung). – In *the older generation* [dʒenə'reɪʃn] (= die ältere Generation) z. B. kann *older* nicht durch *elderly* ersetzt werden.

the old folk [fəʊk]	**die alten Leute**
old folk's home / old people's home	Altenheim; Altersheim
veteran ['vetərən]	(*auch* Kriegs-)**Veteran(in)**
a veteran diplomat / teacher	ein altgedienter Diplomat / Lehrer
of pensionable ['penʃənəbl] **age**	**im Renten- / Pensionsalter**
(old-age) pensioner *BE* / *AE* **retiree**	**Rentner(in)**
retire [rɪ'taɪə]	**in den Ruhestand treten**
a retired teacher ['ti:tʃə]	ein(e) pensionierte(r) Lehrer(in)
occupation [ɒkjə'peɪʃn]: retired	Beruf: Rentner(in)

retirement [rɪ'taɪəmənt] — **Ausscheiden aus dem Arbeitsleben**
when she reaches retirement age — wenn sie das Rentenalter erreicht
old age [əʊld 'eɪdʒ] — **das Alter**
She lived to a ripe old age. — Sie erreichte ein hohes Alter.

Wenn von *old age* oder *elderly people* die Rede ist, werden oft Euphemismen (= beschönigende / verhüllende Ausdrücke) verwendet: *women of a certain age* sind in mittleren Jahren, *a distinguished* [dɪ'stɪŋgwɪʃt] *professor* ist einer, der schon älter ist, das Alter selbst wird oft als *the golden years, her sunset years* oder *his twilight years* umschrieben. Ein *old people's home* BE / AE *old-age home* erhält solche weniger „direkt" klingenden Namen wie *nursing home, rest home, convalescent* [kɒnvə'lesnt] *home* (eigentlich = Genesungsheim) oder schlicht *home*, wenn es nicht angedeutet wird mit so etwas wie *somewhere (s)he can be looked after* (= wo man sich um ihn / sie kümmern kann). Die deutschen Senioren sind auf Englisch *senior citizens*; vorher ist man *middle-aged* und sagt zuweilen scherzhaft, man sei *on the wrong side of forty*.

longevity [lɒn'dʒevəti] — **Langlebigkeit**
decline [dɪ'klaɪn] — **Verfall; abnehmen**
declining physical energy ['enədʒi] — nachlassende körperliche Energie
in his declining years — in seinen letzten Lebensjahren
decrepit [dɪ'krepɪt] — **altersschwach**
a decrepit old man — ein hinfälliger alter Mann

Weitere Adjektive, die Schwäche (= *weakness / feebleness*) bzw. Gebrechlichkeit (= *infirmity* [ɪn'fɜ:məti]) ausdrücken:
weak (= schwach) • *feeble* (= matt / schwach) • *frail* (= schwach / gebrechlich / zart) • *infirm* [ɪn'fɜ:m] (= gebrechlich / hinfällig)

senile ['si:naɪl] – **senility** [sɪ'nɪləti] — **senil – Senilität**
Alzheimer's ['æltshaɪməz] **disease** — **die Alzheimerkrankheit**
suffer from Alzheimer's (disease) — an der Alzheimerkrankheit leiden

Unfreundliche, diskriminierende Ausdrücke, die auf ältere Menschen angewandt werden: *gaga* ['gɑ:gɑ:] (= verkalkt / senil) • *fuddy-duddy* ['fʌdidʌdi] (= verknöchert / verkalkt) • *doddering / doddery* (= tatterig / vertrottelt) • *(s)he's past it* (= er / sie bringt's nicht mehr)

in poor health [helθ] — **bei schlechter Gesundheit**
meals on wheels [mi:lz ɒn 'wi:lz] — **Essen auf Rädern**
nursing home ['nɜ:sɪŋ həʊm] — **Pflegeheim**

1.6 Personality and behaviour
Persönlichkeit und Verhalten

behave [bɪ'heɪv] — **sich benehmen / verhalten**

personality [pɜːsə'næləti] — **Persönlichkeit**

She has an appealing personality. — Sie besitzt ein sympathisches Wesen.

temper ['tempə] — **Wesen; Naturell**

She has a quick / violent temper. — Sie hat ein heftiges Naturell.

She lost her temper. — Sie verlor die Beherrschung.

Adjektive, die menschliche Eigenschaften ausdrücken

contented [kən'tentɪd] (= zufrieden) – *discontented* (= unzufrieden)
honest ['ɒnəst] (= ehrlich) – *dishonest* [dɪs'ɒnəst] (= unehrlich)
mature [mə'tʃʊə] (= reif) – *immature* [ɪmə'tʃʊə] (= unreif)
patient ['peɪʃnt] (= geduldig) – *impatient* [ɪm'peɪʃnt] (= ungeduldig)
polite [pə'laɪt] (= höflich) – *impolite* [ɪmpə'laɪt] (= unhöflich)
considerate [kən'sɪdərət] (= rücksichtsvoll) – *inconsiderate* (= rücksichtslos)
decent ['diːsnt] (= anständig) – *indecent* [ɪn'diːsnt] (= unanständig)
efficient [ɪ'fɪʃnt] (= fähig) – *inefficient* [ɪnɪ'fɪʃnt] (= unfähig)
experienced [ɪk'spɪəriənst] (= erfahren) – *inexperienced* (= unerfahren)
flexible ['fleksəbl] (= flexibel) – *inflexible* [ɪn'fleksəbl] (= unflexibel)
sincere [sɪn'sɪə] (= aufrichtig) – *insincere* [ɪnsɪn'sɪə] (= unaufrichtig)
tolerant ['tɒlərənt] (= duldsam) – *intolerant* [ɪn'tɒlərənt] (= unduldsam)
responsible (= verantwortungsbewusst) – *irresponsible* (= verantwortungslos)
civilized ['sɪvəlaɪzd] (= kultiviert) – *uncivilized* (= unkultiviert)
cooperative [kəʊ'ɒprətɪv] (= entgegenkommend) – *uncooperative* (= wenig entgegenkommend)
fair [feə] (= fair / gerecht) – *unfair* [ʌn'feə] (= unfair / ungerecht)
inhibited [ɪn'hɪbɪtɪd] (= gehemmt) – *uninhibited* (= ungehemmt)
pleasant ['pleznt] (= sympathisch) – *unpleasant* (= unsympathisch)
reliable [rɪ'laɪəbl] (= zuverlässig / verlässlich) – *unreliable* (= unzuverlässig)
selfish ['selfɪʃ] (= selbstsüchtig) – *unselfish* [ʌn'selfɪʃ] (= selbstlos)
sophisticated [sə'fɪstɪ-] (= anspruchsvoll) – *unsophisticated* (= anspruchslos)
sympathetic [sɪmpə'θetɪk] (= mitfühlend) – *unsympathetic* (= wenig mitfühlend)
careful ['keəfl] (= vorsichtig) – *careless* ['keələs] (= unvorsichtig)
tactful ['tæktfl] (= taktvoll) – *tactless* ['tæktləs] (= taktlos)

good [gʊd] – **bad** [bæd]	**gut – schlecht**
benevolent [-ˈnev-] – **malevolent**	**gütig – boshaft**
a benevolent master / god / ruler	ein gütiger Herr / Gott / Herrscher
a malevolent [-ˈlev-] look	ein boshafter Blick
compassionate [kəmˈpæʃnət] – **pitiless** [ˈpɪtɪləs]	**mitfühlend – mitleidlos**
honest [ˈɒnəst] – **corrupt** [kəˈrʌpt]	**ehrlich – korrupt**
a plain, honest man	ein schlichter, ehrlicher Mensch

> Viele der hier aufgeführten Adjektive werden durch Anhängen von *-ly* zu häufig gebrauchten Adverbien:
> *He acted foolishly / unselfishly / irresponsibly / immaturely.*
> (= Er handelte töricht / selbstlos / verantwortungslos / unreif.)
> *She behaved tactfully / wisely / courageously / sensibly.*
> (= Sie verhielt sich taktvoll / klug / mutig / vernünftig.)

industrious [ɪnˈdʌstriəs] – **lazy**	**fleißig – faul**
courteous [ˈkɜːtiəs] – **rude** [ruːd]	**höflich – unhöflich**
No need to be rude.	Warum denn gleich grob werden?
clever [ˈklevə] – **stupid** [ˈstjuːpɪd]	**klug – dumm**
sensible [ˈsensəbl] – **foolish** [ˈfuːlɪʃ]	**vernünftig – töricht**

> Achtung, „falsche Freunde" (= *false* [fɔːls] *friends*)!
> *sensitive* [ˈsensətɪv] = sensibel, *sensible* [ˈsensəbl] = vernünftig!
> *Self-conscious* [selfˈkɒnʃəs] heißt gehemmt; selbstbewusst dagegen ist *self-confident* [selfˈkɒnfɪdənt] oder *self-assured* [selfəˈʃʊəd].

broad-minded – narrow-minded	**tolerant – engstirnig**
generous [ˈdʒenərəs] – **stingy** [dʒ]	**großzügig – geizig / knauserig**
easygoing [iːziˈgəʊɪŋ] – **fussy** [ˈfʌsi]	**lax / lässig – pingelig**
charming – devoid of charm [tʃɑːm]	**charmant – ohne Charme**
optimistic [ɒptɪˈmɪstɪk] – **pessimistic**	**optimistisch – pessimistisch**
cheerful [ˈtʃɪəfl] – **gloomy** [ˈgluːmi]	**gut gelaunt – trübsinnig**
interesting [ˈɪntrəstɪŋ] – **boring** [ɔː]	**interessant – langweilig**
strong [strɒŋ] – **weak** [wiːk]	**stark – schwach**
tough [tʌf] – **weak** [wiːk]	**zäh / hart – schwach**
a tough guy [gaɪ]	ein harter Bursche / Typ
brave / courageous – cowardly	**mutig – feige**
a cowardly attack [ˈkaʊədli əˈtæk]	ein feiger Anschlag
relaxed [rɪˈlækst] – **tense** [tens]	**entspannt – angespannt**
calm [kɑːm] – **agitated** [ˈædʒɪteɪtɪd]	**ruhig – aufgeregt**
respectful – cheeky *BE* / *AE* **sassy**	**respektvoll – frech**

1.7 Senses and sensations
Sinne und Sinneseindrücke

sense [sens]	**Sinn**
the sense of sight / hearing	der Gesichts- / Gehörsinn
sense of smell / taste / touch	Geruchs- / Geschmacks- / Tastsinn
sensation [sen'seɪʃn]	**Gefühl; Empfindung; Sinneseindruck**
see [siː] (– saw [sɔː] – seen)	**sehen** (– sah – gesehen)
She saw that nobody was looking.	Sie sah, dass niemand hinschaute.
look [lʊk]	**sehen; schauen; Blick**
I'm looking for my glasses.	Ich suche meine Brille.
Have a look at this (one).	Schau dir doch mal dies hier an.
notice ['nəʊtɪs]	**bemerken; wahrnehmen**
She took no notice of them.	Sie nahm keine Notiz von ihnen.
noticeable ['nəʊtɪsəbl]	**erkennbar; deutlich; merklich**
watch [wɒtʃ]	**beobachten; sich** (etw.) **ansehen**
She watched the dog eat(ing).	Sie sah zu, wie der Hund fraß.
We watched a video ['vɪdiəʊ].	Wir sahen uns ein Video an.
observe [əb'zɜːv]	**beobachten; bemerken**
sight [saɪt]	(das) **Sehvermögen**
It was love at first sight.	Es war Liebe auf den ersten Blick.
shortsighted *BE* / *AE* nearsighted	kurzsichtig
longsighted *BE* / *AE* farsighted	weitsichtig
view [vjuː]	**Sicht; Aussicht**
a fine view of the city	ein schöner Ausblick auf die Stadt
visible ['vɪzəbl] – **invisible**	**sichtbar – unsichtbar**
invisible to the naked ['neɪkɪd] eye	mit bloßem Auge nicht erkennbar
visual ['vɪʒuəl]	**visuell; Seh-**
visual aids [vɪʒuəl 'eɪdz]	visuelle Hilfsmittel / Medien
glance [glɑːns]	**(kurzer) Blick; (kurz) sehen / blicken**
You can see it at a glance.	Man sieht es auf einen Blick.
He glanced through the paper.	Er warf einen Blick in die Zeitung.
glimpse [glɪmps]	**(kurzer) Blick; (kurz) sehen**
We just caught a glimpse of him.	Wir sahen ihn nur kurz.
I glimpsed through the article.	Ich überflog den Artikel.
hear [hɪə] (– heard [ɜː] – heard)	**hören** (– hörte – gehört)
hearing ['hɪərɪŋ]	**Gehör**
He's a little hard of hearing.	Er ist ein bisschen schwerhörig.
hearing aid ['hɪərɪŋ eɪd]	Hörhilfe; Hörgerät
deaf [def]	**taub**
He's deaf and dumb [dʌm].	Er ist taubstumm.

listen ['lɪsn]	**(zu)hören**
I listened hard but couldn't hear it.	Ich lauschte angestrengt, konnte es aber nicht hören.
listen to the radio ['reɪdiəʊ]	Radio hören
sound [saʊnd]	**Geräusch; Laut; Klang; klingen**
It sounds like a diesel engine.	Es klingt wie ein Dieselmotor.
a soundproof booth [buːð]	eine schalldichte Kabine
loud [laʊd] – **loudness** ['laʊdnəs]	**laut – „Lautheit" / Lautstärke**
Try to speak louder / more loudly.	Versuchen Sie lauter zu sprechen.
volume ['vɒljuːm]	**Lautstärke**
turn the volume up / down	das Gerät lauter / leiser stellen
audible ['ɔːdəbl] – **inaudible**	**hörbar – unhörbar**
audio ['ɔːdiəʊ]	**Audio-; Ton-**
CD players and other audio equipment	CD-Spieler und andere Audiogeräte
noise [nɔɪz]	**Geräusch; Lärm; Krach**
I can't stand the noise.	Ich halte den Lärm nicht aus.
noisy ['nɔɪzi] – **noiseless** ['nɔɪzləs]	**geräuschvoll / laut – geräuschlos**
smell [smel]	**riechen; Geruch**
The soup smells delicious [dɪ'lɪʃəs].	Die Suppe riecht köstlich.
odour ['əʊdə]	**Geruch; Gestank**
stink [ɪ] (– stank [æ] – stunk [ʌ])	**stinken** (– stank – gestunken)
fragrance ['freɪgrəns]	**(Wohl-)Geruch; Duft**
the unique fragrance of these roses	der besondere Duft dieser Rosen
scent [sent]	**Duft; Geruch;** *BE auch* **Parfüm**
the scent of lemons ['lemənz]	der Geruch von Zitronen
aroma [ə'rəʊmə]	**Aroma; Duft**

Engl. *aroma* ist angenehmer *Geruch*, also *Duft*.
Dt. *Aroma* ist angenehmer *Geschmack*, engl. = *flavour / taste: the aroma of fresh-ground coffee* (= der Duft frisch gemahlenen Kaffees)
These tomatoes have no flavour / taste at all. (= Diese Tomaten haben überhaupt kein Aroma / keinen Geschmack.)

taste [teɪst]	**Geschmack; schmecken**
It tastes sweet / salty ['sɔːlti] / sour.	Es schmeckt süß / salzig / sauer.
appetite ['æpətaɪt]	**Appetit**
touch [tʌtʃ]	**berühren; Berührung; (Tast-)Gefühl**
The material has a very soft touch.	Der Stoff fühlt sich sehr weich an.
handle ['hændl]	**anfassen; berühren**
Please do not handle the goods.	Die Waren bitte nicht berühren.
feel [fiːl] (– felt – felt)	**fühlen** (– fühlte – gefühlt)
She didn't feel the pain.	Sie spürte den Schmerz nicht.

1.8 Feelings and attitudes
Gefühle und Einstellungen

attitude ['ætɪtju:d]	**Einstellung; Haltung**
her attitude to(wards) foreigners	ihre Einstellung gegenüber Ausländern
feeling ['fi:lɪŋ]	**Gefühl**
I didn't mean to hurt your feelings.	Ich wollte dich nicht verletzen.
feel [fi:l] (– felt – felt)	**fühlen** (– fühlte – gefühlt)
She was feeling tired.	Sie fühlte sich müde.
emotion [ɪ'məʊʃn]	**Gefühl; Emotion**
emotions such as joy and fear	Gefühle wie Freude und Furcht
mood [mu:d]	**Stimmung**
I'm not in the mood for joking.	Mir ist nicht nach Spaßen zumute.
temper ['tempə]	**Laune**
He was in a good/bad temper.	Er hatte gute/schlechte Laune.
love [lʌv]	**(es) lieben; Liebe**
I'd love to stay here.	Ich würde gern hier bleiben.
like [laɪk]	**mögen; gern haben**
I like travelling by train.	Ich reise gern mit dem Zug.
Would you like a drink?	Hätten Sie gern was zu trinken?
likes and dislikes ['dɪslaɪks]	Neigungen und Abneigungen
enjoy [ɪn'dʒɔɪ]	**genießen**
fancy ['fænsi]	**gern haben (wollen)**

Sympathisch – unsympatisch

I like him very much. (= Er ist mir sehr sympathisch.)
I'm not very fond of him. (= Er ist mir nicht sehr sympathisch.)
I took to him at once. (= Er war mir gleich sympathisch.)
I have no time for him. (= Er ist mir unsympathisch.)
a very unpleasant man (= ein sehr unsympathischer Mann)

desire [dɪ'zaɪə]	**Wunsch; Begehren; begehren**
the desire for peace/love	das Verlangen nach Frieden/Liebe
interest – **interesting** ['ɪntrəstɪŋ]	**Interesse – interessant**
prefer [prɪ'fɜ:]	**(es) vorziehen**
I prefer the film to the book.	Ich ziehe den Film dem Buch vor.
bear [beə] (– bore [ɔ:] – borne)	**ertragen** (– ertrug – ertragen)
He can't bear being criticized.	Er verträgt keine Kritik.
stand [stænd]	**ertragen; aushalten**
I can't stand the heat.	Ich halte die Hitze nicht aus.
dislike [dɪs'laɪk]	**nicht mögen; nicht leiden können**

hate [heɪt]	**(es) hassen; Hass**
I hate waiting.	Ich hasse es, zu warten.
Her eyes were full of hate.	Ihre Augen waren voller Hass.
hatred ['heɪtrɪd] (of)	**Hass** (auf)
optimism ['ɒptɪmɪzm] – **pessimism**	**Optimismus – Pessimismus**
optimistic [ɒptɪ'mɪstɪk] – **pessimistic**	**optimistisch – pessimistisch**
hope [həʊp]	**hoffen; Hoffnung**
I hope she likes it.	Hoffentlich gefällt es ihr.
Will he help us? – I hope so.	Wird er uns helfen? – Ich hoffe es.
Is it broken? – I hope not.	Ist es kaputt? – Ich hoffe nicht.
despair [dɪ'speə]	**Verzweiflung; verzweifeln**
touching [ʌ] / **moving** [u:]	**rührend; bewegend; ergreifend**
prejudice ['predʒədɪs] – **prejudiced**	**Vorurteil – voreingenommen**
prejudice against foreigners	Vorurteile gegen Ausländer
subjective [səb'dʒektɪv] – **objective**	**subjektiv – objektiv**
sentimental [sentɪ'mentl]	**sentimental**

Adjektive, mit denen Verärgerung ausgedrückt wird

She was angry / cross / annoyed [ə'nɔɪd] *because I had kept her waiting.* (= böse / ärgerlich / verärgert)

The boss was furious ['fjʊəriəs] / *livid* ['lɪvɪd]. (= wütend / fuchsteufelswild)

be afraid of [ə'freɪd]	**Angst haben vor**
He was afraid to jump.	Er traute sich nicht zu springen.
She's afraid of flying.	Sie fürchtet sich vor dem Fliegen.
proud [praʊd] – **pride** [praɪd]	**stolz** – (der) **Stolz**
We're proud of this achievement.	Auf diese Leistung sind wir stolz.
jealous (of) ['dʒeləs] – **jealousy**	**eifersüchtig** (auf) – **Eifersucht**
Are you jealous of him?	Bist du eifersüchtig auf ihn?
envy ['envi]	**Neid; beneiden**
I envy you this job.	Ich beneide dich um diesen Job.
despise [dɪ'spaɪz]	**verachten**
surprise [sə'praɪz]	**Überraschung; überraschen**
She looked at me in surprise.	Sie sah mich überrascht an.
I was very surprised.	Ich war sehr überrascht.
astonished [ə'stɒnɪʃt] – **amazed**	**erstaunt – verblüfft**
cry [kraɪ]	**weinen; schreien**
weep (– wept – wept) [wi:p]	**weinen**

Verben, die Lächeln oder Lachen ausdrücken

smile (= lächeln) • *grin* (= grinsen) • *laugh* (= lachen)

1.9 Morality and immorality
Moral und Unmoral

moral ['mɒrəl]	**moralisch; sittlich**
moral principles / standards	moralische Prinzipien / Maßstäbe
immoral [ɪ'mɒrəl]	**unmoralisch; unsittlich**
ethical ['eθɪkl]	**ethisch; moralisch**
unethical behaviour [bɪ'heɪvjə]	unmoralisches Verhalten
a good / bad **character** ['kærɪktə]	ein guter / schlechter **Charakter**
right [raɪt]	**richtig; recht**
You've done the right thing.	Du hast richtig / recht gehandelt.
wrong [rɒŋ]	**falsch; schlecht; unrecht**
I know I was in the wrong.	Ich weiß, dass ich im Unrecht war.
evil ['i:vl]	**böse; das Böse**
good and evil deeds [di:dz]	gute und böse Taten
the conflict between good and evil	der Konflikt zwischen Gut und Böse
conscience ['kɒnʃəns]	**Gewissen**
a clear / guilty ['gɪlti] conscience	ein reines / schlechtes Gewissen
ideal [aɪ'dɪəl]	**Ideal; ideal**
innocence ['ɪnəsns] – **innocent** [-snt]	**Unschuld – unschuldig**
integrity [ɪn'tegrəti]	**Integrität; Redlichkeit**
He's a man of integrity.	Er ist ein integrer Mensch.
just [dʒʌst] – **unjust** [ʌn'dʒʌst]	**gerecht – ungerecht**
fight in a just cause	für eine gerechte Sache kämpfen
honesty ['ɒnəsti] – **dishonesty**	**Ehrlichkeit – Unehrlichkeit**
decency ['di:snsi] – **decent** ['di:snt]	**Anständigkeit – anständig**
He's a decent guy [gaɪ].	Er ist ein anständiger Kerl.
indecent [ɪn'di:snt]	**unanständig; anstößig; unsittlich**
faithful ['feiθfl] – **faithfulness** [-nəs]	**treu – Treue**
He swore to remain faithful to her.	Er schwor, ihr treu zu bleiben.
trustworthy ['trʌstwɜ:ði]	**vertrauenswürdig**
corruption [kə'rʌpʃn]	**Korruption; Bestechlichkeit**
liar ['laɪə]	**Lügner(in)**
troublemaker ['trʌblmeɪkə]	**Unruhestifter(in)**
good-for-nothing ['gʊdfənʌθɪŋ]	**Nichtsnutz; Tunichtgut**
crook [krʊk]	**Gauner**
scruple ['skru:pl]	**Skrupel**
fault [fɔ:lt]	**Fehler**
It's all my fault.	Es ist alles meine Schuld.
ashamed [ə'ʃeɪmd]	**beschämt**
I'm ashamed (of myself).	Ich schäme mich.

1.10 Human relations
Menschliche Beziehungen

relations [rɪ'leɪʃnz]	**Beziehungen**
relations between countries	Beziehungen zwischen Ländern
relationship [rɪ'leɪʃnʃɪp]	**Beziehung**
her relationships with men	ihre Beziehungen zu Männern
terms [tɜ:mz]	**(≈ relations = Beziehungen)**
I'm on good terms with him.	Ich (ver)stehe mich gut mit ihm.
get along [get ə'lɒŋ] with sb.	mit jmd. **zurechtkommen**
get on (– got – got) [get 'ɒn]	**sich verstehen; auskommen**
They get on well with each other.	Sie kommen gut miteinander zurecht.
mutual ['mju:tʃuəl]	**gegenseitig; beiderseitig**
mutual respect [rɪ'spekt]	gegenseitige Achtung
crowd [kraʊd]	**(Menschen-)Menge**
group [gru:p]	**Gruppe**
all the members of the group	alle Mitglieder der Gruppe
class [klɑ:s]	**Klasse**
the upper / middle / lower class	die Ober- / Mittel- / Unterklasse
a middle-class family	eine bürgerliche Familie
club [klʌb]	**Klub; Verein**
join [dʒɔɪn] a club	einem Verein beitreten
gang [gæŋ]	**Bande**
a gang of criminals ['krɪmɪnəlz]	eine Verbrecherbande
member ['membə] – **membership**	**Mitglied – Mitgliedschaft**
partner ['pɑ:tnə] – **partnership**	**Partner(in) – Partnerschaft**
leader ['li:də] – **leadership**	**(An-)Führer(in) – Führung**
supporter [sə'pɔ:tə]	**Anhänger(in)**
friend [frend]	**Freund(in)**
boyfriend – girlfriend	Freund – Freundin
friendship ['frendʃɪp]	**Freundschaft**
company ['kʌmpəni]	**Gesellschaft**
She keeps him company.	Sie leistet ihm Gesellschaft.
acquaintance [ə'kweɪntəns]	**Bekanntschaft; Bekannte(r)**
acquainted [ə'kweɪntɪd]	**bekannt; vertraut**
We got acquainted during the war.	Wir lernten uns im Krieg kennen.
get to know [nəʊ] sb. (– got – got)	jemand **kennen lernen**
close [kləʊs]	**nahe**
We were always very close.	Wir standen uns immer sehr nahe.
She's a close friend of mine.	Sie ist eine enge Freundin von mir.
intimate ['ɪntɪmət]	**intim; vertraut; vertraulich**

sympathy ['sɪmpəθi]	**Mitgefühl; Mitleid**
support [sə'pɔ:t]	**unterstützen; Unterstützung**
cooperation – cooperate [kəʊ'ɒpəreɪt]	**Zusammenarbeit – zusammenarbeiten**
affection [ə'fekʃn]	**Zuneigung**
love [lʌv]	**Liebe; lieben**
She's in love with him.	Sie ist in ihn verliebt.
She fell in love with her teacher.	Sie verliebte sich in ihren Lehrer.
agreement [ə'gri:mənt] – **disagreement**	**Einvernehmen – Uneinigkeit / Meinungsverschiedenheit**
conflict ['kɒnflɪkt]	**Konflikt**
clash [klæʃ]	**Konflikt; zusammenstoßen**
a clash of interests	ein Interessenkonflikt
quarrel ['kwɒrəl]	**Streit; sich streiten**
settle a quarrel	einen Streit beilegen
They often quarrelled.	Sie stritten sich oft.
contempt [kən'tempt]	**Verachtung**
hostile ['hɒstaɪl] – **hostility** [hɒ'stɪləti]	**feindselig – Feindseligkeit**
enemy ['enəmi]	**Feind(in)**
opponent [ə'pəʊnənt]	**Gegner(in)**
grudge [grʌdʒ]	**Groll; nicht gönnen**
I don't grudge you your success.	Ich gönne dir deinen Erfolg.

***Behaviour towards others* (= Verhalten anderen gegenüber)**
courtesy ['kɜ:təsi] / *politeness* [pə'laɪtnəs] (= Höflichkeit), *respect* (= Achtung), *kind(li)ness / friendliness* (= Freundlichkeit), *consideration* [kənsɪdə'reɪʃn] (= Rücksicht), *tact* (= Takt), *tactfulness* (= Takt)

impoliteness / rudeness (= Unhöflichkeit), *disrespect* (= Respektlosigkeit), *unfriendliness* (= Unfreundlichkeit), *thoughtlessness* (= Rücksichtslosigkeit), *tactlessness* (= Taktlosigkeit), *impudence* ['ɪmpjʊdəns] (= Unverschämtheit)

contact ['kɒntækt]	**Kontakt**
We must keep in contact.	Wir müssen in Kontakt bleiben.
touch [tʌtʃ]	**Verbindung**
be in touch with someone	mit jemand in Verbindung stehen
connection [kə'nekʃn]	**Verbindung**
She has good connections.	Sie hat gute Beziehungen.
talk [tɔ:k]	**Gespräch; Unterhaltung**
have a talk about sth.	sich über etw. unterhalten
conversation [kɒnvə'seɪʃn]	**Gespräch; Unterhaltung**
English conversation	englische Konversation
discussion [dɪ'skʌʃn]	**Diskussion**

1.11 Sexuality
Sexualität

erotic [ɪ'rɒtɪk]	**erotisch**
sex [seks]	**Geschlecht; Sex; Sexualität**
the opposite ['ɒpəzɪt] sex	das andere Geschlecht
sex crime – sex criminal ['krɪmɪnəl]	Sexualverbrechen – -verbrecher
sex worker ['seks wɜ:kə]	Sexarbeiter(in)
sexual ['sekʃuəl]	**sexuell; Sexual-; Geschlechts-**
sexual abuse [ə'bju:s]	sexueller Missbrauch
sexy / sexually attractive [ə'træktɪv]	**sexuell attraktiv**
heterosexual [hetərə'sekʃuəl]	**heterosexuell; Heterosexuelle(r)**
homosexual [həʊmə'sekʃuəl]	**homosexuell; Homosexuelle(r)**
homosexuality [həʊməsekʃu'æləti]	**Homosexualität**
gay [geɪ]	**schwul; Schwule(r)**
lesbian ['lezbiən]	**lesbisch; Lesbierin / Lesbe**

Ausdrücke für *(sexual) intercourse* ['ɪntəkɔ:s] **(= Geschlechtsverkehr)**
make love to someone, sleep with someone, go to bed with someone, have sex with someone, have sexual relations with someone

impotent ['ɪmpətənt] – **impotence**	**impotent – Impotenz**
conception [kən'sepʃn]	**Empfängnis**

Ausdrücke für *contraception* [kɒntrə'sepʃn] **(= Empfängnisverhütung)**
birth control (= Geburtenkontrolle) • *family planning* (= Familienplanung) • *planned parenthood* (= geplante Elternschaft)

pregnant ['pregnənt] – **pregnancy**	**schwanger – Schwangerschaft**
abortion [ə'bɔ:ʃn]	**Schwangerschaftsabbruch**
have an abortion	eine Abtreibung vornehmen lassen
prostitute ['prɒstɪtju:t] – **prostitution**	**Prostituierte(r) – Prostitution**
brothel ['brɒθəl]	**Bordell; Puff**

Adult ['ædʌlt] **(= erwachsen / für Erwachsene)**
Adult bookshops = euphemism ['ju:fəmɪzm] (= beschönigende Umschreibung) *for shops specializing in the sale of pornographic books, magazines, videos, etc. Adult films, videos, magazines, etc. are not suitable for young people.*

rape [reɪp] – **rapist** ['reɪpɪst]	**Vergewaltigung – Vergewaltiger(in)**
venereal [və'nɪəriəl] **disease**	**Geschlechtskrankheit**

1.12 Personal hygiene
Körperpflege

hygiene ['haɪdʒiːn]	**Hygiene**
cleanliness ['klenlinəs]	**Reinlichkeit**
wash [wɒʃ]	**(sich) waschen; Wäsche**
Did you wash your hands?	Hast du dir die Hände gewaschen?
(a bar of) **soap** [səʊp]	(ein Stück) **Seife**
brush [brʌʃ]	**Bürste; bürsten**
hairbrush, toothbrush	Haarbürste, Zahnbürste
Did you brush your teeth [tiːθ]?	Hast du dir die Zähne geputzt?
bath [bɑːθ]	**Bad**
Did you have *BE* / *AE* take a bath?	Hast du gebadet?
shower ['ʃaʊə]	**Dusche; sich duschen**

Kollokationen mit *have a* ...
have a bath (= ein Bad nehmen) • *have a shower* (= duschen) • *have a wash* (= sich waschen) • *have a shave* (= sich rasieren) • *have a haircut* (= sich die Haare schneiden lassen) • *have a shampoo* [ʃæm'puː] *and set* (= sich die Haare waschen und legen lassen) • *have a massage* ['mæsɑːʒ] (= sich massieren lassen)

flannel *BE* / *AE* **washcloth** [-klɒθ]	**Waschlappen**
towel ['taʊəl]	**Handtuch**
rub (oneself) down [rʌb]	**(sich) abrubbeln / abfrottieren**

Die *of*-Konstruktion bei Behälter- und Mengenangaben
a bottle of aftershave / cologne [kə'ləʊn] / *shampoo / mouthwash* (= eine Flasche Aftershave / Kölnischwasser / etc.) • *a bar of soap* (= ein Stück Seife) • *a box of cotton buds / toothpicks* (= eine Schachtel Wattestäbchen / Zahnstocher) • *a pack of tissues* ['tɪʃuːz] (= eine Packung Papiertaschentücher) • *a roll of toilet paper* (= eine Rolle Toilettenpapier) • *a jar of cream* (= eine Dose Creme) • *a tube of toothpaste* (= eine Tube Zahnpasta)

shave [ʃeɪv]	**(sich) rasieren**
shaving cream	Rasiercreme
electric [ɪ'lektrɪk] **razor / shaver**	**Elektrorasierer**
shampoo [ʃæm'puː]	**Haarwaschmittel; Haarwäsche**
shampoo and (hair) conditioner	Shampoo und Pflegespülung
hairdryer ['heə draɪə]	**Haartrockner; Föhn**
comb [kəʊm]	**Kamm; kämmen**

hairdresser ['heə dresə]	**Friseur(in)**
She's at the hairdresser's.	Sie ist beim Friseur.
barber ['bɑːbə]	**(Herren-)Friseur**
make-up ['meɪk ʌp]	**Make-up; Schminke**
apply [ə'plaɪ] / remove make-up	Make-up auftragen / entfernen

Some cosmetics [kɒz'metɪks] **(= Kosmetika)**
cream (= Creme) • *cleansing* ['klenziŋ] *cream* (= Reinigungscreme) • *face powder* (= Gesichtspuder) • *lipstick* (= Lippenstift) • *eye shadow* (= Lidschatten) • *cologne* [kə'ləʊn] (= Eau de Cologne; Kölnischwasser) • *perfume* (= Parfüm) • *deodorant* [di'əʊdrənt] (= Deodorant)

nail polish / *BE also* **nail varnish**	**Nagellack**
(a pair of) nail scissors ['sɪzəz]	**(eine) Nagelschere**

Lotions ['ləʊʃnz] sind Pflegeflüssigkeiten für die Haut: *body lotion, face lotion, hand lotion, skin lotion, aftershave lotion, pre-shave lotion, suntan lotion* (= Sonnenöl), *baby lotion* etc. – *Rub in some of this lotion twice a day.* (= Reiben Sie sich zweimal täglich mit dieser Flüssigkeit ein.)

cotton wool [wʊl] *BE* / *AE* **cotton**	**Watte**
handkerchief ['hæŋkətʃɪf] / **hanky**	**Taschentuch**
tissue ['tɪʃuː] / **Kleenex**™ ['kliːneks]	**Papier- / Tempo™-Taschentuch**
blow [bləʊ] (– blew [bluː] – blown)	**blasen**
sanitary ['sænətri] **towel** *BE* / *AE* **sanitary napkin**	**(Damen-)Binde**
toilet paper / **lavatory paper** / **toilet tissue**	**Toilettenpapier**
the toilet – **the loo** *BE* / *AE* **the john**	**die Toilette – das Klo**
lavatory ['lævətri]	(*ebenfalls ein Ausdruck für*) **Toilette**
laundry ['lɔːndri]	**Wäscherei; Wäsche**
I'm doing the laundry / washing today.	Ich mache heute die Wäsche.
laund(e)rette *BE* / *AE* **laundromat**™	**Waschsalon**
(dry) cleaners [draɪ 'kliːnəz]	**Reinigung**
I'll have it dry-cleaned [draɪ'kliːnd].	Ich werde es reinigen lassen.

Idiom: *We've been taken to the cleaners.* (= Man hat uns ganz schön geschröpft.)

1.13 Death
Tod

death [deθ]	(der) **Tod; Todesfall**
Aren't you afraid of death?	Hast du keine Angst vor dem Tod?
There were a number of deaths.	Es gab einige Todesfälle.
death certificate [sə'tɪfɪkət]	Sterbeurkunde; Totenschein
death camp – death cell	Vernichtungslager – Todeszelle
die [daɪ]	**sterben**
He died of cancer ['kænsə] / old age.	Er starb an Krebs / Altersschwäche.
die a natural death	eines natürlichen Todes sterben
perish ['perɪʃ]	**umkommen**
dying ['daɪɪŋ]	**sterbend; das Sterben**
Dying is a very natural thing.	Sterben ist etwas sehr Natürliches.
the dying	die Sterbenden
dead [ded]	**tot**
The robber was shot dead.	Der Räuber wurde erschossen.
a dead man / woman / person	ein Toter / eine Tote
a dead body [ded 'bɒdi]	eine Leiche
rise from the dead (– rose – risen)	von den Toten auferstehen
deceased [dɪ'si:st]	**verstorben**
the widow ['wɪdəʊ] of the deceased	die Witwe des Verstorbenen
autopsy / postmortem	**Obduktion**
coffin ['kɒfɪn] – **urn** [ɜ:n]	**Sarg – Urne**
funeral ['fju:nərəl]	**Begräbnis; Beerdigung; Beisetzung**
funeral director / undertaker	Bestattungsunternehmer
funeral procession – funeral service	Trauerzug / Leichenzug – Trauerfeier
churchyard ['tʃɜ:tʃjɑ:d]	**Kirchhof; Friedhof** (bei der Kirche)
bury ['beri]	**begraben**
Where is she buried?	Wo liegt sie begraben?
She is / lies buried in this cemetery.	Sie ist auf diesem Friedhof begraben.
burial ['beriəl]	**Beerdigung; Bestattung**
cremate [krɪ'meɪt] – **cremation**	**einäschern – Einäscherung**
crematorium [kremə'tɔ:riəm] *BE* / *bes. AE* **crematory** ['kremətəri]	**Krematorium**
grave [greɪv]	**Grab**
gravestone / headstone	Grabstein
tomb [tu:m]	(großes, gemauertes) **Grab(mal)**
mortal ['mɔ:tl]	**sterblich**
mortal injuries ['ɪndʒəriz]	tödliche Verletzungen

the soul [səʊl]	**die Seele**
Do we have an immortal soul?	Haben wir eine unsterbliche Seele?
bereaved – **bereavement**	**leidtragend** – **Trauerfall**
the bereaved [bɪ'ri:vd]	die Hinterbliebenen
mourn [mɔ:n] – **mourning**	**(be)trauern** – **Trauer**
obituary [ə'bɪtʃuəri] / **obit** ['ɒbɪt]	(*Zeitung*) **Nachruf, Todesanzeige**
the late Frank Smith	**der verstorbene** Frank Smith
starve [stɑ:v] – **starvation**	**verhungern** – **Verhungern**
Millions have starved to death.	Millionen sind verhungert.
drown [draʊn]	**ertrinken; ertränken**
She (was) drowned.	Sie ertrank.
death by drowning	Tod durch Ertrinken
suicide ['su:ɪsaɪd]	**Selbstmord; Selbsttötung; Freitod**
She committed [kə'mɪtɪd] suicide.	Sie beging Selbstmord.
kill someone [kɪl]	**jemand töten / umbringen**
The crash killed [kɪld] 96 people.	Bei dem Absturz kamen 96 Menschen ums Leben.
poison someone ['pɔɪzn]	**jemand vergiften**
Did Napoleon die of poisoning?	Starb N. an einer Vergiftung?

Die Endsilbe *-cide* [-saɪd] bedeutet „Mord / Tötung"
infanticide [ɪn'fæntɪsaɪd] (= Kindesmord) • *matricide* ['meɪtrɪsaɪd] (= Muttermord) • *patricide* [æ] / *parricide* (= Vatermord) • *fratricide* [æ] (= Geschwistermord) • *regicide* ['redʒɪsaɪd] (= Königsmord) • *suicide* ['su:ɪsaɪd] (= Selbstmord) • *genocide* ['dʒenəsaɪd] (= Völkermord)

do away with sb.	jemand **umbringen**
execute ['eksɪkju:t] – **execution**	**hinrichten** – **Hinrichtung**
execution by firing squad / by shooting	Hinrichtung durch Erschießen

***Methods of inflicting* [ɪn'flɪktɪŋ] *the death penalty* ['deθ penlti] (= Hinrichtungsmethoden)**
hanging (= Erhängen) • *electrocution* / *electric chair* (= elektrischer Stuhl) • *gas chamber* [eɪ] (= Gaskammer) • *firing squad* [ɒ] (= Erschießungskommando / Erschießen) • *lethal* ['li:θl] *injection* (= Todesspritze) • *beheading* (= Köpfen) • *guillotine* ['gɪləti:n] (= Guillotine / Fallbeil) • *crucifixion* [kru:sə'fɪkʃn] (= Kreuzigung) • *stoning* (= Steinigung) • *burning at the stake* (= Scheiterhaufen)

will / testament ['testəmənt]	**Testament**
my last will and testament	mein letzter Wille

Kapitel 2

2.1 Family relations
Verwandtschaftliche Beziehungen

relation [rɪ'leɪʃn]	**Verwandte(r)**
She's no relation of mine.	Sie ist nicht mit mir verwandt.
relative ['relətɪv]	**Verwandte(r)**
ancestor ['ænsestə]	**Vorfahr**
Her ancestors came from Ireland.	Ihre Vorfahren kamen aus Irland.
descent [dɪ'sent]	**Abstammung; Herkunft**
They're of Irish descent.	Sie sind irischer Abstammung.
stock [stɒk]	**Abstammung; Herkunft**
Americans of European stock	Amerikaner europäischer Herkunft
family ['fæməli]	**Familie**
start a family	sich Kinder zulegen
family tree [fæməli 'tri:]	Stammbaum
my folks [fəuks]	**meine Leute / Verwandten / Familie**
father ['fɑ:ðə] – **mother** ['mʌðə]	**Vater – Mutter**

Zusammensetzungen mit *step-*
stepfather (= Stiefvater) • *stepmother* (= Stiefmutter) • *stepparents* (= Stiefeltern) • *stepson* (= Stiefsohn) • *stepdaughter* (= Stieftochter)

son [sʌn] – **daughter** ['dɔ:tə]	**Sohn – Tochter**
brother ['brʌðə] – **sister** ['sɪstə]	**Bruder – Schwester**

in-laws
father-in-law ['fɑ:ðər ɪn lɔ:] (= Schwiegervater) • *mother-in-law* (= Schwiegermutter) • *parents-in-law* (= Schwiegereltern) • *son-in-law* (= Schwiegersohn) • *daughter-in-law* (= Schwiegertochter) • *brother-in-law* (= Schwager) • *sister-in-law* (= Schwägerin)

uncle ['ʌŋkl] – **aunt** [ɑ:nt]	**Onkel – Tante**
nephew ['nefju:] – **niece** [ni:s]	**Neffe – Nichte**
cousin ['kʌzn]	**Cousin / Vetter; Cousine**
Brenda is a cousin of mine.	Brenda ist eine Cousine von mir.

Zusammensetzungen mit *grand-* [grænd-]
grandfather (= Großvater) • *grandmother* (= Großmutter) • *grandparents* (= Großeltern) • *grandson* (= Enkel) • *granddaughter* (= Enkelin) • *grandchildren* (= Enkelkinder)

2.2 Marriage and divorce
Ehe und Ehescheidung

marriage ['mærɪdʒ]	**Ehe; Heirat**
a happy marriage	eine glückliche Ehe
marriage certificate [sə'tɪfɪkət]	Trauschein; Heiratsurkunde
marriage (guidance) counsellor	Eheberater(in)
marry ['mæri]	**heiraten; trauen**
Will you marry me?	Willst du mich heiraten?
They were married by the bishop.	Sie wurden vom Bischof getraut.
She's married to an artist.	Sie ist mit einem Künstler verheiratet.
They got married in 1994.	Sie haben 1994 geheiratet.
married couple [mærid 'kʌpl]	Ehepaar
bachelor ['bætʃələ]	**Junggeselle**
common-law marriage ['kɒmən]	**eheähnliche Lebensgemeinschaft**
Ted and his common-law wife	Ted und seine Lebensgefährtin
propose to someone [prə'pəʊz]	jem. **einen Heiratsantrag machen**
He proposed to her.	Er machte ihr einen Heiratsantrag.
proposal (of marriage) [prə'pəʊzl]	**(Heirats-)Antrag**
engaged (to be married) [ɪn'geɪdʒd]	**verlobt**
They've just got engaged.	Sie haben sich gerade verlobt.
engagement [ɪn'geɪdʒmənt]	**Verlobung**
her **fiancé** – his **fiancée** [fi'ɒnseɪ]	ihr **Verlobter** – seine **Verlobte**
wedding ['wedɪŋ]	**Trauung; Hochzeit**
wedding ceremony ['serəməni]	Trauung; Eheschließung
wedding dress – wedding ring	Hochzeitskleid – Trauring / Ehering
silver / golden wedding	silberne / goldene Hochzeit
We celebrated our silver wedding last year.	Wir haben voriges Jahr unsere Silberhochzeit gefeiert.
wed [wed]	(*in Boulevardzeitungen*) **heiraten**
Prince to wed dancer	Prinz wird Tänzerin heiraten
registry office / **register office** *BE*	**Standesamt**
registry-office wedding / civil wedding	standesamtliche Trauung
the banns [bænz]	**das Aufgebot**
bride and (bride)groom [gru:m]	**Braut und Bräutigam**
bridesmaid ['braɪdzmeɪd]	**Brautjungfer**
best man [best 'mæn]	**Trauzeuge** (des Bräutigams)
honeymoon ['hʌnimu:n]	**Flitterwochen; Hochzeitsreise**
The newlyweds went to Rome for their honeymoon.	Ihre Flitterwochen verbrachten die Neuvermählten in Rom.

husband ['hʌzbənd] **and wife**	**(Ehe-)Mann und (Ehe-)Frau**
(Give) My regards to your wife.	Grüßen Sie Ihre Frau.
her ex-husband	ihr Exmann
partner ['pɑːtnə]	**Partner(in); Lebensgefährte / -gefährtin**
gay marriage [geɪ 'mærɪdʒ]	**Homo-Ehe**
wear [eə] **the pants** (– wore – worn)	**die Hosen anhaben**
anniversary [ænɪ'vɜːsəri]	**Hochzeitstag**
our 20th wedding anniversary	unser 20. Hochzeitstag
legitimate [lɪ'dʒɪtəmət] – **illegitimate** [ɪlə'dʒɪtəmət]	**ehelich – nichtehelich**
faithful ['feɪθfl] – **unfaithful**	**treu – untreu**
I've never been unfaithful to you.	Ich bin dir nie untreu geworden.
infidelity [ɪnfɪ'deləti]	**Untreue** (*in Ehe etc.*)
adultery [ə'dʌltəri]	**Ehebruch**
commit [kə'mɪt] adultery	Ehebruch begehen
affair [ə'feə]	(außereheliches) **Verhältnis; Affäre**
Did he have an affair with her?	Hatte er ein Verhältnis mit ihr?
mistress ['mɪstrəs]	**Geliebte; Mätresse**
lover ['lʌvə]	**Liebhaber; Geliebter**
His wife had a lover.	Seine Frau hatte einen Liebhaber.
philanderer [fɪ'lændərə]	**Schürzenjäger; Frauenheld**
separate ['sepəreɪt]	**sich trennen**
His parents are separated.	Seine Eltern leben getrennt.
separation [sepə'reɪʃn]	**Trennung**
break up (– broke – broken)	**in die Brüche gehen**
Their marriage has broken up.	Ihre Ehe ist gescheitert.
divorce [dɪ'vɔːs]	**(Ehe-)Scheidung**
Sue has filed for divorce.	Sue hat die Scheidung eingereicht.
Ken wants a divorce.	Ken will sich scheiden lassen.
contested / uncontested divorce	streitige / einverständliche Scheidung
She wants to divorce him.	Sie will sich von ihm scheiden lassen.
They (got) divorced.	Sie ließen sich scheiden.
alimony ['ælɪməni]	**Unterhalt** (nach der Scheidung)
He has to pay alimony to his former wife.	Er muss seiner früheren Frau Unterhalt zahlen.
custody ['kʌstədi]	**elterliche(s) Sorge(recht)**
She got custody of the children.	Die Kinder wurden ihr zugesprochen.
widow ['wɪdəʊ] – **widower** ['wɪdəʊə]	**Witwe – Witwer**
bigamy ['bɪgəmi] – **bigamist**	**Bigamie – Bigamist(in)**

2.3 Parents and children
Eltern und Kinder

pregnancy ['pregnənsi]	**Schwangerschaft**
morning sickness ['mɔ:nɪŋ sɪknəs]	**morgendliche Übelkeit**

Dass eine Frau schwanger (= *pregnant*) ist, kann auf unterschiedliche Weise ausgedrückt werden: *She's going to have a baby. She's having a baby. She's expecting. She's in the family way. – An expectant mother* ist eine werdende Mutter.

labour ['leɪbə]	(die) **(Geburts-)Wehen**
the onset of labour	das Einsetzen der Wehen
midwife ['mɪdwaɪf] *Pl.* midwives	**Hebamme**
delivery [dɪ'lɪvəri]	**Entbindung**
birth [bɜ:θ]	**Geburt**
before / after birth	vor / nach der Geburt
give birth to a child	ein Kind zur Welt bringen
birth certificate [sə'tɪfɪkət]	Geburtsurkunde
Caesarean (section) [sɪ'zeəriən]	**Kaiserschnitt**
miscarriage ['mɪskærɪdʒ]	**Fehlgeburt**
premature ['premətʃə]	**vorzeitig**
The baby was ten weeks premature.	Das Baby kam zehn Wochen zu früh.
twin(s) [twɪn(z)]	**Zwilling(e)**
baptism / christening ['krɪsnɪŋ]	**Taufe**
godchild ['gɒdtʃaɪld] *Pl.* -children	**Patenkind**
godfather – godmother	**Patenonkel – Patentante**

Kosewörter *(= terms of endearment)*
Für *father*: *dad, daddy, pa* [pɑ:], *papa* [pə'pɑ:], *pop, my old man.*
Für *mother*: *ma, mum* BE, *mummy* BE, *mom* AE, *mommy* AE, *mam(m)a* ['mɑ:mə] AE, *my old lady.*
Für *the child*: *the little one, the little guy* [gaɪ], *the kid, our darling, the little bugger* (= der kleine Kerl), *you little rascal* ['rɑ:skl] (= du kleiner Schlingel).

bottle-feed – breast-feed	**mit der Flasche ernähren – stillen**
nappy *BE / AE* **diaper** ['daɪəpə]	**Windel**
change the baby's nappy / diaper	das Baby wickeln
potty ['pɒti]	**Töpfchen**
Have you been to the potty?	Bist du auf dem Topf gewesen?

potty training / toilet training	Sauberkeitserziehung
bath [bɑ:θ] *BE* / *AE* **bathe** [beɪð] the baby	das Baby **baden**
lullaby ['lʌləbaɪ]	**Wiegenlied; Schlaflied**
bedtime story [bedtaɪm 'stɔ:ri]	**Gutenachtgeschichte**

Family wird oft in der Bedeutung *children* verwendet: *The couple doesn't / don't want to start a family yet.* (= Das Paar will zunächst noch keine Kinder.)

care [keə]	**Obhut; Pflege**
take a child into care	ein Kind in Pflege nehmen
foster parents ['fɒstə peərənts]	**Pflegeeltern**
adopt – **adoption** [ə'dɒpʃn]	**adoptieren** – **Adoption**
an adopted child [ə'dɒptɪd]	ein adoptiertes Kind / Adoptivkind
put up for adoption (– put – put)	zur Adoption freigeben
guardian ['gɑ:diən] – **guardianship**	**Vormund** – **Vormundschaft**
orphan ['ɔ:fn] – **orphanage** ['ɔ:fnɪdʒ]	**Waise(nkind)** – **Waisenhaus**
bring up / **raise** / **rear** [rɪər] a child	ein Kind **großziehen**
upbringing ['ʌpbrɪŋɪŋ]	**Erziehung; Kinderstube**
She had a strict upbringing.	Sie wurde streng erzogen.
single parent [sɪŋgl 'peərənt]	**allein Erziehende(r)**
working mother [wɜ:kɪŋ 'mʌðə]	**berufstätige Mutter**
take after someone (– took – taken)	**jemand nachschlagen / ähnlich sein**
She takes after her mother.	Sie kommt nach ihrer Mutter.
educate ['edjukeɪt]	**erziehen; bilden**
She was educated at home.	Sie wurde zu Hause unterrichtet.
education [edju'keɪʃn]	**Erziehung; Bildung**
gifted children ['gɪftɪd tʃɪldrən]	**besonders begabte Kinder**
(mentally) retarded [rɪ'tɑ:dɪd]	**(geistig) zurückgeblieben**
pocket money *BE* / *AE* **allowance**	**Taschengeld**
chores [tʃɔ:z]	(lästige) **häusliche Pflichten**
tell someone off (– told – told)	**jemand ausschimpfen**
She told him off for hitting Ken.	Sie schimpfte mit ihm, weil er Ken gehauen hatte.
scold [skəʊld] a child	ein Kind **ausschimpfen / schelten**
hit a child (– hit – hit)	ein Kind **schlagen / hauen**
spoil a child (– spoilt* – spoilt*)	ein Kind **verziehen / verwöhnen**
neglect [nɪ'gləkt] a child	ein Kind **vernachlässigen**
abandon [ə'bændən] a child	ein Kind **aussetzen**
ill-treat [ɪl'tri:t] a child	ein Kind **misshandeln**
child abuse ['tʃaɪld əbju:s]	**Kindesmisshandlung / -missbrauch**

Kapitel 3

3.1 Foods
Nahrungsmittel

food [fuːd] (= Nahrung / Futter / Essen / Kost) • *health food* (= Reformkost) • *junk food* (= minderwertige Kost) • *fast food* (= Schnellgerichte) • *convenience food* (= Fertignahrung)

milk (= Milch) • *full-cream milk* BE / AE *whole* [həʊl] *milk* (= Vollmilch) • *low-fat milk* / *skim(med) milk* (= fettarme Milch)

butter (= Butter) • *cream* (= Sahne) • *sour cream* (= saure Sahne) • *whipped* [wɪpt] *cream* (= Schlagsahne) • *ice cream* (= Speiseeis) •

cheese [tʃiːz] (= Käse) • *Swiss cheese* (= Schweizer Käse) • *American cheese* AE (= Chester)

egg (= Ei) • *boiled* [bɔɪld] *egg* (= gekochtes Ei) • *fried* [fraɪd] *eggs* (= Spiegeleier) • *scrambled* ['skræmbld] *eggs* (= Rührei)

bread [bred] (= Brot) • *white bread* (= Weißbrot) • *brown bread* (= Graubrot) • *wholemeal* ['həʊlmiːl] *bread* BE / AE *whole-grain bread* (= Vollkornbrot) • *roll* (= Brötchen) • *sandwich* (= „Klappstulle")

pastries ['peɪstriz] (= Gebäck) • *cake* (= Kuchen) • *pancake* (= Eierkuchen) • *omelette* ['ɒmlət] (= Omelett) • *doughnut* ['dəʊnʌt] (= Berliner [Pfannkuchen]) • *biscuit* ['bɪskɪt] BE / AE *cookie* (= Keks)

grain (= Getreide) • *rye* (= Roggen) • *wheat* [wiːt] (= Weizen) • *flour* ['flaʊə] (= Mehl) • *bran* (= Kleie) • *oats* (= Hafer) • *rice* (= Reis)

cereals ['sɪərɪəlz] (= Getreideflocken) • *porridge* (= Haferbrei)

sweets (= Süßigkeiten) • *candy* AE (= Bonbon / Bonbons / Süßigkeiten) • *butterscotch* (= Karamellbonbons) • *toffee* (= Sahnebonbon) • *a bar of chocolate* ['tʃɒklət] (= ein Riegel / eine Tafel Schokolade)

meat [miːt] (= Fleisch) • *beef* (= Rindfleisch) • *pork* (= Schweinefleisch) • *veal* (= Kalbfleisch) • *lamb* [læm] (= Lammfleisch) • *mutton* (= Hammelfleisch) • *bacon* ['beɪkən] (= Speck) • *ham* (= Schinken)

poultry ['pəʊltri] (= Geflügel) • *chicken* (= Huhn) • *duck* (= Ente) • *goose* [guːs] (= Gans) • *turkey* (= Truthahn / Pute)

sausage ['sɒsɪdʒ] (= Wurst) • *liver* ['lɪvə] *sausage* BE / AE *liverwurst* (= Leberwurst) • *frank(furter)* ['fræŋk(fɜːtə)] (= Frankfurter Würstchen)

seafood (= Meeresfrüchte) • *fish* (= Fisch) • *salmon* ['sæmən] (= Lachs) • *smoked salmon* (= Räucherlachs) • *tuna* ['tju:nə] (= Thunfisch) • *shellfish* (= Schalentiere) • *lobster* (= Hummer) • *shrimps* (= kleinere Krabben / Garnelen) • *prawns* [prɔ:nz] (= größere Krabben / Garnelen)

soup [su:p] (= Suppe) • *broth* [brɒθ] / *consommé* [kən'sɒmeɪ] (= klare Suppe / Brühe) • *stew* [stju:] (= Eintopf)

sauce [sɔ:s] (= Soße) • *Worcester* ['wʊstə] *sauce* BE / AE *Worcestershire sauce* (= Worcestersoße) • *gravy* ['greɪvi] (= Bratensoße)

fat (= Fett) • *oil* (= Öl) • *olive oil* [ɒlɪv 'ɔɪl] (= Olivenöl) • *margarine* [mɑ:dʒə'ri:n] • *lard* (= Schweineschmalz)

herbs [hɜ:bz] (= Gewürzkräuter) • *spice* (= Gewürz) • *salt* [sɔ:lt] (= Salz) • *pepper* (= Pfeffer) • *curry* ['kʌri] • *mustard* ['mʌstəd] (= Senf) • *garlic* (= Knoblauch) • *vanilla* [və'nɪlə] (= Vanille)

vegetable(s) ['vedʒtəbl(z)] (= Gemüse) • *asparagus* [ə'spærəgəs] (= Spargel) • *beans* (= Bohnen) • *peas* (= Erbsen) • *cabbage* (= Kohl) • *cauliflower* (= Blumenkohl) • *spinach* ['spɪnɪtʃ] (= Spinat) • *maize* BE / AE *corn* (= Mais) • *mushroom* (= Speise-pilz / Champignon) • *tomato* [tə'mɑ:təʊ] Pl. *-oes* (= Tomate) • *cucumber* ['kju:-] (= Gurke) • *onion* ['ʌnjən] (= Zwiebel) • *lettuce* (= Kopfsalat) • *rhubarb* (= Rhabarber)

Kartoffelgerichte: *boiled potatoes* (= Salzkartoffeln) • *potatoes boiled in their skins* (= Pellkartoffeln) • *fried potatoes* (= Bratkartoffeln) • *(potato) chips* BE / AE *French fried potatoes* / *French fries* (= Pommes frites) • *baked potatoes* (= in der Schale gebackene Kartoffeln) • *mashed potatoes* (= Kartoffelbrei) • *potato salad* (= Kartoffelsalat)

salad ['sæləd] (= Salat) • *salad dressing* (= Salatsoße) • *mixed salad* / *tossed salad* (= gemischter Salat) • *tomato salad* (= Tomatensalat) • *coleslaw* ['kəʊlslɔ:] (= Kohl- / Krautsalat) • *fruit salad* (= Obstsalat)

fruit [fru:t] (= Obst) • *apple* (= Apfel) • *pear* [peə] (= Birne) • *cherry* (= Kirsche) • *plum* (= Pflaume) • *peach* (= Pfirsich) • *grape* (= Weintraube) • *strawberries* (= Erdbeeren) • *banana* [bə'nɑ:nə] (= Banane) • *orange* ['ɒrɪndʒ] (= Apfelsine) • *grapefruit* • *lemon* [e] (= Zitrone) • *pineapple* (= Ananas) • *olive* ['ɒlɪv] (= Olive)

nut (= Nuss) • *walnut* ['wɔ:lnʌt] (= Walnuss) • *hazelnut* ['heɪzlnʌt] (= Haselnuss) • *peanut* (= Erdnuss) • *chestnut* ['tʃesnʌt] (= Kastanie)

3.2 Beverages
Getränke

soft drinks [sɒft 'drɪŋks]	**alkoholfreie Getränke**
(still mineral ['mɪnərəl]**) water**	**(stilles Mineral-)Wasser**
sparkling / fizzy water	Sprudel
drinking water – tap water	Trinkwasser – Leitungswasser
tonic [ɒ] (water) / *AE* quinine ['kwaɪnaɪn] water	Tonic
seltzer (water) ['seltsə]	**Selters(wasser)**
soda (water) / *AE auch* **club soda**	**Soda(wasser)**
soda ['səʊdə] **(pop)** *AE* / *BE* **pop**	**Limo(nade); Brause**
Pop is a sweet fizzy drink.	Limonade ist ein süßer Sprudel.
cream soda [kri:m 'səʊdə] *AE*	(kohlensäurehaltiges Vanillegetränk)
carbonated ['kɑ:bəneɪtɪd]	**kohlensäurehaltig**
lemonade [lemə'neɪd]	**(Zitronen-)Limonade**
cola ['kəʊlə]	**(Coca-Cola™, Coke™, Pepsi™ etc.)**
ginger ale [dʒɪndʒər 'eɪl]	(kohlensäurehaltiges alkoholfreies Getränk mit Ingwergeschmack)
ginger beer [dʒɪndʒə 'bɪə]	(leicht alkoholhaltiges) **Ingwerbier**
root beer ['ru:t bɪə] *AE*	**Limonade** (aus Wurzelextrakten)
(fruit) juice [('fru:t) dʒu:s]	**(Frucht-)Saft**
apple / pineapple juice	Apfel- / Ananassaft
grape / grapefruit juice	Trauben- / Grapefruitsaft
squash [skwɒʃ] *BE*	**Fruchtsaft** (aus Konzentrat + Wasser)
a glass of orange squash	ein Glas Orangensaft
milkshake ['mɪlkʃeɪk]	**Milchshake; Milchmixgetränk**

Getränke können durch Vorsetzen von *a(n)* / *one* oder ein Zahlwort „portioniert" werden: *A coffee (= a cup of coffee) and a grapefruit juice (= a glass of grapefruit juice), please. Two sodas (= bottles of soda), please.*

(decaffeinated [di:'kæfɪneɪtɪd]) **coffee**	(koffeinfreier) **Kaffee**
(black / green) **tea** [ti:]	(schwarzer / grüner) **Tee**
herb(al) tea [hɜ:b(l) 'ti:]	Kräutertee
the cup that cheers [tʃiəz] *BE*	**„die Tasse, die aufmuntert" (= Tee)**
cocoa ['kəʊkəʊ]	**Kakao**
hot / drinking chocolate ['tʃɒklət]	**(heiße / Trink-)Schokolade; Kakao**

3.3 Kitchen and cooking
Küche und Kochen

cooking ['kʊkɪŋ]	**Kochen**
French cooking / cuisine [kwɪ'zi:n]	die französische Küche
home cooking / plain cooking	Hausmannskost
cookery book *BE* / *AE* **cookbook**	**Kochbuch**
clean the vegetables ['vedʒtəblz]	**das Gemüse putzen**
peel the potatoes [pə'teɪtəʊz]	**die Kartoffeln schälen**
dress the salad ['sæləd]	**den Salat anmachen**
sieve [sɪv]	**Sieb; sieben**
stir [stɜ:]	**(um)rühren**
beat (– beat – beaten) / **whip**	(*Ei* / *Sahne*) **schlagen**
slice [slaɪs]	**Scheibe;** (in Scheiben) **schneiden**
sliced bread [slaɪst 'bred]	geschnittenes Brot
chop [tʃɒp]	**klein schneiden; Kotelett**
mince [mɪns]	**durch den Fleischwolf drehen**
minced meat / mince	Hackfleisch; Gehacktes

Idioms mit „Küchenausdrücken“
He didn't mince his words. (= Er nahm kein Blatt vor den Mund.)
The boss will make mincemeat of me if he hears that.
(= Der Chef macht Hackfleisch aus mir / macht mich zur Schnecke, wenn er das hört.)
We fell / jumped out of the frying pan into the fire.
(= Wir kamen vom Regen in die Traufe.)
We decided to let him stew [stju:] *in his own juice* [dʒu:s].
(= Wir beschlossen, ihn in seinem eigenen Saft schmoren zu lassen.)

grind [graɪnd] (– ground – ground)	(*z. B. Kaffee*) **mahlen**
coffee grinder / **coffee mill**	**Kaffeemühle**
boil [bɔɪl]	**kochen; sieden**
a soft-boiled / hard-boiled egg	ein weich gekochtes / hart gekochtes Ei
parboil ['pɑ:bɔɪl]	**halbgar kochen; ankochen**
bake a cake [keɪk]	**einen Kuchen backen**
fry [fraɪ]	(in der Pfanne) **braten**
fried eggs [fraɪd 'egz]	Spiegeleier
sunny-side up *AE*	(*Ei*) **nur auf einer Seite gebraten**
stew [stju:]	(*Fleisch*) **schmoren;** (*Obst*) **dünsten**
roast [rəʊst]	**braten; Braten**
roast pork / beef / duck	Schweine- / Rinder- / Entenbraten

roast chicken [rəʊst 'tʃɪkən]	Brathähnchen
grill [grɪl] *BE* / *AE* **broil** [brɔɪl]	**grillen**
rare [reə]	**nur schwach gebraten**
I want my steak [steɪk] rare.	Ich möchte mein Steak „englisch".
medium ['mi:diəm]	halb durchgebraten; halb durch
well done [wel 'dʌn]	durchgebraten
toast [təʊst] – **toaster**	**Toast / toasten – Toaster**
pots and pans [pɒts n 'pænz]	**Töpfe und Pfannen**
teapot – coffeepot ['kɒfipɒt]	**Teekanne – Kaffeekanne**
frying pan *BE* / *AE* **skillet** ['skɪlət]	**Bratpfanne**
saucepan ['sɔ:spən]	**Kochtopf**
kettle ['ketl]	**Kessel**
Shall I put the kettle on?	Soll ich Kaffee / Tee machen?
dish [dɪʃ]	**Schüssel; Gericht** (= *Speise*)
do the dishes ['dɪʃɪz] (– did – done)	das Geschirr abwaschen
vegetarian [vedʒə'teəriən] dishes	vegetarische Gerichte
bowl [bəʊl]	**Schüssel; Schale**
salad / soup [su:p] bowl	Salat- / Suppenschüssel
cup and saucer ['sɔ:sə]	**Tasse und Untertasse**
plate [pleɪt]	**Teller**
jar [dʒɑ:]	(Marmeladen-)**Glas; Topf / Krug / Gefäß** (aus Glas, Ton etc.)
a jar of English marmalade	ein Glas englischer Orangenmarmelade
jug [dʒʌg] *BE* / *AE* **pitcher**	(Ton- / Glas-)**Kanne / Krug**
a jug of fresh milk	ein Krug mit frischer Milch
can [kæn]	**einmachen; eindosen; einwecken**
can opener ['kæn əʊpnə]	Büchsenöffner; Dosenöffner
canned beans [kænd 'bi:nz]	Bohnen in der Dose / Büchse
bottle opener ['bɒtl əʊpnə]	**Flaschenöffner**
corkscrew ['kɔ:kskru:]	**Korkenzieher**
nutcracker ['nʌtkrækə]	**Nussknacker**
knife [naɪf] **and fork** *Pl.* knives	**Messer und Gabel**
spoon [spu:n]	**Löffel**
soupspoon – teaspoon	Suppenlöffel – Teelöffel
two teaspoonfuls of sugar	zwei Teelöffel Zucker
measuring ['meʒərɪŋ] **cup / spoon**	**Messbecher / -löffel**
cooker *BE* / *AE* **stove** [stəʊv]	**(Koch-)Herd**
pressure cooker ['preʃə kʊkə]	Schnellkochtopf
oven ['ʌvn]	**Backofen**
microwave (oven) ['maɪkrəweɪv]	**Mikrowelle(nherd)**
coffeemaker ['kɒfimeɪkə]	**Kaffeemaschine**
tray [treɪ]	**Tablett**

3.4 Meals
Mahlzeiten

breakfast ['brekfəst]	**Frühstück**
What time are we having breakfast?	Wann frühstücken wir?
I have coffee for breakfast.	Ich trinke zum Frühstück Kaffee.
a working breakfast	ein Arbeitsfrühstück

i *Continental breakfast:* ein „kleines" Frühstück, das aus *bread* (= Brot), *rolls* (= Brötchen), *croissants* ['kwæsɑ:nts] (= Hörnchen), *butter, jam* (= Marmelade) und *coffee* besteht.
English breakfast: ein „großes" Frühstück bestehend aus *bacon* ['beɪkən] *and eggs* (= Speck und Eiern), *cereals* ['sɪərɪəlz] wie *cornflakes* oder *muesli* ['mju:zli], *toast and marmalade* ['mɑ:məleɪd] (= Orangenmarmelade) sowie *fruit* [fru:t] (= Obst) oder *fruit juice* [dʒu:s] (= Fruchtsaft) etc.

lunch [lʌntʃ] / *förmlich* **luncheon** ['lʌntʃən]	**Mittagessen** (*wenn die Hauptmahlzeit am Abend eingenommen wird*)
We had lunch in the canteen [kæn'ti:n].	Wir haben in der Kantine zu Mittag gegessen.

i „Mahlzeit!" als Grußformel und „Guten Appetit!" haben im Englischen keine direkten Entsprechungen. Statt des Ersteren verwendet man so etwas wie *hello!, hi!* oder *(good) afternoon!*, während das Letztere durch *enjoy* [ɪn'dʒɔɪ] *your meal!* oder das französische *bon appetit!* [bɒn ape'ti] ausgedrückt werden kann.

tea [ti:]	**(Nachmittags-)Tee / Kaffee**
We had tea at the Savoy [sə'vɔɪ].	Wir haben im Savoy Kaffee getrunken.
Eat your tea, Bobby.	Bobby, iss dein Essen auf!
dinner ['dɪnə]	**Abend- / Mittagessen** (*als Hauptmahlzeit*)
We're having people for dinner.	Wir haben Gäste zum Essen.
We're going out to dinner tonight.	Wir gehen heute Abend essen.
supper ['sʌpə]	**Abendessen; Abendbrot**
She gave the kids their supper and then put them to bed.	Sie gab den Kindern ihr Abendbrot und brachte sie dann ins Bett.

3.5 Eating out
Auswärts essen

guest [gest] / *förmlich* **patron** [eɪ] — **Gast**
Patrons are requested ... [rɪ'kwestɪd] — Wir bitten unsere verehrten Gäste ...

patronize ['pætrənaɪz] — **(als Kunde / Kundin) besuchen**
our **regulars** ['regjələz] — unsere **Stammgäste**

Kinds of restaurants ['restrɒnts] **(= Arten von Restaurants)**
café ['kæfeɪ] (= kleines Restaurant) • *cafeteria* [kæfə'tɪəriə] (= Selbstbedienungsrestaurant) • *canteen* [kæn'tiːn] (= Kantine) • *chip shop / chippy* (BE = Fritten- / Pommesbude) • *deli(catessen)* ['deli] (AE = Feinkostgeschäft mit Schnellimbiss) • *coffee bar* (BE = Café) • *coffee shop* (AE = kleines Restaurant, oft in Hotels) • *diner* (AE = Restaurant, das typisch amerikanische Kost in traditionellem Ambiente bietet) • *dining car* (= Speisewagen) • *drive-in* (= Drive-in-Restaurant) • *eatery* (= Esslokal) • *fish and chip shop* (BE = Fischbraterei) • *greasy spoon* [griːsi 'spuːn] (= „schmieriger Löffel" = kleines, billiges, oft schmuddeliges Esslokal) • *hamburger place* (= Hamburger-Restaurant) • *lunch counter / luncheonette* (AE = Imbissstube) • *pull-in* (BE = Raststätte) • *restaurant* • *sandwich bar* • *self-service* (= Selbstbedienungsrestaurant) • *snack bar* (= Imbissstube) • *steakhouse* ['steɪkhaʊs] • *takeaway* BE / AE *carryout / takeout* (= Restaurant für Außer-Haus-Verkauf) • *tearoom* (= Teestube / Café) • *transport café* ['trænspɔːt kæfeɪ] BE / AE *truck stop* (= Fernfahrerraststätte) • *wine bar* (BE = Weinstube)

cloakroom *BE / AE* **checkroom** — **Garderobe**

Mit dem Wort *cloakroom* ['kləʊkrʊm] fragt man im BE in Theater oder Restaurant auch nach der Toilette – ein Euphemismus (= verhüllender Ausdruck).

snack [snæk] — **Imbiss; Kleinigkeit zu essen**
to take away *BE / AE* **to go** — **zum Mitnehmen**
a bag of chips to take away *BE / AE* a bag of French fries to go — eine Tüte Fritten / Pommes zum Mitnehmen
book [bʊk] — **buchen; reservieren; vorbestellen**
book a table — einen Tisch reservieren
reservation [rezə'veɪʃn] — **Reservierung**
Have you a reservation, sir? — Haben Sie einen Tisch reserviert?

reserve [rɪ'zɜ:v]	**reservieren (lassen)**
I have a table reserved in the name of Smith.	Ich habe einen Tisch auf den Namen Smith reservieren lassen.
menu ['menju:]	**Speisekarte**
meal [mi:l]	**Mahlzeit; Essen**
a four-course meal	ein Essen mit vier Gängen
order ['ɔ:də]	**bestellen; Bestellung**
Do you wish to order now, sir?	Möchten Sie jetzt bestellen?
starter ['stɑ:tə]	**Vorspeise**
What would you like for a starter?	Was hätten Sie gern als Vorspeise?
soup of the day / soup du jour	**Tagessuppe**
The eel pie [i:l 'paɪ] is **off**.	Die Aalpastete ist **aus**(gegangen).
have (– had – had)	**essen; nehmen**
I think I'll have the smoked salmon ['sæmən], please.	Ich glaube, ich nehme den Räucherlachs.
decide [dɪ'saɪd]	**(sich) entscheiden**
Have you decided on a wine, sir?	Haben Sie sich für einen Wein entschieden?
recommend [rekə'mend]	**empfehlen**
choose [tʃu:z] (– chose – chosen)	**(aus)wählen**
sweet *BE* / *AE* **dessert** [dɪ'zɜ:t]	**Nachtisch**
do (– did – done [dʌn])	(auf der Karte / im Angebot) **haben**
Do you do tiramisu?	Haben Sie auch Tiramisu?
to follow [tə 'fɒləʊ]	**danach**
with a coffee to follow	und danach einen Kaffee
bill [bɪl] *BE* / *AE* **check** [tʃek]	**Rechnung**
Waiter, the bill / check please.	Herr Ober, bitte zahlen!
service (charge) ['sɜ:vɪs (tʃɑ:dʒ)]	**Bedienung(sgeld)**
Service (is) not included [ɪn'klu:dɪd].	Bedienung nicht inbegriffen / extra.
tip / *förmlich* **gratuity** [grə'tju:əti]	**Trinkgeld**
How much did you tip the maître d' [meɪtrə 'di:]?	Wie viel Trinkgeld hast du dem Oberkellner gegeben?
manager ['mænɪdʒə]	**Geschäftsführer(in)**
I'd like to see the manager, please.	Ich möchte bitte mal den Geschäftsführer sprechen.
buffet ['bʊfeɪ]	**Büfett**
salad bar ['sæləd bɑ:]	**Salattheke**
serving / helping / portion ['pɔ:ʃn]	**Portion**
to go with	**passend zu**
I'd like a dry wine to go with the fish.	Zum Fisch hätte ich gern einen trockenen Wein.
hot [hɒt]	**scharf** (gewürzt)
Is this curry ['kʌri] very hot?	Ist dieser Curry sehr scharf?

3.6 Clothing
Kleidung

clothes [kləʊðz]	**Kleidung; (Anzieh-)Sachen**
I need some new clothes.	Ich brauche was Neues zum Anziehen.
casual ['kæʒuəl] clothes	Freizeitkleidung
dress [dres]	**Kleidung; sich anziehen / kleiden**
She always dresses well.	Sie zieht sich immer gut an.
She was dressed in black.	Sie war schwarz gekleidet.
wear [weə] (– wore – worn)	**tragen**
I never wear a hat.	Ich trage nie einen Hut.
put on (– put – put) [pʊt]	(*Kleidung*) **anziehen;** (*Hut*) **aufsetzen**
You'd better put a coat on.	Du ziehst besser einen Mantel an.
take off (– took – taken)	(*Kleidung*) **ausziehen;** (*Hut*) **abnehmen**
He took off his hat and coat.	Er legte Hut und Mantel ab.
She took her clothes off.	Sie zog sich aus.

Coats, jackets, and suits **(= Mäntel, Jacken und Anzüge)**
coat (= Mantel / AE auch Jackett / Sakko) • *overcoat / topcoat* (= Mantel) • *raincoat* / BE auch *mackintosh / mac* (= Regenmantel) • *fur coat* (= Pelzmantel) • *jacket* (= Jacke / Jackett / Sakko) • *sports jacket* BE / AE *sport coat* (= Sportsakko) • *suit* [suːt] (= Anzug / Kostüm) • *trouser suit* BE / AE *pantsuit* (= Hosenanzug) • *waistcoat* ['weɪskəʊt] BE / AE *vest* (= Weste)

Dresses **(= Kleider)**
dress (= Kleid) • *slit dress* (= Kleid mit Gehschlitz) • *wedding dress / wedding gown* [gaʊn] (= Hochzeitskleid) • *evening dress / evening gown* (= Abendkleid)

Tops **(= Oberteile)**
blouse [blaʊz] (= Bluse) • *sweater* ['swetə] / *pullover* ['pʊləʊvə] / *jersey* [z] / nur BE *jumper* (= Pullover / Pulli) • *V-neck(ed) sweater* (= Pullover mit V-Ausschnitt) • *shirt* (= Oberhemd / Hemdbluse) • *long-sleeved – short-sleeved – sleeveless* (= langärmelig – kurzärmelig – ärmellos) • *sweatshirt* (= weit geschnittener Pullover) • *polo shirt* (= Polohemd) • *T-shirt*

Trousers, skirts, etc. **(= Hosen, Röcke** usw.)
trousers / pants (= Hose) • *(blue) jeans / denims* ['denɪmz] (= Jeans) • *shorts* (= kurze Hose) • *skirt* (= Rock) • *pleated skirt* (= Faltenrock) • *kilt* (= Schottenrock)

Bei *trousers, pants, tights* etc. entspricht dem deutschen Singular ein englischer Plural: *Where are my tights?*

Underwear and swimwear **(= Unterwäsche und Badekleidung)**
(under)pants / AE auch *undershorts* (= Unterhose) • *briefs* [bri:fs] (= Slip) • *Jockey™ shorts / BVD's™* [bi:vi:'di:z] nur AE (= Herrenunterhose) • *boxer shorts / boxers* (= Boxershorts) • *long johns* ['lɒŋ dʒɒnz] (= lange Unterhose) • *panties* ['pæntiz] / nur BE *knickers* ['nɪkəz] (= Damenschlüpfer) • *vest* BE / AE *undershirt* (= Unterhemd) • *slip / underskirt* (= Unterrock) • *petticoat* (= Petticoat) • *tights* BE / AE *pantyhose* ['pæntihəʊz] (= Strumpfhose) • *bra* [brɑ:] (= BH) • *trunks* (= Badehose) • *swimsuit / bathing* ['beɪðɪŋ] *suit* (= Badeanzug)

Night clothes [kləʊðz] **(= Nachtwäsche)**
nightdress BE / AE *nightgown* / BE+AE umgangssprachl. *nightie* ['naɪti] (= Damennachthemd) • *pyjamas* [pə'dʒɑ:məz] BE / AE *pajamas* (= Schlafanzug) • *dressing gown* [gaʊn] (= Morgenrock) • *bathrobe* ['bɑ:θrəʊb] (= Bademantel)

Footwear ['fʊtweə] **(= Fußbekleidung)**
shoes [ʃu:z] (= Schuhe) • *casuals* ['kæʒuəlz] / *slip-on shoes / slip-ons* (= Slipper) • *high heels* (= hochhackige Schuhe) • *boots* [bu:ts] (= Stiefel) • *sandals* ['sændəlz] (= Sandalen) • *slippers* (= Hausschuhe) • *trainers* BE / AE *sneakers* ['sni:kəz] (= Turnschuhe)

Headgear ['hedgɪə] **(= Kopfbedeckung)**
hat (= Hut) • *cap* (= Mütze) • *baseball cap* (= Baseballmütze) • *helmet* (= Helm) • *crash helmet* (= Sturzhelm) • *headscarf* (= Kopftuch)

Other articles of clothing ['kləʊðɪŋ] ***and accessories*** [ək'sesəriz] **(= andere Kleidungsstücke und Zubehör)**
tie / AE auch *necktie* (= Schlips) • *bow tie* [bəʊ 'taɪ] (= Fliege) • *scarf* (= Schal / Halstuch) • *gloves* [glʌvz] (= Handschuhe) • *stockings* (= Strümpfe) • *socks* (= Socken) • *apron* ['eɪprən] (= Schürze) • *overalls* BE / AE *overall* (= Overall) • *belt* (= Gürtel) • *braces* ['breɪsɪz] BE / AE *suspenders* [sə'spendəz] (= Hosenträger) • *button* (= Knopf) • *zip* BE / AE *zipper* (= Reißverschluss)

4.1 Illnesses and symptoms
Krankheiten und Symptome

disease [dɪ'zi:z]	(*bestimmte*) **Krankheit, Erkrankung**
Alzheimer's / Parkinson's disease	die Alzheimer- / Parkinson-krankheit
infectious / tropical diseases	Infektions- / Tropenkrankheiten
sickness ['sɪknəs]	**Krankheit** (*allgemein*); **Übelkeit**
I had just four days of sickness.	Ich hatte nur vier Krankheitstage.
He **was sick**.	Ihm **war schlecht / übel.** / Er **übergab sich.** / Er **war krank.**
symptom ['sɪmptəm]	**Symptom; Anzeichen**
attack [ə'tæk]	**Anfall**
an attack of asthma	ein Asthmaanfall

Ausdrücke für „Krankheit etc."
serious ['sɪəriəs] *diseases* (= ernste Krankheiten) • *a serious illness* (= eine ernste Erkrankung) • *contract* [kən'trækt] *a disease / an illness* (= sich eine Krankheit zuziehen) • *mental illness / disorder / disease* (= Geisteskrankheit) • *a respiratory* [rɪ'spɪrətri] *disease / ailment* (= eine Atemwegserkrankung) • *in sickness and in health* [helθ] (= in kranken und gesunden Tagen)

fever ['fi:və]	**Fieber**
have a fever / run a temperature	Fieber / Temperatur haben
nausea ['nɔ:ziə]	**Übelkeit**
vomiting ['vɒmɪtɪŋ] / **throwing up**	**Erbrechen**
chronic ['krɒnɪk]	**chronisch**
stroke [strəʊk]	**Schlaganfall**
heatstroke – sunstroke	(ein) Hitzschlag – (ein) Sonnenstich
collapse [kə'læps]	**zusammenbrechen; kollabieren**
heart [hɑ:t]	**Herz**
She has a heart condition.	Sie ist herzkrank.
He suffered / had a heart attack.	Er erlitt einen Herzanfall / -infarkt.
heart trouble – heart failure	Herzbeschwerden – Herzversagen
coronary (thrombosis) [kɒrənri θrɒm'bəʊsɪs]	**(Herz-)Infarkt**
He has survived two coronaries.	Er hat zwei Infarkte überlebt.
cold [kəʊld]	**Erkältung; Schnupfen; Grippe**
(the) **flu** [flu:]	(die) **Grippe**

She came down with (the) flu.	Sie kriegte die Grippe.
a sore throat [sɔ: 'θrəʊt]	**Halsschmerzen**
I've got a sore throat.	Ich habe Halsschmerzen.
cough [kɒf]	**husten; Husten**
sneeze [sni:z]	**niesen**
smallpox ['smɔ:lpɒks] – **chickenpox**	(die) **Pocken** – (die) **Windpocken**
smallpox vaccination [væksɪ'neɪʃn]	Pocken(schutz)impfung
pneumonia [nju:'məʊniə]	**Lungenentzündung**
appendix [ə'pendɪks]	**Blinddarm**
blood [blʌd]	**Blut**
high / low blood pressure	hoher / niedriger Blutdruck
food poisoning ['fu:d pɔɪznɪŋ]	**Lebensmittelvergiftung**
indigestion [ɪndɪ'dʒestʃən]	**Verdauungsstörung**
stomach ['stʌmək]	**Magen**
stomach trouble ['stʌmək trʌbl]	Magenbeschwerden
He has an upset ['ʌpset] stomach.	Er hat sich den Magen verdorben.
(stomach) ulcer ['ʌlsə]	**(Magen-)Geschwür**
gallstone ['gɔ:lstəʊn] – **kidney stone**	**Gallenstein** – **Nierenstein**
tumour ['tju:mə]	**Tumor; Geschwulst**
a benign [bɪ'naɪn] / malignant [mə'lɪgnənt] tumour	eine gutartige / bösartige Geschwulst
cancer ['kænsə]	**Krebs**
stomach / lung / breast cancer	Magen- / Lungen- / Brustkrebs
tuberculosis [tju:bɜ:kju'ləʊsɪs]	**Tuberkulose**
She contracted tuberculosis / TB.	Sie erkrankte an Tuberkulose / Tbc.
AIDS [eɪdz]	**Aids**
There's no cure or vaccine ['væksi:n] for AIDS.	Für Aids gibt es kein Heilmittel und keinen Impfstoff.
cramp [kræmp]	**Krampf**
gout – **rheumatism** ['ru:mətɪzm]	**Gicht** – **Rheuma(tismus)**
lumbago [lʌm'beɪgəʊ]	**Hexenschuss**
allergic [ə'lɜ:dʒɪk] – **allergy** ['ælədʒi]	**allergisch** – **Allergie**
She's allergic to cats.	Sie ist gegen Katzen allergisch.
allergy sufferer ['sʌfərə]	Allergiker(in)
rash [ræʃ]	**Ausschlag**
come out / break out in a rash	einen Ausschlag bekommen
itching ['ɪtʃɪŋ]	**Jucken; Juckreiz**
a (slight) **swelling** ['swelɪŋ]	**eine** (leichte) **Schwellung**
pus [pʌs]	**Eiter**
varicose veins [værɪkəʊs 'veɪnz]	**Krampfadern**
sleeplessness / insomnia	**Schlaflosigkeit**
unconscious [ʌn'kɒnʃəs] – **unconsciousness**	**bewusstlos** – **Bewusstlosigkeit**

4.2 Accidents and injuries
Unfälle und Verletzungen

accident ['æksɪdənt]	**Unfall; Unglück**
when an accident happens / occurs	wenn es zu einem Unfall kommt
She was injured in an accident.	Sie wurde bei einem Unfall verletzt.
crash [kræʃ]	**zusammenstoßen; abstürzen**
The thief [θiːf] crashed the car into a wall.	Der Dieb fuhr mit dem Auto gegen eine Mauer.
Six people died [daɪd] in the crash.	Bei dem Zusammenstoß / Absturz starben sechs Menschen.
collide [kə'laɪd] – **collision** [kə'lɪʒn]	**zusammenstoßen – Zusammenstoß**
A taxi had collided with / crashed into a bus.	Ein Taxi war mit einem Bus zusammengestoßen.
hit (– hit – hit) [hɪt]	(*Auto*) **prallen gegen**
The car hit a wall.	Das Auto prallte gegen eine Mauer.

Dass jemand angefahren wird, kann mit *knock down, knock over, hit (– hit – hit), strike (– struck – struck)* ausgedrückt werden:
She was knocked down / knocked over / hit / struck by a bus.
(= Sie wurde von einem Bus angefahren.)

unharmed / unhurt / unscathed	**unverletzt**
hurt (– hurt – hurt) [hɜːt]	**verletzen**
She was hurt in the fire.	Sie wurde bei dem Brand verletzt.
injure ['ɪndʒə] – **injuries** ['ɪndʒəriz]	**verletzen – Verletzungen**
He was seriously / critically injured.	Er wurde schwer verletzt.
She suffered head injuries.	Sie erlitt Kopfverletzungen.
break [breɪk] (– broke – broken)	**brechen**
He's broken his leg.	Er hat sich das Bein gebrochen.
fracture ['fræktʃə]	**(Knochen-)Bruch; Fraktur**
concussion [kən'kʌʃn]	(eine) **Gehirnerschütterung**
burns [bɜːnz]	**Verbrennungen**
second-degree burns	Verbrennungen zweiten Grades
suffocate ['sʌfəkeɪt] – **suffocation**	**ersticken – Ersticken**
The animals (were) suffocated.	Die Tiere erstickten.
Six people died of suffocation.	Sechs Menschen erstickten.
dislocate ['dɪsləkeɪt]	**ausrenken; auskugeln; verrenken**
He dislocated his shoulder ['ʃəʊldə].	Er kugelte sich die Schulter aus.
twist [twɪst]	**verdrehen; verrenken**

I've twisted my arm.	Ich habe mir den Arm verrenkt.
She has twisted her ankle ['æŋkl].	Sie hat sich den Fuß vertreten.
sprain [spreɪn]	**verstauchen; Verstauchung**
She has sprained her ankle.	Sie hat sich den Fuß verstaucht.
strain [streɪn]	(*z. B. Muskel-*)**Zerrung; zerren**
He strained his back playing squash [skwɒʃ].	Er hat sich beim Squashspielen eine Rückenzerrung zugezogen.
bruise [bru:z]	**blauer Fleck; Prellung; Bluterguss**
cuts and bruises ['bru:zɪz]	Schnittwunden und Prellungen
She was badly bruised [bru:zd].	Sie hatte überall blaue Flecken.
bleed [bli:d] (– bled – bled)	**bluten**
The man was bleeding heavily.	Der Mann blutete stark.
dress a wound [wu:nd]	**eine Wunde verbinden**
dressing ['dresɪŋ]	**Verband**
plaster [ɑ:] / **Elastoplast**™ [ɪ'læstəplɑ:st] *BE* / *AE* **Band-Aid**™	**(Heft-)Pflaster**
Give me a plaster, quick.	Gib mir schnell mal ein Pflaster.
casualty ['kæʒuəlti]	**(Unfall-)Opfer; Verletzte(r)**
shock [ʃɒk]	**Schock**
She was in shock.	Sie stand unter Schock.
exposure [ɪk'spəʊʒə]	**Unterkühlung**
die of exposure	an Unterkühlung sterben; erfrieren
administer first aid [əd'mɪnɪstə]	**erste Hilfe leisten**
resuscitate [rɪ'sʌsɪteɪt]	**wiederbeleben**
mouth-to-mouth resuscitation [rɪsʌsɪ'teɪʃn]	Mund-zu-Mund-Beatmung
treat [tri:t]	**(ärztlich) behandeln**
The victims were treated at the scene [si:n].	Die Opfer wurden an der Unfallstelle ärztlich versorgt.
ambulance ['æmbjələns]	**Krankenwagen**
call / phone for an ambulance	einen Krankenwagen rufen
stretcher ['stretʃə]	**Tragbahre**
take [teɪk] (– took – taken)	**bringen**
They were taken to *BE* / *AE* to the hospital ['hɒspɪtl].	Sie wurden ins Krankenhaus gebracht.
emergency [ɪ'mɜ:dʒənsi]	**Notfall**
emergency doctor	Notarzt / Notärztin
casualty ['kæʒuəlti] *BE* / *AE* **emergency room**	**Notaufnahme**
He's still in casualty / in the emergency room.	Er ist immer noch in der Notaufnahme.
condition [kən'dɪʃn]	**Zustand; Verfassung**
She's in (a) critical condition.	Ihr Zustand ist kritisch.

4.3 Disabilities
Behinderungen

disability [dɪsə'bɪləti]	**Invalidität; Erwerbsunfähigkeit**
physical ['fɪzɪkl] / mental disability	körperliche/geistige Behinderung
disorder [dɪs'ɔ:də]	**(Funktions-)Störung**
He suffers from a mental disorder.	Er leidet an einer Geisteskrankheit.
children with learning disorders	lernbehinderte Kinder
defect [dɪ'fekt]	**Fehler**
speech defect/disorder	Sprachfehler
disabled [dɪs'eɪbld]	**behindert**
She's mentally disabled.	Sie ist geistig behindert.
the disabled	die Behinderten
a disabled person	ein behinderter Mensch
handicap ['hændikæp]	**Behinderung**
handicapped ['hændikæpt]	behindert
physically/mentally handicapped	körperlich/geistig behindert
impair [ɪm'peə] – **impairment**	**beeinträchtigen – Beeinträchtigung**
impaired hearing	Schwerhörigkeit
unable [ʌn'eɪbl] – **inability** [ɪnə'bɪləti]	**außerstande – Unfähigkeit**
He's unable to speak/walk.	Er kann nicht sprechen/laufen.
invalid ['ɪnvəlɪd]	**invalide; körperbehindert; Invalide**
A riding accident left her an invalid.	Ein Reitunfall machte sie zur Invalidin.
(mentally) retarded [rɪ'tɑ:dɪd]	**(geistig) zurückgeblieben**
deaf [def]	**taub**
She's deaf in one ear.	Sie ist auf einem Ohr taub.
He's almost totally deaf.	Er ist fast völlig taub.
a young deaf-and-dumb [dʌm] man	ein junger Taubstummer
She has been deaf-mute [def'mju:t] from birth.	Sie ist von Geburt an taubstumm.
paralysed ['pærəlaɪzd]	**gelähmt**
control [kən'trəʊl]	**Kontrolle; kontrollieren**
She has no control of her arm or neck muscles ['mʌslz].	Sie kann ihre Arm- und Nackenmuskeln nicht kontrollieren.
hereditary [hə'redɪtri]	**erblich; Erb-**
hereditary disease/condition	Erbkrankheit
wheelchair (user) ['wi:ltʃeə]	**Rollstuhl(fahrer/in)**
He's confined [kən'faɪnd] to a wheelchair.	Er ist an den Rollstuhl gefesselt.

4.4 At the doctor's
Beim Arzt

Doctor ist das allgemeine, umgangssprachliche Wort für Arzt / Ärztin und auch die Anredeform (*Thank you, doctor.*). *Physician* [fɪ'zɪʃn] ist die förmliche Berufsbezeichnung.

GP [dʒi:'pi:] **(= general practitioner)** [præk'tɪʃənə]	**praktischer Arzt / praktische Ärztin; Arzt / Ärztin für Allgemeinmedizin**
family doctor [fæməli 'dɒktə]	**Hausarzt / Hausärztin**

***Some specialists* (= Einige Fachärzte)**
ear, nose, and throat specialist (= Hals-Nasen-Ohren-Arzt / -Ärztin) • *gynaecologist* [gaɪnə'kɒlədʒɪst] (= Frauenarzt / -ärztin) • *eye specialist* (= Augenarzt / -ärztin) • *orthopaedist* [ɔ:θə'pi:dɪst] / *orthopaedic surgeon / specialist* (= Orthopäde / Orthopädin) • *paediatrician* [pi:diə'trɪʃn] (= Kinderarzt / -ärztin) • *psychiatrist* [saɪ'kaɪətrɪst] (= Psychiater/in) • *surgeon* ['sɜ:dʒən] (= Chirurg/in)

surgery ['sɜ:dʒəri]	*BE* **Sprechzimmer, Sprechstunde**
No Wednesday ['wenzdeɪ] surgery	Mittwochs keine Sprechstunde

BE ***surgery*** = AE ***office***
Arztpraxis = BE *(doctor's) surgery* / AE *(doctor's) office*
Sprechstunde = BE *surgery hours* / AE *office hours*

receptionist [rɪ'sepʃənɪst]	**Sprechstundenhilfe** (*am Empfang*)
appointment [ə'pɔɪntmənt]	**Termin**
Have you (got) an appointment?	Haben Sie einen Termin?
patient ['peɪʃnt]	**Patient(in)**
trouble ['trʌbl]	**Beschwerden; Leiden**
What's the trouble?	Was haben Sie für Probleme?
I've got stomach ['stʌmək] trouble.	Ich habe Magenbeschwerden.
My back is giving me trouble.	Mein Rücken macht mir zu schaffen.
Do you have trouble passing (your) water?	Haben Sie Schwierigkeiten beim Wasserlassen?
weight [weɪt]	**Gewicht**
put on weight / lose weight	zunehmen / abnehmen
pain [peɪn]	**Schmerz(en)**
a dull / sharp / burning / stabbing pain	ein dumpfer / heftiger / brennender / stechender Schmerz

-ache [-eɪk]	**-schmerzen**
I have backache / stomachache ['stʌməkeɪk].	Ich habe Rückenschmerzen / Bauchschmerzen.
headache ['hedeɪk]	**Kopfschmerzen**
Do you have a headache?	Haben Sie Kopfschmerzen?
Do you suffer from headaches?	Leiden Sie unter Kopfschmerzen?
appetite ['æpətaɪt]	**Appetit**
become / fall / get **sick** [sɪk]	**krank** werden
She felt sick.	Ihr war übel.
period ['pɪəriəd]	**Periode; Monatsblutung; Regel**
bowels ['baʊəlz]	**Eingeweide; Gedärm; Darm**
Are your bowels regular ['regjələ]?	Haben Sie regelmäßig Stuhlgang?
breathe [bri:ð]	**atmen**
breath [breθ]	**Atem**
Take a deep breath.	Holen Sie tief Luft.
I'm easily out of / short of breath.	Ich gerate schnell außer Atem.
have a **fever** ['fi:və]	**Fieber** haben
have a **temperature** ['temprətʃə]	**Temperatur** haben
blood pressure ['blʌd preʃə]	**Blutdruck**
X-ray ['eks reɪ]	**Röntgenaufnahme**
ultrasound scan ['ʌltrəsaʊnd skæn]	**Ultraschalluntersuchung**
injection [ɪn'dʒekʃn]	**Injektion; Spritze**
take off (– took – taken)	**ausziehen**
Would you mind taking off all your clothes [kləʊðz].	Würden Sie sich bitte ganz ausziehen.
get dressed (– got – got) [drest]	**sich anziehen**
examine [ɪg'zæmɪn]	**untersuchen**
drug [drʌg]	**Medikament; Arzneimittel**
a pain-killing drug	ein Schmerzmittel
medication [medɪ'keɪʃn]	**Medikamente; Verordnung**
take medication (– took – taken)	Medikamente nehmen
medicine ['medsn]	**Medizin; Medikament; Arznei**
Are you taking any medicines?	Nehmen Sie Medikamente ein?
pill [pɪl]	**Pille**
She's been on the pill for years.	Sie nimmt seit Jahren die Pille.
remedy ['remədi]	**(Heil-)Mittel**
There is no remedy for colds.	Es gibt kein Mittel gegen Erkältungen.
ointment ['ɔɪntmənt]	**Salbe**
prescription [prɪ'skrɪpʃn]	**Rezept**
available on prescription only	nur auf Rezept erhältlich
checkup ['tʃekʌp]	**(ärztliche) Untersuchung**
have a checkup	sich untersuchen lassen

4.5 At the dentist's
Beim Zahnarzt

dentist ['dentɪst] / **dental surgeon**	**Zahnarzt / Zahnärztin**
dental treatment ['dentl tri:tmənt]	**Zahnbehandlung**
toothache ['tu:θeɪk]	**Zahnschmerzen**
I have (a) toothache.	Ich habe Zahnschmerzen.
sensitive ['sensətɪv]	**empfindlich**
The tooth is sensitive to cold.	Der Zahn ist kälteempfindlich.
hurt [hɜ:t]	**wehtun**
This tooth hurts.	Dieser Zahn tut weh.
gum(s) [gʌm(z)]	**Zahnfleisch**
loose [lu:s]	**lose**
The tooth is loose.	Der Zahn wackelt.
lower jaw [dʒɔ:] – **upper jaw**	**Unterkiefer – Oberkiefer**
rinse [rɪns]	**spülen; Spülung**
Rinse thoroughly ['θʌrəli], please.	Bitte gründlich (aus)spülen.
tooth [tu:θ] – **teeth** [ti:θ]	**Zahn – Zähne**
pull out / take out / extract [ɪk'strækt] a tooth	einen Zahn ziehen
have a tooth out	sich einen Zahn ziehen lassen
fill [fɪl]	**füllen; plombieren**
filling ['fɪlɪŋ]	**Füllung; Plombe; Inlay**
This filling needs to be replaced.	Diese Füllung muss ersetzt werden.
decay [dɪ'keɪ]	**Verfall; Zerfall; Karies**
I'll have to drill some more to remove [rɪ'mu:v] the decay.	Ich muss noch etwas bohren, um die Karies zu entfernen.
crown [kraʊn]	**Krone; überkronen**
bridge [brɪdʒ]	**Brücke**
fit a bridge	eine Brücke anbringen
denture(s) ['dentʃə(z)]	**Zahnprothese; künstliches Gebiss**
a complete / partial ['pɑ:ʃl] denture	eine Voll- / Teilprothese
root treatment ['ru:t tri:tmənt]	**Wurzelbehandlung**
impression [ɪm'preʃn]	**Abdruck**
take an impression for an inlay	einen Abdruck für ein Inlay machen
tartar ['tɑ:tə]	**Zahnstein**
There's a lot of tartar there.	Sie haben viel Zahnstein.
plaque [plɑ:k]	**Zahnbelag**
dental floss ['dentl flɒs]	**Zahnseide**
water jet ['wɔ:tə dʒet]	**Munddusche**

Freitag

14-00

Dr. Müller

4.6 In hospital
Im Krankenhaus

hospital ['hɒspɪtl]	**Krankenhaus; Klinik; Hospital**
field hospital ['fiːld hɒspɪtl]	(Feld-)Lazarett
hospital chaplain ['tʃæplɪn]	Krankenhauspfarrer(in)

Im BE wird *hospital* ohne *the* gebraucht, wenn es um „die Inanspruchnahme der Institution Krankenhaus" geht; im AE steht hier immer *the.*
He went into hospital. = Er ging (als Patient) ins Krankenhaus.
They went to the hospital. = Sie gingen in das Krankenhaus (z.B. um einen Kranken zu besuchen).
She was taken to hospital / AE *to the hospital.* = Sie wurde ins Krankenhaus gebracht.

hospitalization [hɒspɪtlaɪ'zeɪʃn]	**Einweisung ins Krankenhaus**
She was hospitalized ['hɒs-] for weeks.	Sie war wochenlang im Krankenhaus.
outpatient ['aʊtpeɪʃnt]	**ambulante(r) Patient(in)**
outpatient treatment	ambulante Behandlung
outpatient surgical centre	chirurgische Ambulanz
inpatient ['ɪnpeɪʃnt]	**stationär behandelte(r) Patient(in)**
doctor [ɒ] / **physician** [fɪ'zɪʃn]	**Arzt / Ärztin**
the doctor on duty ['djuːti]	der diensthabende Arzt
the attending [ə'tendɪŋ] physician	der / die behandelnde Arzt / Ärztin
consultant [kən'sʌltənt] *BE*	**(leitender) Facharzt** (*am Krankenhaus*)
senior ['siːniə] consultant *BE*	Chefarzt / -ärztin
houseman *BE* / *AE* **resident**	**Assistenzarzt**
senior registrar [redʒɪ'strɑː] *BE* / *AE* **chief resident**	**Oberarzt / -ärztin**
medical *BE* / *AE* **physical** ['fɪzɪkl]	**ärztliche Untersuchung**
have a medical ['medɪkl] / physical	sich einer ärztlichen Untersuchung unterziehen
medical history ['hɪstri] / **case history**	**Krankengeschichte; Anamnese**
round [raʊnd]	**Visite**
The consultant [kən'sʌltənt] is doing his morning round.	Der Chefarzt macht gerade seine Morgenvisite.
ward [wɔːd]	(*Krankenhaus*) **Station**
maternity [mə'tɜːnəti] ward	Entbindungsstation

the medical ['medɪkl] ward	die innere Abteilung / Station
the surgical ['sɜ:dʒɪkl] ward	die chirurgische Station / Chirurgie
ward doctor ['dɒktə]	Stationsarzt / -ärztin
ward sister / charge nurse *BE*	Stationsschwester
nurse [nɜ:s]	**(Kranken-)Schwester / Pfleger**
casualty *BE* / *AE* **emergency room**	**Notaufnahme**
He was taken to casualty ['kæʒuəlti] / to the emergency [ɪ'mɜ:dʒənsi] room.	Er wurde in die Notaufnahme gebracht.
trauma ['trɔ:mə]	**Verletzung;** *AE* **Schwerverletzte(r)**
trauma center *AE*	Unfallstation
operation [ɒpə'reɪʃn]	**Operation**
have / undergo an operation	sich einer Operation unterziehen
operate on someone ['ɒpəreɪt]	**jemand operieren**
I was operated on for appendicitis [əpendə'saɪtɪs].	Ich wurde am Blinddarm operiert.
operable – inoperable [ɪn'ɒpərəbl]	**operabel – inoperabel**
an inoperable brain tumour ['tju:mə]	ein nicht operierbarer Gehirntumor
operating theatre *BE* / *AE* **operating room**	**Operationssaal**
surgeon ['sɜ:dʒən] – **surgery**	**Chirurg(in)** – (die) **Chirurgie**
He specializes in heart surgery.	Er ist auf Herzchirurgie spezialisiert.
I had to have / undergo surgery.	Ich musste mich operieren lassen.
Caesarean (section) [si'zeəriən]	**Kaiserschnitt**
The baby was born by Caesarean.	Das Baby wurde mit Kaiserschnitt entbunden.
an **organ transplant** ['trænsplɑ:nt]	eine **Organtransplantation**
anaesthetist [ə'ni:sθətɪst]	**Anästhesist(in); Narkosearzt / -ärztin**
anaesthesia [ænəs'θi:ziə]	**Narkose; Betäubung; Anästhesie**
anaesthetic [ænəs'θetɪk]	**Anästhetikum; Narkosemittel**
general anaesthetic	Vollnarkose
local anaesthetic	örtliche Betäubung
recovery room [rɪ'kʌvri ru:m]	**Wachraum; Wachstation**
intensive care unit [ɪn'tensɪv] / **ICU**	**Intensivstation**
She's in intensive care now.	Sie liegt jetzt „auf Intensiv".
drip [drɪp]	**Tropf; Infusion(sapparat)**
She's still on a drip.	Sie hängt immer noch am Tropf.
terminal (patient) ['tɜ:mɪnl]	**unheilbar (Kranke / Kranker)**
terminal ward [wɔ:d]	Sterbestation
terminally ill	unheilbar krank

4.7 Healthy living
Gesunde Lebensweise

health [helθ]	**Gesundheit**
Smoking is a health hazard ['hæzəd].	Rauchen gefährdet die Gesundheit.
health farm / *AE auch* fat farm	Gesundheitsfarm
health resort [rɪ'zɔ:t]	Kurort
health food(s) ['helθ fu:d(z)]	Reform(haus)kost; Naturkost
health freak ['helθ fri:k]	Gesundheitsfanatiker(in) / -apostel
health-conscious ['helθ kɒnʃəs]	gesundheitsbewusst
diet ['daɪət]	**Diät; (eine) Schlankheitskur (machen)**
Many people are dieting to control their cholesterol [kə'lestərɒl] intake.	Viele Leute leben Diät, um ihre Cholesterinaufnahme zu beschränken.
vegetarian [vedʒə'teəriən]	**vegetarisch; Vegetarier(in)**
organic food(s) [ɔ:gænɪk 'fu:d(z)]	**Biokost, Biolebensmittel**
fibre ['faɪbə]	**Faser; Ballast(stoffe)**
food high in fibre and low in fat	Kost, die ballaststoffreich und fettarm ist
wholefood(s) ['həʊlfu:d(z)]	**Vollwertkost**
vitamin(s) ['vɪtəmɪn(z)]	**Vitamin(e)**
slimming pills / reducing pills	**Schlankheitspillen**
physiotherapy [fɪziəʊ'θerəpi]	**Physiotherapie**
massage ['mæsɑ:ʒ]	**Massage; massieren**
back / full-body massage	Rücken- / Ganzkörpermassage
sauna ['sɔ:nə]	**Sauna**
exercise ['eksəsaɪz]	**Bewegung; Übung**
You need more exercise.	Sie brauchen mehr Bewegung.
exercises to strengthen your back muscles	(gymnastische) Übungen zur Stärkung der Rückenmuskulatur
You don't exercise enough.	Du bewegst dich nicht genug.
work out – workout ['wɜ:kaʊt]	**trainieren – Training**
gymnastics [dʒɪm'næstɪks]	**Turnen**
yoga ['jəʊgə]	**Yoga**
Yoga exercises are supposed to relax your mind and improve your physical fitness.	Yogaübungen sollen den Geist entspannen und die körperliche Verfassung verbessern.
walking ['wɔ:kɪŋ]	**Spazierengehen; Wandern**
jog [jɒg]	**joggen; (einen) Dauerlauf (machen)**
go for a jog	einen Dauerlauf machen

Kapitel 5

5.1 Flats and houses
Wohnungen und Häuser

flat *BE / AE* **apartment** [ə'pɑ:tmənt]	**(Etagen-)Wohnung**
a block of flats *BE / AE* an apartment building	ein Wohnblock
council flat *BE*	Sozialwohnung

> ***Kinds of flats / apartments*** **(= Arten von Wohnungen)**
> *studio* ['stju:diəʊ] (= Einzimmerwohnung) • *maisonette* [meɪzə'net] (= zweistöckige Einliegerwohnung) • *penthouse* (= Penthouse / Dachterrassenwohnung) • *bedsit(ter)* BE (= Wohnschlafzimmer)

my home [maɪ 'həʊm]	**mein Heim / Haus; meine Wohnung**
We're never away from home long.	Wir sind nie lange von zu Hause weg.
my place ['maɪ pleɪs]	**meine Wohnung; mein Haus**
Shall we go to my place?	Wollen wir zu mir gehen?
house [haʊs] *Pl.* houses ['haʊzɪz]	**Haus**
house [haʊz]	**unterbringen**
efforts to house the homeless	Bemühungen, die Obdachlosen unterzubringen
housing ['haʊzɪŋ]	**Wohnungen** (*als kollektiver Begriff*)
a shortage of affordable [ə'fɔ:dəbl] housing	ein Mangel an erschwinglichem Wohnraum
housing estate ['haʊzɪŋ ɪsteɪt]	Wohnsiedlung
shelter ['ʃeltə]	**Obdach; (Not-)Unterkunft**
residence ['rezɪdəns]	**(Wohn-)Haus; Residenz**
the prime minister's official residence	der Amtssitz des Premierministers
castle ['kɑ:sl]	**Burg; Schloss**
palace ['pæləs]	**Palast**
high-rise (building) ['haɪ raɪz]	**Hochhaus**
high-rise flats *BE / AE* high-rise apartment house	Wohnhochhaus
tower block ['taʊə blɒk]	**Wohn- / Bürohochhaus**
skyscraper ['skaɪskreɪpə]	**Wolkenkratzer**
terraced house [terəst 'haʊs] *BE*	**Reihenhaus**
prefab(ricated house) ['pri:fæb]	**Fertighaus**
tent [tent]	**Zelt**

caravan ['kærəvæn] *BE / AE* **trailer** — **Wohnwagen**
floor [flɔ:] / **storey** ['stɔ:ri] — **Stock(werk); Etage**
They live on the third floor. — Sie wohnen im dritten Stock.
a six-storey house — ein sechsgeschossiges Haus
(in the) **loft** [lɒft] — (auf dem) **Boden / Speicher**
hall [hɔ:l] — **Diele; Korridor; Saal**
entrance hall ['entrəns hɔ:l] — Eingangshalle; Hausflur

Parts of a house or flat **(= Teile eines Hauses oder einer Wohnung)**
room (= Zimmer / Raum) • *bedroom* (= Schlafzimmer) • *living room* / BE auch *sitting room* / BE auch *lounge* [laʊndʒ] (= Wohnzimmer) • *dining room* (= Esszimmer) • *guestroom / spare room* (= Gästezimmer) • *study* (= Arbeitszimmer) • *bathroom* (= Badezimmer) • *kitchen* (= Küche) • *corridor* ['kɒrɪdɔ:] (= Korridor / Flur) • *cellar* ['selə] (= Keller) • *basement* [s] (= Untergeschoss / Souterrain) • *balcony* ['bælkəni] (= Balkon)

Beachten Sie: *A three-bedroom house* ist ein Haus mit vier Zimmern, nämlich: *three bedrooms + one living room. A two-bedroom flat / apartment* ist entsprechend eine Dreizimmerwohnung (*two bedrooms + one living room*).

door [dɔ:] — **Tür**
There's someone at the door. — Es ist jemand an der Tür.
front door [frʌnt 'dɔ:] – back door — Haustür – Hintertür
window ['wɪndəʊ] — **Fenster**
on the windowsill — auf dem Fensterbrett
chimney – **open fire(place)** — **Schornstein** – **offener Kamin**
roof [ru:f] — **Dach**
I was glad to have a roof over my head. — Ich war froh, ein Dach über dem Kopf zu haben.
the **stairs** ['steəz] (*Plural*) — die **Treppe**
go upstairs [ʌp'steəz] / downstairs — nach oben / unten gehen
lift *BE / AE* **elevator** ['eləveɪtə] — **Aufzug; Fahrstuhl; Lift**
(front / back) **garden** ['gɑ:dn] — **Garten** (vor / hinter dem Haus)
yard [jɑ:d] — **Hof;** *AE auch* **Garten** (beim Haus)
backyard [bæk'jɑ:d] — **Hinterhof**

What's outside the house **(= Was außerhalb des Hauses ist)**
shed (= Schuppen) • *(swimming) pool* (= Schwimmbad) • *garage* ['gærɑ:ʒ] (= Garage) • *carport* (= Carport) • *courtyard* ['kɔ:tjɑ:d] (= Hof) • *fence* (= Zaun) • *gate* (= Tor)

5.2 Furniture, fittings, etc.
Möbel, Ausstattung etc.

furniture ['fɜ:nɪtʃə] (*Singular!*)	**Möbel**
The furniture was new.	Die Möbel waren neu.
several pieces / items of furniture	mehrere Möbelstücke
cupboard ['kʌbəd] *BE* / *AE* **closet**	**Schrank**
built-in / fitted cupboard *BE* / *AE* closet ['klɒzɪt]	Einbauschrank
walk-in cupboard / closet	begehbarer Einbauschrank
wardrobe ['wɔ:drəʊb]	**Kleiderschrank**

bed (= Bett) • *double bed* (= Doppelbett / französisches Bett) • *twin beds* (= zwei gleiche Einzelbetten) • *folding / foldaway bed* (= Klappbett) • *sofa* ['səʊfə] *bed* / *studio couch* (= Schlafcouch) • *mattress* (= Matratze) • *pillow* (= Kopfkissen) • *cushion* [ʊ] (= [z.B. Sofa-]Kissen) • *sheet* (= Laken) • *blanket* (= Decke) • *duvet* ['du:veɪ] (= Federbett / Plumeau)

shelf [ʃelf] *Pl.* shelves [ʃelvz]	**(Regal-)Brett; Bord**
the books on these shelves	die Bücher in diesem Regal
bookshelf *Pl.* -shelves	**Bücherbord; Bücherbrett**
bookcase ['bʊkkeɪs]	**Bücherregal; Bücherschrank**
sideboard ['saɪdbɔ:d]	**Anrichte; Büfett; Sideboard**
table ['teɪbl]	**Tisch**
dining table ['daɪnɪŋ teɪbl]	Esstisch
tablecloth ['teɪblklɒθ]	Tischdecke
toilet ['tɔɪlət] / **lavatory** ['lævətri]	**Toilette**
go to the toilet / lavatory	auf die Toilette gehen
disabled [dɪs'eɪbld] toilet	Behindertentoilette
bath [bɑ:θ] *BE* / *AE* **bathtub**	**Badewanne**
shower ['ʃaʊə]	**Dusche; Brause**
tap *BE* / *AE* **faucet** ['fɔ:sɪt]	**Wasserhahn**
turn the tap / faucet on / off	den Wasserhahn auf- / abdrehen
washbasin ['wɒʃbeɪsn] *BE* / *AE* **sink**	**Waschbecken**
(kitchen) sink [sɪŋk]	**Spülbecken; Spüle; Ausguss**

Electrical appliances [ə'plaɪənsɪz] **(= Elektrogeräte)**
refrigerator [rɪ'frɪdʒəreɪtə] / *fridge* (= Kühlschrank) • *freezer* (= Tiefkühltruhe / Gefrierschrank) • *cooker* BE / AE *stove* [stəʊv] (= Herd) • *toaster* (= Toaster) • *washing machine* (= Waschmaschine) • *dryer* ['draɪə] (= Trockner) • *dishwasher* ['dɪʃwɒʃə] (= Spülmaschine) •

vacuum ['vækjuəm] *cleaner* (= Staubsauger) • *air conditioner* ['eə kəndɪʃənə] (= Klimaanlage) • *fan* (= Ventilator) • *water heater* (= Warmwasserbereiter)

lamp [læmp]	**Lampe**
light [laɪt]	**Licht; Lampe**
put/turn the lights on/off	die Lampen anmachen/ausmachen
power point / (wall) socket	**Steckdose**

***Things to sit on or in* (= Dinge, auf oder in denen man sitzt)**
chair (= Stuhl/Sessel) • *armchair / easy chair* (= Sessel) • *deck chair* (= Liegestuhl) • *rocking chair* (= Schaukelstuhl) • *sofa* ['səʊfə] / *settee* [se'ti:] / *couch* (= Sofa) • *stool* (= Hocker/Schemel)

(wall/grandfather) clock	**(Wand-/Stand-)Uhr**
alarm clock [ə'lɑ:m klɒk]	Wecker
Our kitchen clock is slow/fast.	Unsere Küchenuhr geht nach/vor.
mirror ['mɪrə]	**Spiegel**
look in(to) the mirror	in den Spiegel gucken
curtains ['kɜ:tnz] *BE / AE* **drapes**	**Vorhang/Vorhänge**
He pulled back the curtains.	Er zog die Vorhänge auf.
draw/pull the curtains	die Vorhänge zuziehen
carpet(ing) ['kɑ:pɪt(ɪŋ)]	**Teppich(boden)**
fitted carpet *BE / AE* wall-to-wall	Teppichboden
rug [rʌg]	**Teppich; Läufer; Brücke**
parquet floor ['pɑ:keɪ]	**Parkettfußboden**
central heating [sentrəl 'hi:tɪŋ]	**Zentralheizung**
The house is centrally heated.	Das Haus hat Zentralheizung.
boiler *BE / AE* **furnace** ['fɜ:nɪs]	**Heizkessel**
boiler ['bɔɪlə]	Boiler; Warmwasserbereiter

Feines Porzellan(geschirr) ist *china* ['tʃaɪnə]; gröberes Geschirr ist BE *crockery*, AE *earthenware* ['ɜ:θnweə].

wastepaper basket *BE / AE* **wastebasket**	**Papierkorb**
rubbish bin *BE* / **waste bin** *BE / AE* **garbage** ['gɑ:bɪdʒ] **can**	**Mülleimer**
dustbin *BE / AE* **ashcan** / *AE* **garbage container**	**Mülltonne**
(door)bell [('dɔ:)bel]	**(Tür-)Klingel, Glocke**
ring the doorbell (– rang – rung)	**klingeln**

5.3 Housework
Hausarbeit

chore [tʃɔː]	**(lästige) Pflicht**
do the chores	die Haus(halts)arbeit erledigen
clean [kliːn]	**sauber machen; putzen**
clean the windows ['wɪndəʊz]	die Fenster putzen
This carpet doesn't clean very well.	Dieser Teppich lässt sich schlecht säubern.
It's time we gave the house a thorough ['θʌrə] cleaning.	Es wird Zeit, dass wir mal gründlich sauber machen.
clean out the drawers [drɔːz]	die Schubladen sauber machen
I've cleaned up the bathroom.	Im Bad habe ich sauber gemacht.
wash [wɒʃ]	**waschen; aufwischen**
The tablecloth needs washing.	Die Tischdecke müsste mal gewaschen werden.
This material [mə'tɪəriəl] doesn't wash well.	Dieser Stoff lässt sich nicht gut waschen.
I'm afraid the stains didn't wash out.	Die Flecken sind (beim Waschen) leider nicht rausgegangen.
wash up / do the dishes	(das) Geschirr abwaschen
Your red shirt is in the wash.	Dein rotes Hemd ist in der Wäsche.
wipe [waɪp]	**(auf)wischen**
wipe the crumbs [krʌmz] off the table	die Krümel vom Tisch wischen
I've just wiped [waɪpt] the floor / washed the floor.	Ich habe gerade aufgewischt / den Boden (feucht) gewischt.

Bildhaftes *idiom* ['ɪdiəm]: *The first time I played (against) her, she wiped the floor with me.* (= Als ich das erste Mal gegen sie spielte, hat sie mich ganz schön auseinander genommen / vorgeführt.)

mop up [mɒp 'ʌp]	**(auf)wischen**
If you spill something, you might at least mop it up.	Wenn du etwas verschüttest, könntest du es wenigstens aufwischen.
scrub [skrʌb]	**schrubben**
give the floor a good scrub	den Fußboden gründlich schrubben
scour ['skaʊə]	**scheuern**
scour a saucepan ['sɔːspən]	einen Kochtopf scheuern

sweep [swi:p] (– swept – swept)	**fegen**
dust [dʌst]	**Staub; abstauben**
dust the piano [pi'ænəʊ]	auf dem Klavier Staub wischen
vacuum cleaner / *BE auch* **hoover** [u:] / *AE auch* **vacuum** ['vækjuəm]	**Staubsauger**
vacuum / *BE auch* hoover a carpet	einen Teppich saugen
brush [brʌʃ]	**Bürste; bürsten**
clothes [kləʊðz] brush	Kleiderbürste

Cleaning utensils [ju:'tenslz], ***cleaning agents*** ['eɪdʒənts] **(= Reinigungsutensilien, Reinigungsmittel)**
cloth [klɒθ] (= Tuch / Lappen) • *cleaning cloth* (= Putzlappen) • *sponge* [spʌndʒ] (= Schwamm) • *tea towel* (= Geschirrtuch) • *duster* (= Staubtuch) • *broom* (= Besen) • *dustpan and brush* (= Müllschaufel und Handfeger) • *soap* (= Seife) • *detergent* [dɪ'tɜ:dʒənt] (= Reinigungs- / Waschmittel) • *washing powder* BE / AE *laundry detergent* (= Waschpulver)

clear away [klɪər ə'weɪ]	**abräumen; wegräumen**
tidy up [taɪdi 'ʌp]	**aufräumen** (in)
Tidy up your room / your room up.	Räum dein Zimmer auf.
straighten up [streɪtn 'ʌp]	**aufräumen; in Ordnung bringen**
I've got to straighten up my room.	Ich muss in meinem Zimmer Ordnung schaffen.
rinse [rɪns]	**spülen**
I'll just rinse the glasses.	Ich spüle nur schnell die Gläser ab.
dry (up) the dishes ['dɪʃɪz]	**das Geschirr abtrocknen**
Let me do the drying.	Lass mich abtrocknen.
laundry ['lɔ:ndri]	**Wäsche**
do the laundry / washing	(die) Wäsche waschen / machen
launder ['lɔ:ndə]	**waschen und bügeln**
iron ['aɪən]	**bügeln**
iron the shirts and press the trousers	die Hemden und Hosen bügeln
polish ['pɒlɪʃ]	**polieren; putzen; bohnern**
polish / clean / shine shoes [ʃu:z]	Schuhe putzen
floor polish – furniture polish	Bohnerwachs – Möbelpolitur
air a room / bed	**ein Zimmer / Bett lüften**
do [du:] (– did – done [dʌn])	(*Zimmer, Bett etc.*) **machen**
do / make the beds	die Betten machen
Have you done the bathroom?	Haben Sie schon das Bad gemacht?
beat the carpets (– beat – beaten)	**die Teppiche klopfen**

6.1 Communities
Gemeinschaften

community [kə'mju:nəti]	**Gemeinschaft**
serve the community	der Gemeinschaft dienen
the black community	die schwarze Bevölkerungsgruppe
confederation [kənfedə'reɪʃn]	**Staatenbund; Konföderation**
commonwealth ['kɒmənwelθ]	**Commonwealth; Staatenbund**
empire ['empaɪə]	**Imperium; Weltreich**
society [sə'saɪəti]	(die) **Gesellschaft**
country ['kʌntri]	**Land**
the eastern European countries	die osteuropäischen Länder
land [lænd]	(*bes. literarisch, feierlich*) **Land**
a land of unlimited opportunity	ein Land unbegrenzter Möglichkeiten
nation ['neɪʃn]	**Volk; Nation**
delegates ['delɪgəts] from 50 nations	Delegierte aus 50 Staaten
state [steɪt]	**Staat; (Bundes-)Land**
area ['eəriə]	**Gegend; Gebiet**
a nice residential [rezɪ'denʃl] area	eine schöne Wohngegend
the area around Berlin	das Gebiet um Berlin herum
region ['ri:dʒən] – **regional**	**Region / Gebiet – regional**
a remote [rɪ'məʊt] mountain region	eine abgelegene Bergregion
a regional war [wɔ:]	ein regionaler Krieg
province ['prɒvɪns]	**Provinz**
county ['kaʊnti]	*BE* **Grafschaft;** *AE* **(Land-)Kreis**
district ['dɪstrɪkt]	**Gebiet; (Stadt-)Bezirk; Stadtteil**
New York's theatre ['θɪətə] district	New Yorks Theaterviertel
city ['sɪti]	**(Groß-)Stadt**
the city centre *BE* / *AE* downtown area	die Innenstadt; das Stadtzentrum
the inner city [ɪnə 'sɪti]	die Innenstadt (*als Brennpunkt sozialer Probleme*)
the City	das Londoner Banken- und Börsenviertel
town [taʊn]	**Stadt**
borough ['bʌrə]	(*London, New York*) **Bezirk, Stadtteil**
neighbourhood ['neɪbəhʊd]	**Gegend; Viertel; Kiez**
village ['vɪlɪdʒ]	**Dorf**

6.2 Political systems
Politische Systeme

democracy [dɪ'mɒkrəsi]	(die) **Demokratie**
a parliamentary democracy	eine parlamentarische Demokratie
democratic [demə'krætɪk]	**demokratisch**
a democratically elected government	eine demokratisch gewählte Regierung
presidential form of government	**präsidentielles Regierungssystem**
republic [rɪ'pʌblɪk]	**Republik**
federation [fedə'reɪʃn]	**Zusammenschluss; Föderation**
the Russian ['rʌʃn] Federation	die Russische Föderation
federal ['fedərəl]	**Bundes-**
the Federal Republic of Germany	die Bundesrepublik Deutschland
authoritarian [ɔːθɒrɪ'teəriən]	**autoritär**
police state [pə'liːs steɪt]	**Polizeistaat**
fascism ['fæʃɪzm]	(der) **Faschismus**
fascist ['fæʃɪst]	**faschistisch; Faschist(in)**
neofascist [niːəʊ'fæʃɪst] groups	neofaschistische Gruppen
nazism ['nɑːtsɪzm]	(der) **Nazismus**
Germany under the nazis ['nɑːtsiz]	Deutschland unter den Nazis
neo-Nazi(s)	Neonazi(s)
communism ['kɒmjunɪzm]	(der) **Kommunismus**
socialism ['səʊʃəlɪzm]	(der) **Sozialismus**
capitalism ['kæpɪtəlɪzm]	(der) **Kapitalismus**
capitalist ['kæpɪtəlɪst]	**kapitalistisch; Kapitalist(in)**

Who governs ['gʌvnz]***?* (= Wer regiert?)**

absolutism ['æbs-] (= Absolutismus): *an all-powerful monarch or dictator*

totalitarianism [-'teər-] (= totalitäres System): *an all-powerful dictator or party*

absolute monarchy ['mɒn-] (= absolute Monarchie): *an all-powerful monarch*

theocracy [θi'ɒkrəsi] (= Theokratie): *a priest or the priesthood*

aristocracy [ærɪ'stɒk-] (= Adelsherrschaft): *people of high birth – the nobility*

dictatorship [dɪk'teɪtəʃɪp] (= Diktatur): *a dictator*

constitutional monarchy [kɒnstɪ'tjuːʃnəl 'mɒnəki] (= konstitutionelle Monarchie): *the elected representatives* [reprɪ'zentətɪvz] *of the people*

democracy [dɪ'mɒk-] (= Demokratie): *the elected representatives of the people*

6.3 Parties and politics
Parteien und Politik

party ['pɑ:ti]	**Partei**
party leader [pɑ:ti 'li:də]	Parteiführer(in)
the ruling party [ru:lɪŋ 'pɑ:ti]	die Regierungspartei
toe [təʊ] the party line	sich nach der Parteilinie richten
politics ['pɒlətɪks] – **a policy** ['pɒləsi]	(die) **Politik** – **eine Politik**

> *Politics* ist Politik im Allgemeinen, *policy* eine bestimmte Politik. Die Mehrzahlform *policies* hat im Deutschen keine Entsprechung:
> *Politics is the art of the possible.* (= Politik ist die Kunst des Möglichen.)
> *She went into politics.* (= Sie ging in die Politik.)
> *The two countries follow a common* [ɒ] *policy / common policies.* (= Die beiden Länder verfolgen eine gemeinsame Politik.)
> *the government's economic* [i:kə'nɒmɪk] */ domestic / defence policy* (= die Wirtschafts- / Innen- / Verteidigungspolitik der Regierung)

politician [pɒlə'tɪʃn]	**Politiker(in)**
a senior ['si:niə] Labour politician	ein(e) führende(r) Labour-Politiker(in)
political [pə'lɪtɪkl]	**politisch**
a political party	eine politische Partei
politically important [ɪm'pɔ:tənt]	politisch wichtig / bedeutsam
power ['paʊə]	(die) **Macht**
the party in power	die Partei, die an der Macht ist
if they come to power	falls sie an die Macht kommen
(party) member(ship)	**(Partei-)Mitglied(schaft)**
the centre ['sentə]	**die Mitte; das Zentrum**
a centre-left coalition [kəʊə'lɪʃn]	eine Mitte-Links-Koalition
the left / right wing	**der linke / rechte Flügel**
right-wing radicals / extremists	Rechtsradikale / -extremisten
a leftist – a rightist	**ein(e) Linke(r) – ein(e) Rechte(r)**
leftist parties	linke Parteien; Linksparteien
extreme rightist ideas [aɪ'dɪəz]	rechtsextremes Gedankengut
moderate ['mɒdərət]	**gemäßigt**
a moderate conservative [-'sɜ:v-]	ein gemäßigter Konservativer
middle-of-the-road	**gemäßigt**
middle-of-the-road parties / policies	gemäßigte Parteien / Politik
radical ['rædɪkl]	**radikal; Radikale(r)**

radical parties / changes ['tʃeɪndʒɪz]	radikale Parteien / Veränderungen
the hawks and the doves [dʌvz]	**die Falken und die Tauben**
hawkish – dovish ['dʌvɪʃ] politicians	militante – gemäßigte Politiker

i **Die Parteienlandschaft (= *party-political scene*) in GB und den USA**
(≈ bezeichnet die ungefähre Entsprechung in Deutschland)
Britain:
the Conservative Party / the Conservatives [kən'sɜːvətɪvz] / *the Tories* ['tɔːriz] ≈ CDU / CSU
the Labour Party / (New) Labour ['leɪbə] ≈ SPD
the Liberal Democrats [lɪbərəl 'deməkræts] ≈ FDP
USA:
the Democratic [demə'krætɪk] *Party / the Democrats* ≈ SPD
the Republican [rɪ'pʌblɪkən] *Party / the Republicans* ≈ CDU / CSU

union ['juːniən]	**Union**
the Christian Democratic Union	die Christlich-Demokratische Union
socialist ['səʊʃəlɪst]	**sozialistisch; Sozialist(in)**
communist ['kɒmjənɪst]	**kommunistisch; Kommunist(in)**
a communist party	eine kommunistische Partei
grassroots [grɑːs'ruːts]	**(Partei-)Basis**
strengthen the party at the grassroots	die Partei an der Basis (ver)stärken
a grassroots ['grɑːsruːts] movement	eine Bürgerinitiative
stand (– stood – stood) *BE* / *AE* **run** (– ran – run)	**kandidieren**
stand / run as an independent	als Unabhängige(r) kandidieren
nominate ['nɒmɪneɪt] – **nomination**	**nominieren – Nominierung**
(election) platform ['plætfɔːm]	**(Wahl-)Plattform; Wahlprogramm**
The convention decides [dɪ'saɪdz] on the party's platform.	Der Parteitag entscheidet über das Wahlprogramm der Partei.
opinion poll [ə'pɪnjən pəʊl]	**Meinungsumfrage**
The two candidates ['kændɪdəts] are neck and neck in the polls.	Die beiden Kandidaten liegen in den Meinungsumfragen Kopf an Kopf.
a **strong showing** in the election	ein **gutes Abschneiden** bei der Wahl
party financing [pɑːti faɪ'nænsɪŋ]	**Parteienfinanzierung**
slush funds ['slʌʃ fʌndz]	**schwarze Kassen**
slush-fund scandal ['skændl]	Schwarzgeldaffäre
reform [rɪ'fɔːm] **gridlock** / **reform logjam**	**Reformstau**

6.4 The legislature
Die gesetzgebende Gewalt

chamber ['tʃeɪmbə]	**Kammer**

i *The UK and the US both have two-chamber legislatures* ['ledʒɪsleɪtʃəz].
Upper chamber: UK *House of Lords* (= Oberhaus), US *Senate* ['senət].
Lower chamber: UK *House of Commons* ['kɒmənz] (= Unterhaus),
US *House of Representatives* [repri'zentətɪvz] (= Repräsentantenhaus).

parliament ['pɑːləmənt]	**Parlament**
congress ['kɒŋgres]	**Kongress**
The US Congress consists of the House of Representatives and the Senate.	Der amerikanische Kongress besteht aus Repräsentantenhaus und Senat.
MP (= Member of Parliament)	**(Parlaments-)Abgeordnete(r)**
When an MP has died, a by-election is held.	Wenn ein Abgeordneter stirbt, findet eine Nachwahl statt.
senate ['senət] – **senator** ['senətə]	**Senat – Senator(in)**
leader ['liːdə]	**Führer(in)**
the leader of the opposition	der / die Oppositionsführer(in)
majority [mə'dʒɒrəti] – **minority**	**Mehrheit – Minderheit**
speaker ['spiːkə]	(*Parlament*) **Sprecher(in), Präsident(in)**
backbenchers [bæk'bentʃəz]	**Hinterbänkler(innen)**
frontbenchers [frʌnt'bentʃəz]	**führende Politiker(innen)**
session ['seʃn]	**Sitzung**
The committee is in session now.	Der Ausschuss tagt gerade.
debate [dɪ'beɪt]	**Debatte; debattieren**
The Senate is debating the bill.	Der Senat berät über die Vorlage.
speech [spiːtʃ]	**Rede**
make / give / deliver a speech	eine Rede halten
motion ['məʊʃn]	**Antrag**
put forward / make a motion	einen Antrag stellen
veto *Pl.* vetoes ['viːtəʊ(z)]	**Veto**
The president can veto a bill.	Der Präsident kann gegen ein Gesetz sein Veto einlegen.
ratify ['rætɪfaɪ]	**ratifizieren**
abstain [əb'steɪn]	**sich (der Stimme) enthalten**
abstention [əb'stenʃn]	**Stimmenthaltung**
seat [siːt]	**(Parlaments-)Sitz; Mandat**
Labour won [wʌn] 270 seats.	Die Labour Party errang 270 Sitze.

committee [kə'mɪti]	**Ausschuss**
She is / sits on several committees.	Sie ist / sitzt in mehreren Ausschüssen.
constituency [kən'stɪtjuənsi]	**Wahlkreis**
the constituency he represents	der Wahlkreis, den er vertritt
law [lɔː] – **act** [ækt]	**Gesetz**
enact [ɪn'ækt] a law	ein Gesetz erlassen

i Gesetz heißt allgemein *law: the laws of the United States* (= die Gesetze der Vereinigten Staaten). Ein „Gesetz in Vorbereitung" heißt *bill: give a bill its second reading* (= ein Gesetz in zweiter Lesung beraten). Verabschiedet, wird die *bill* zum *act*, wobei *act* vor allem in den Namen bestimmter Gesetze zu finden ist: *the Clean Air Act of 1970* (= das Luftreinhaltungsgesetz von 1970), *the Immigration Act of 1990* (= das Einwanderungsgesetz von 1990).

budget ['bʌdʒɪt]	**Haushalt(splan); Etat**
balance ['bæləns] the budget	den Haushalt ausgleichen
lobbyist ['lɒbiɪst]	**Lobbyist(in)**
dissolve [dɪ'zɒlv]	**auflösen**
dissolve Parliament and call an election	das Parlament auflösen und eine Wahl ansetzen
referendum [-'ren-] *Pl.* -dums / -da	**Referendum; Volksentscheid**
election [ɪ'lekʃn]	**Wahl**
the next general election	die nächste Unterhauswahl
(election) campaign [kæm'peɪn]	Wahlkampf
elect [ɪ'lekt]	**wählen**
vote [vəʊt]	**Stimme; Abstimmung; Wahl; wählen**
a vote of no confidence ['kɒnfɪdəns]	ein Misstrauensvotum
I'm going to vote Labour ['leɪbə].	Ich werde die Labour Party wählen.
vote on a bill	über eine Vorlage abstimmen
voter ['vəʊtə]	**Wähler(in)**
ballot ['bælət]	(geheime) **Abstimmung, Wahl**
candidate ['kændɪdət]	**Kandidat(in)**
What's the candidate's stand on abortion [ə'bɔːʃn]?	Wie steht der Kandidat zur Abtreibung?
run (– ran – run)	*AE* **kandidieren**
run for the Senate	für den Senat kandidieren
incumbent [ɪn'kʌmbənt]	**Amtsinhaber(in)**
primary ['praɪməri]	*AE* (innerparteiliche) **Vorwahl**
term [tɜːm]	**Legislaturperiode; Amtszeit**

6.5 Government
Regierung

government ['gʌvnmənt]	**Regierung**
the federal ['fedrəl] government	die Bundesregierung
form a government	eine Regierung bilden
NGO(s) (= non-governmental organization[s])	Nichtregierungsorganisation(en)
administration [ədmɪnɪ'streɪʃn]	**Verwaltung; Regierung**
the Bush administration	die Regierung Bush
the White House ['waɪt haʊs]	**(Amtssitz des US-Präsidenten)**
No 10 (Downing Street)	**(Amtssitz des brit. Premierministers)**
No 10 seems to be lukewarm about / on the idea [aɪ'dɪə].	Der Premierminister scheint davon nur mäßig begeistert zu sein.
Whitehall ['waɪthɔːl]	**britische Regierungskreise**
president ['prezɪdənt]	**Präsident(in)**
vice president [vaɪs 'prez-] / **veep** [iː]	**Vizepräsident(in)**
chancellor ['tʃɑːnsələ]	*BE* **Schatzkanzler(in), Finanzminister(in)**
the German chancellor	der deutsche Bundeskanzler
head of state [hed əv 'steɪt]	**Staatsoberhaupt**
The president of the US is both head of state and head of government.	Der Präsident der USA ist sowohl Staatsoberhaupt als auch Regierungschef.
king [kɪŋ] – **queen** [kwiːn]	**König – Königin**
emperor ['empərə] – **empress**	**Kaiser – Kaiserin**
governor ['gʌvnə]	**Gouverneur**
cabinet ['kæbɪnət]	**Kabinett**
He became a member of the cabinet.	Er wurde Mitglied des Kabinetts.
cabinet reshuffle ['riːʃʌfl]	Kabinetts- / Regierungsumbildung
cabinet meeting	Kabinettssitzung
the shadow ['ʃædəʊ] cabinet	das Schattenkabinett
department [dɪ'pɑːtmənt]	**Ministerium**
the State Department *AE*	das Außenministerium
office ['ɒfɪs]	**Amt; Dienststelle; Behörde**
the president's term of office	die Amtszeit des Präsidenten
He took office on May 8.	Er trat am 8. Mai sein Amt an.
the Home Office *BE* / *AE* Department of the Interior	das Innenministerium
the Foreign Office ['fɒrən ɒfɪs] *BE*	das Außenministerium

secretary ['sekrətri]	**Minister(in)**
foreign secretary *BE* / *AE* secretary of state	Außenminister(in)
undersecretary [ʌndə'sekrətri] *AE*	Staatssekretär(in)
minister ['mɪnɪstə]	**Minister(in)**
minister of state *BE*	Staatssekretär(in)
prime minister [praɪm 'mɪnɪstə]	Premierminister(in)
the prime minister of Bavaria	der Ministerpräsident von Bayern
the German foreign minister	der deutsche Außenminister

i Ein Minister, der einem der Hauptministerien vorsteht, heißt BE offiziell *secretary of state*, AE einfach *secretary*, bei nicht englischsprachigen Staaten *minister*. Zum Beispiel Verteidigungsminister(in) = BE: *secretary of state for defence / defence secretary*, AE: *secretary of defense / defense secretary*, in Bezug auf andere Staaten: *minister of defence / defence minister*.

ministry ['mɪnɪstri]	**Ministerium**
appoint [ə'pɔɪnt] – **appointment**	**ernennen – Ernennung**
He was appointed secretary of state.	Er wurde zum Außenminister ernannt.
step down [step 'daʊn]	**zurücktreten**
resign [rɪ'zaɪn] – **resignation** [rezɪg'neɪʃn]	**zurücktreten – Rücktritt**
overthrow (– -threw – -thrown)	(*die Regierung*) **stürzen**
The dictator was overthrown [-'θrəʊn].	Der Diktator wurde gestürzt.
succeed [sək'si:d] – **successor** [sək'sesə]	**nachfolgen – Nachfolger(in)**
Nixon was succeeded by Gerald Ford.	Nixons Nachfolger war Gerald Ford.
agency ['eɪdʒənsi]	**Behörde**
the Central Intelligence Agency (CIA)	(der amerikanische Geheimdienst)
board [bɔ:d]	**Behörde**
bureau ['bjʊərəʊ]	**Amt; Behörde**
Federal Bureau of Investigation (FBI)	(US-)Bundeskriminalamt
commission [kə'mɪʃn]	**Kommission; Ausschuss**
the Commission on Civil Rights	der (US-)Ausschuss für Bürgerrechte
Who is going to chair the commission?	Wer wird in dem Ausschuss den Vorsitz haben?

6.6 Law and police
Rechtswesen und Polizei

law [lɔː]	**Gesetz; Recht**
law and order [lɔː(r) ənd 'ɔːdə]	Recht und Ordnung
enforce [ɪn'fɔːs] the law	dem Gesetz Geltung verschaffen
court [kɔːt]	**Gericht**
That's what he told the court.	Das hat er vor Gericht ausgesagt.
She threatened ['θretnd] to take him to court.	Sie drohte ihn zu verklagen.
an out-of-court settlement	ein außergerichtlicher Vergleich
(court) proceedings [prə'siːdɪŋz]	**(Gerichts-)Verfahren**
take (legal) proceedings against	gerichtlich vorgehen gegen

i *Magistrates'* ['mædʒɪstreɪts] *courts* sind in England und Wales erstinstanzliche Gerichte insbesondere für Strafsachen niederer Ordnung (= *minor* ['maɪnə] *criminal cases*). Strafsachen höherer Ordnung (= *serious criminal cases* ['keɪsɪz]) werden im *crown court* verhandelt, der auch für die Berufung (= *appeal* [ə'piːl]) gegen erstinstanzliche Urteile zuständig ist.

trial ['traɪəl]	**(Gerichts-)Verfahren; Prozess**
She's on trial for perjury ['pɜːdʒəri].	Sie steht wegen Meineids vor Gericht.
(law)suit [('lɔː)suːt]	**Prozess; Verfahren; Klage**
file/bring a suit against someone	gegen jemand Klage erheben
He lost the suit.	Er verlor den Prozess.
sue someone [suː]	**jemand verklagen**
They sued us for damages ['dæmɪdʒɪz].	Sie verklagten uns auf Schadenersatz.
judge [dʒʌdʒ]	**Richter(in)**
the jury ['dʒʊəri]	**die Geschworenen/Schöffen**
The jury found in her favour ['feɪvə].	Die Jury entschied zu ihren Gunsten.
prosecute ['prɒsɪkjuːt]	**strafrechtlich verfolgen**
prosecuting counsel *BE* / *AE* prosecuting attorney [ə'tɜːni]	Staatsanwalt/Staatsanwältin
prosecution [prɒsɪ'kjuːʃn]	**Anklage(behörde); Staatsanwaltschaft**
witness for the prosecution	Belastungszeuge/-zeugin
He escaped [ɪ'skeɪpt] prosecution.	Er entging der Strafverfolgung.

Staatsanwalt / Staatsanwältin heißt oft einfach *prosecutor* oder *the prosecution*, AE auch häufig *district attorney.*

charge [tʃɑ:dʒ]	**Anklage; anklagen; beschuldigen**
The charge is murder ['mɜ:də].	Die Anklage lautet auf Mord.
release [rɪ'li:s] without charge	ohne Anklageerhebung freilassen
He was charged with manslaughter.	Er wurde des Totschlags angeklagt.
the defence [dɪ'fens]	**die Verteidigung**
witness for the defence	Entlastungszeuge / -zeugin
counsel ['kaʊnsl] for the defence	Verteidiger(in)

Rechtsanwalt: Die alltägliche, sowohl im BE als auch im AE übliche Bezeichnung ist *lawyer* ['lɔ:jə]. Die offizielle Berufsbezeichnung für einen zugelassenen Anwalt dagegen ist im BE *solicitor* [sə'lɪsɪtə] und im AE *attorney* [ə'tɜ:ni]: *You ought to see a good lawyer / BE solicitor / AE attorney about this.* (= In dieser Sache sollten Sie sich von einem guten Anwalt beraten lassen.)

witness ['wɪtnəs]	**Zeuge / Zeugin**
cross-examine a witness	einen Zeugen ins Kreuzverhör nehmen
offence [ə'fens]	**Straftat; Delikt**
It's an offence to drive a car without a licence ['laɪsns].	Autofahren ohne Führerschein ist strafbar.
crime [kraɪm]	**Verbrechen; Straftat**
commit [kə'mɪt] a crime	ein Verbrechen begehen
Violent ['vaɪələnt] crime has risen [ɪ] by 5 per cent.	Die Gewaltkriminalität hat um 5 Prozent zugenommen.
homicide ['hɒmɪsaɪd]	**Tötung, Mord, Totschlag**
homicide squad [skwɒd]	Mordkommission

i **_Murder_ (= Mord) – _manslaughter_ (= Totschlag):**
Das amerikanische Recht unterscheidet bei Mord zwischen *first-degree murder* (keinerlei mildernde Umstände) und *second-degree murder* (gewisse mildernde Umstände).

innocent ['ɪnəsnt] – **guilty** ['gɪlti]	**unschuldig – schuldig**
diminished responsibility	**verminderte Zurechnungsfähigkeit**
mitigating circumstances	**mildernde Umstände**
penalty ['penlti]	**Strafe**
He faces the death [e] penalty.	Ihm droht die Todesstrafe.

punishment ['pʌnɪʃmənt]	**Bestrafung; Strafe**
the debate over capital punishment	die Debatte über die Todesstrafe
fine [faɪn]	**Geldstrafe; Bußgeld**
She was fined [faɪnd] £50.	Sie musste 50 Pfund Strafe zahlen.
remand [rɪ'mɑːnd] *BE*	**Untersuchungshaft**
He's still on remand – he hasn't been convicted yet.	Er ist noch in Untersuchungshaft – er ist noch nicht verurteilt.
prison ['prɪzn]	**Gefängnis**
He was sentenced to six years in prison.	Er wurde zu sechs Jahren Gefängnis verurteilt.
jail [dʒeɪl]	**Gefängnis**
She was jailed but freed for lack of evidence ['evɪdəns].	Sie wurde eingesperrt, aber aus Mangel an Beweisen wieder freigelassen.
appeal [ə'piːl]	**Berufung; Revision(sverfahren)**
police [pə'liːs]	**Polizei**
The police are looking for a red Ford.	Die Polizei sucht einen roten Ford.
I'm a police officer.	Ich bin Polizist(in).
police station [pə'liːs steɪʃn]	(Polizei-)Revier; (Polizei-)Wache

i Die Anrede für Polizisten ist *officer*: *Excuse me, officer, can you ...?*

detective [dɪ'tektɪv]	**Detektiv(in); Kriminalbeamte(r)**
detective superintendent [suːpərɪn'tendənt]	Kriminalkommissar(in)
suspect ['sʌspekt]	**(Tat-)Verdächtige(r)**
warrant ['wɒrənt]	(richterlicher) **Haft- / Durchsuchungsbefehl**
We have a warrant for his arrest [ə'rest].	Wir haben einen Haftbefehl gegen ihn.
offender [ə'fendə]	**Straftäter(in); Verkehrssünder(in)**
first offender – repeat offender	Ersttäter(in) – Rückfalltäter(in)
juvenile ['dʒuːvənaɪl] / young offender	jugendliche(r) Straftäter(in)
custody ['kʌstədi]	**(Polizei-)Gewahrsam; Haft**
He was taken into custody.	Er wurde in Haft genommen.
The suspect ['sʌspekt] has been remanded [rɪ'mɑːndɪd] in custody.	Der Verdächtige bleibt in Untersuchungshaft.
detain [dɪ'teɪn]	**in Haft nehmen / halten**
detention [dɪ'tenʃn]	**Festnahme; Haft**
She was released [rɪ'liːst] from detention on medical grounds.	Sie wurde aus medizinischen Gründen aus der Haft entlassen.

6.7 Taxation
Steuern

tax [tæks] – **taxes** ['tæksɪz]	**Steuer – Steuern**
raise / increase [ɪn'kri:s] taxes	die Steuern erhöhen
reduce [rɪ'dju:s] / lower / cut taxes	die Steuern senken
She is paid $611 a week before taxes.	Sie verdient wöchentlich 611 Dollar brutto.
tax increase ['ɪŋkri:s] – tax cut	Steuererhöhung – Steuersenkung
tax-free / free of tax	steuerfrei
tax evasion [ɪ'veɪʒn] / tax dodging	Steuerhinterziehung
tax haven ['heɪvn]	Steueroase; Steuerparadies
tax breaks	Steuervergünstigungen
simplify ['sɪmplɪfaɪ] the tax code	das Steuersystem vereinfachen
tax [tæks]	**besteuern**
Taxpayers should be taxed in proportion to their ability to pay.	Die Steuerzahler sollten entsprechend ihrer finanziellen Leistungsfähigkeit besteuert werden.
the taxman ['tæksmæn]	(*personifizierend*) **das Finanzamt**
The taxman gets most of what I earn.	Den größten Teil meines Einkommens kriegt das Finanzamt.
income (tax) ['ɪnkʌm (tæks)]	**Einkommen(steuer)**
negative ['negətɪv] income tax	negative Einkommensteuer; Bürgergeld
net income – gross [grəʊs] income	Nettoeinkommen – Bruttoeinkommen
Income tax is collected by the Inland Revenue ['revənju:] *BE* / *AE* Internal Revenue Service (IRS).	Die Einkommensteuer wird vom Finanzamt eingezogen.
income tax return [rɪ'tɜ:n]	**Einkommensteuererklärung**
prepare / complete [kəm'pli:t] an income tax return	eine Einkommensteuererklärung ausfüllen
file / submit an income tax return	eine Einkommensteuererklärung abgeben
value-added tax [vælju: 'ædɪd tæks] / **VAT** [væt] *BE*	**Mehrwertsteuer**
All prices are inclusive of VAT.	Alle Preise verstehen sich einschließlich Mehrwertsteuer
tax-exempt [tæks ɪg'zemt]	**steuerbefreit; steuerfrei**
Books are exempt from VAT in Britain.	Bücher sind mehrwertsteuerfrei in Großbritannien.

(non)taxable income ['tæksəbl]	**(nicht) steuerpflichtiges Einkommen**
(tax) refund ['ri:fʌnd]	**(Steuer-)Erstattung**
You are entitled [ɪn'taɪtld] to a refund.	Sie haben Anspruch auf eine Erstattung.

Steuerberater sind *tax consultants* [kən'sʌltənts]; das Gemeinte wird aber auch durch *accountant* [ə'kaʊntənt] (= Wirtschaftsprüfer) und *preparer* (= *AE for someone trained to prepare tax returns for others*) ausgedrückt.

bookkeeping ['bʊkki:pɪŋ]	**Buchführung; Buchhaltung**
accounting [ə'kaʊntɪŋ]	**Rechnungswesen; Buchhaltung**
the accounting department	die Buchhaltung(sabteilung)
audit ['ɔ:dɪt]	**Buchprüfung; (die Bücher) prüfen**
assessment [ə'sesmənt]	**Veranlagung** (durch das Finanzamt)
charitable contribution [tʃærɪtəbl kɒntri'bju:ʃn]	**Spende**
Charitable contributions are deductible.	Spenden sind absetzbar.
depreciation [dɪpri:ʃi'eɪʃn]	**Abschreibung**

Sozialabgaben sind *social-security contributions*, BE werden sie *NI contributions* genannt (*NI* = *National Insurance* [ɪn'ʃʊərəns]). Die AE-Entsprechung ist *FICA tax* (*FICA* = *Federal Insurance Contributions Act*).

(customs) duty ['dju:ti]	**Zoll(abgabe)**
Do you have to pay duty on this?	Muss man darauf Zoll bezahlen?

Deutsche Steuerbegriffe in Englisch

geringfügige Beschäftigung(sverhältnisse) / Minijobs (= *low-paid employment / low-paid jobs*), Gewerbesteuer (= *business tax / trade tax*), Grundfreibetrag (= *tax-free allowance*), Grunderwerbsteuer (= *real-estate* ['rɪəl ɪsteɪt] *transfer tax / property transfer tax*), Grundsteuer (= *real-estate tax / property tax*), Kapitalertrag(s)steuer (= *capital-gains tax / withholding tax*), Körperschaftssteuer (= *corporation tax*), Lohnsteuer (= *wage tax / salary tax*), Lohnsteuerkarte (= *[wage-]tax card / salary-tax card*), Schwarzarbeit (= *illicit* [ɪ'lɪsɪt] *work*), Solidaritätszuschlag (= *solidarity* [sɒlɪ'dærəti] *surcharge / solidarity tax*), Steuersenkungsgesetz (= *tax reduction package / Tax Reduction Act*).

6.8 Social security
Soziale Sicherheit

Social security [sɪ'kjʊərəti] bedeutet allgemein soziale Sicherheit; speziell bezeichnet der Begriff BE Sozialhilfe und AE Sozialversicherung:
Most workers are covered ['kʌvəd] *under social security.*
AE (= Die meisten Arbeitnehmer sind sozial abgesichert.)
Social security is a form of social insurance [ɪn'ʃʊərəns].
AE (= ... ist eine Art Sozialversicherung.)
She's on social security BE / AE *on welfare.*
(= Sie bezieht Sozialhilfe.)
Sozialamt ist BE *social security office* und AE *social welfare office.*

the social safety net ['seɪfti net]	**das soziale Netz**
welfare / public assistance *AE*	**Sozialhilfe**
her monthly welfare grant [ɑ:] *AE*	ihre monatliche Sozialhilfezahlung
welfare cuts ['welfeə kʌts]	Streichung von Sozialleistungen
welfare reform ['welfeə rɪfɔ:m]	Sozialreform
the welfare state [welfeə 'steɪt]	der Wohlfahrtsstaat / Sozialstaat
maternity allowance / leave	**Mutterschaftsgeld / -urlaub**
housing benefit *BE* / *AE* **rent subsidy**	**Wohngeld**
sickness benefit ['sɪknəs benəfɪt] *BE*	**Krankengeld**

i *The National Health Service (NHS):* Der grundsätzlich kostenlose, allen Bürgern umfassende *medical care* (= medizinische Versorgung) bietende staatliche Gesundheitsdienst des UK. – Ein *National Health doctor* ist so etwas wie ein Kassenarzt, *National Health glasses* entsprechen einer Kassenbrille. *I got it on the National Health.* (= Das hat die Kasse bezahlt.)

medical insurance / health insurance	**Krankenversicherung**
health-insurance company	Krankenkasse, -versicherung
curb [kɜ:b] **(the) costs**	**(die) Kosten dämpfen**
nursing-care insurance ['nɜ:sɪŋ]	(*Deutschland*) **Pflegeversicherung**
pension ['penʃn]	**Rente; Pension; Ruhegehalt**
retirement / old-age pension	(Alters-)Rente; Pension
You're **entitled** [ɪn'taɪtld] to benefit.	Sie haben Anspruch auf Beihilfe.
the **entitlement mentality** [-'tæləti]	das **Anspruchsdenken**

6.9 International relations
Internationale Beziehungen

relations with other countries	**Beziehungen** zu anderen Staaten
sever ['sevə] / re-establish [ri:ɪ'stæblɪʃ] diplomatic relations	die diplomatischen Beziehungen abbrechen / wiederherstellen
foreign policy / **foreign affairs**	(die) **Außenpolitik**

> Außenminister – Außenministerium
> = UK: *foreign secretary* [fɒrən 'sekrətri] – *Foreign Office* ['fɒrən ɒfɪs]
> = USA: *secretary of state* – *State Department* ['steɪt dipɑ:tmənt]
> = andere Staaten in der Regel: *foreign minister* ['mɪnɪstə] – *foreign ministry*

statesman [-mən] – **statesmanship**	**Staatsmann – Staatskunst**
state visit [steɪt 'vɪzɪt]	**Staatsbesuch**
summit meeting ['sʌmɪt mi:tɪŋ]	**Gipfeltreffen**
diplomacy [dɪ'pləʊməsi]	(die) **Diplomatie**
diplomat ['dɪpləmæt]	**Diplomat(in)**
ambassador [-'bæs-] – **embassy**	**Botschafter(in) – Botschaft**
ally ['ælaɪ]	**Verbündeter; Bündnispartner**
the US and its allies	die USA und ihre Alliierten
alliance [ə'laɪəns]	**Bündnis; Allianz**

> Die Grenze zwischen Staaten kann sowohl *border* als auch *frontier* ['frʌntɪə] heißen. *Border* ist das häufigere und daher „sicherere" Wort.

crisis ['kraɪsɪs] *Pl.* crises ['kraɪsi:z]	**Krise**
dispute [dɪ'spju:t]	**Streit(igkeit); Auseinandersetzung**
armed intervention [ɪntə'venʃn]	**bewaffnete Intervention**
reduce tensions ['tenʃnz]	(die) **Spannungen abbauen**
settle a conflict ['kɒnflɪkt]	**einen Konflikt beilegen**
negotiate [nɪ'gəʊʃieɪt]	**verhandeln**
negotiate a treaty ['tri:ti]	einen (Staats-)Vertrag aushandeln
negotiations [nɪgəʊʃi'eɪʃnz]	**Verhandlungen**
achieve [ə'tʃi:v] **a breakthrough**	**einen Durchbruch erzielen**
reach a compromise ['kɒmprəmaɪz]	**einen Kompromiss erzielen**
agreement [ə'gri:mənt]	**Abkommen**
reach an agreement	zu einer Einigung gelangen
the European Union (EU)	**die Europäische Union**
foreign aid – **development aid**	**Auslandshilfe – Entwicklungshilfe**
developing [dɪ'veləpɪŋ] **country**	**Entwicklungsland**

6.10 Defence, war, military
Verteidigung, Krieg, Militär

defend [dɪ'fend] – **defence** [dɪ'fens]	**verteidigen – Verteidigung**
NATO ['neɪtəʊ]	(die) **NATO**
army ['ɑ:mi]	**Armee; Heer**
military ['mɪlətri]	**Militär; Militär-; militärisch**
He did his military service.	Er leistete seinen Wehrdienst ab.
the air force ['eə fɔ:s]	**die Luftwaffe**
the navy ['neɪvi]	**die (Kriegs-)Marine**
officers – common soldiers	**Offiziere – einfache Soldaten**
promote [prə'məʊt]	**befördern**
He was promoted to captain ['kæptən].	Er wurde zum Hauptmann befördert.
general ['dʒenrəl] – **the general staff** [stɑ:f]	**General – der Generalstab**
command [kə'mɑ:nd] – **commander**	**Kommando – Befehlshaber**
The president is commander-in-chief of the armed forces.	Der Präsident ist Oberkommandierender der Streitkräfte.
intelligence [ɪn'telɪdʒəns]	**Geheimdienst; Nachrichtendienst**
intelligence – counterintelligence	Spionage – Gegenspionage

> ***Military organizational units*** **(= militärische Organisationseinheiten)**
> *platoon* [plə'tu:n] (= Zug) • *company* (= Kompanie) • *regiment* ['redʒɪmənt] (= Regiment) • *unit* ['ju:nɪt] (= Einheit) • *battalion* [bə'tæliən] (= Bataillon) • *brigade* [brɪ'geɪd] (= Brigade) • *division* [dɪ'vɪʒn] (= Division) • *corps* [kɔ:] (= Korps) • *army* (= Armee)

war [wɔ:]	**Krieg**
the First/Second World War	der Erste/Zweite Weltkrieg
declare war on a country	einem Land den Krieg erklären
invade [ɪn'veɪd] – **invasion** [ɪn'veɪʒn]	**einmarschieren; überfallen – Invasion**
the German invasion of Poland	der deutsche Überfall auf Polen
attack [ə'tæk]	**Angriff; angreifen**
advance [əd'vɑ:ns] – **retreat** [rɪ'tri:t]	**Vormarsch – Rückzug**
occupy ['ɒkjupaɪ] **a country**	**ein Land besetzen**
occupation [ɒkju'peɪʃn]	**Besetzung**
occupation forces	Besatzungstruppen
battle ['bætl]	**Schlacht**
battlefield – battleship	Schlachtfeld – Schlachtschiff
action ['ækʃn]	**Kampf; Gefecht**

He was killed in action in 1944.	Er fiel 1944.
offensive [ə'fensɪv] – **counter-offensive**	**Offensive – Gegenoffensive**
resistance [rɪ'zɪstəns]	**Widerstand**
enemy troops / ships	**feindliche Truppen / Schiffe**
supplies [sə'plaiz] **and ammunition**	**Nachschub und Munition**
infantry – artillery [-'tɪl-] – **tanks**	**Infanterie – Artillerie – Panzer**
missile ['mɪsaɪl] / **rocket**	**Rakete**
nuclear weapons [nju:klɪə 'wepnz]	**Kernwaffen**
weapons of mass destruction	Massenvernichtungswaffen
(nuclear) submarine [sʌbmə'ri:n]	**(Atom-)U-Boot**
bomb [bɒm]	**Bombe; bombardieren**
atom(ic) bomb ['ætəm / ə'tɒmɪk]	Atombombe
hydrogen bomb ['haɪdrədʒən bɒm]	Wasserstoffbombe
the bombing of industrial targets	das Bombardieren von Industrieanlagen
air base ['eə beɪs]	**Luftwaffenstützpunkt**
air raid ['eə reɪd]	**Luftangriff**
air-raid shelter	Luftschutzbunker, -keller, -raum
destroy – destruction [dɪ'strʌkʃn]	**zerstören – Zerstörung**
court-martial [kɔ:t 'mɑ:ʃl]	**Kriegs- / Militärgericht**
He was court-martialled.	Er wurde vor ein Kriegsgericht gestellt.
capture ['kæptʃə]	**einnehmen; gefangennehmen**
The town was captured after heavy fighting.	Die Stadt wurde nach schweren Kämpfen eingenommen.
withdraw (– withdrew – withdrawn)	**sich zurückziehen;** (*Truppen*) **abziehen**
cease fire ['si:sfaɪə]	**Feuerpause; Waffenruhe**
partisan ['pɑ:tɪzən] – **partisan war(fare)**	**Partisan(in) – Partisanenkrieg**
suicide ['su:ɪsaɪd] **attack / strike**	**Selbstmordanschlag**
spy [spaɪ]	**Spion(in); spionieren**
casualties ['kæʒuəltiz]	**Verluste** (= Verwundete / Tote)
civilian [sə'vɪliən] casualties	Verluste in der Zivilbevölkerung
the wounded ['wu:ndɪd] **and the dead**	**die Verwundeten und die Toten**
prisoners (of war) / POWs	**(Kriegs-)Gefangene**
They were taken prisoner ['prɪznə].	Sie wurden gefangen genommen.
victory ['vɪktəri] – **defeat** [dɪ'fi:t]	**Sieg – Niederlage**
surrender [sə'rendə]	**kapitulieren; Kapitulation**
war crime(s) ['wɔ: kraim(z)]	**Kriegsverbrechen**
war criminal ['wɔ: krɪmɪnəl]	Kriegsverbrecher(in)

7.1 Housing shortage
Wohnungsmangel

housing ['haʊzɪŋ]	**Wohnungen; Wohnraum; Wohnungs-**
low-income housing	Wohnungen für Einkommensschwache
construct / provide low-cost housing	preiswerten Wohnraum erstellen
the housing market ['mɑːkɪt]	der Wohnungsmarkt
study the housing ads [ædz]	die Wohnungsanzeigen studieren
housing programme ['prəʊgræm]	Wohnungsbauprogramm
housing association [əsəʊsi'eɪʃn]	Wohnungs(bau)gesellschaft
the rise in rents	**das Ansteigen der Mieten**
the latest rent increase	die neueste Mieterhöhung
rent control [kən'trəʊl]	Wohnraumbewirtschaftung
(go) flat hunting *BE*	**(auf) Wohnungssuche (gehen)**
estate [ɪ'steɪt] **agent** *BE* / *AE* **real estate agent** / *AE* **realtor** ['riːəltə]	**Immobilien- / Wohnungsmakler(in)**
share a flat *BE* / *AE* **an apartment**	**in einer Wohngemeinschaft leben**
give a tenant ['tenənt] **notice to quit**	einem Mieter **kündigen**
evict [ɪ'vɪkt] **a tenant**	**einen Mieter zur Räumung zwingen**
Tenants were evicted from / turned out of their homes because they fell behind with their rent.	Mieter wurden auf die Straße gesetzt, weil sie mit ihren Mietzahlungen in Rückstand geraten waren.
squat [skwɒt] (in a house)	**ein Haus besetzt halten**
squatter ['skwɒtə]	**Hausbesetzer(in)**
homeless ['həʊmləs]	**obdachlos**
homeless people living in cardboard boxes	Obdachlose, die in Pappkartons leben
the homeless	die Obdachlosen
a sharp increase ['ɪŋkriːs] in homelessness	eine starke Zunahme der Obdachlosigkeit
sleep rough [rʌf] / **outdoors**	**im Freien übernachten**
sleep / live on the streets	auf der Straße schlafen / leben
seek shelter (– sought [sɔːt] – sought)	**Zuflucht suchen**
hostel ['hɒstl]	**Wohnheim**

7.2 Unemployment
Arbeitslosigkeit

unemployed [ʌnɪm'plɔɪd] / **jobless**	**arbeitslos; erwerbslos**
the long-term unemployed / jobless	die Langzeitarbeitslosen
bring the jobless rate down	die Arbeitslosenziffer senken
unemployment / **joblessness**	(die) **Arbeitslosigkeit / Erwerbslosigkeit**
the unemployment rate is rising / falling	die Arbeitslosigkeit nimmt zu / geht zurück
unemployment benefit *BE* / *AE* benefits	Arbeitslosengeld; Arbeitslosenhilfe
out of a job / out of work	**ohne Arbeit; arbeitslos**
redundant [rɪ'dʌndənt]	**überflüssig;** *BE* **arbeitslos**
be made redundant	einen Arbeitsplatz verlieren
downsizing ['daʊnsaɪzɪŋ]	**Stellen- / Personalabbau**
short-time working	**Kurzarbeit**
on short time	Kurzarbeit machen

> Das Entlassenwerden (= *being dismissed* [dɪs'mɪst]) wird auf unterschiedliche Weise ausgedrückt:
> *He's been fired.* / BE auch *He's been sacked.* / *He's been given the sack.* / *He got the sack.* (= Man hat ihn gefeuert / rausgeschmissen.)
> *Thousands of employees* [ɪm'plɔɪi:z] *were made redundant* BE / AE *were excessed* [ɪk'sest] / *were surplused* ['sɜ:pləst]. (= Tausende von Beschäftigten wurden freigesetzt.)
> *I've been laid off.* (= Man hat mich entlassen.)

the labour market ['leɪbə mɑ:kɪt]	**der Arbeitsmarkt**
employ [ɪm'plɔɪ] – **employment**	**beschäftigen – Beschäftigung**
The employment situation has improved / deteriorated.	Die Beschäftigungssituation hat sich gebessert / verschlechtert.
self-employed [self ɪm'plɔɪd]	(beruflich) selb(st)ständig
retrain [ri:'treɪn] – **retraining**	**umschulen – Umschulung**
job-creating schemes [ski:mz] / **job-creation programmes**	**Arbeitsbeschaffungsmaßnahmen / -programme**
labour / employment exchange	**Arbeitsamt**
jobcentre ['dʒɒbsentə] *BE*	**(staatliche) Arbeitsvermittlung**
employment agency ['eɪdʒənsi]	**(private) Arbeitsvermittlung**
(re)hire [(ri:)'haɪə] **workers**	**Arbeitskräfte (wieder) einstellen**
temp [temp] *BE*	**Zeitarbeitskraft**

7.3 Drug and alcohol abuse
Drogen- und Alkoholmissbrauch

drug [drʌg]	**Droge; Rauschmittel; Rauschgift**
hard / soft [sɒft] drugs	harte / weiche Drogen
drug abuse [ə'bju:s]	Drogenmissbrauch
drug addiction [ə'dɪkʃn]	Drogensucht; Rauschgiftsucht
a drug addict ['ædɪkt]	ein(e) Drogensüchtige(r)
(drug) dealer / (drug) pusher [ʊ]	Dealer; Pusher
the number of drug-related deaths	die Zahl der Drogentoten

Dass jemand rauschgiftsüchtig ist, kann man u. a. so ausdrücken: *She's addicted* [ə'dɪktɪd] *to drugs.* • *She's a drug addict* ['ædɪkt]. • *She's on / into drugs.* • *She's taking / doing drugs.* • *She's on the needle* ['ni:dl].

fix [fɪks]	**Fix; fixen**
shoot [ʃu:t] (– shot – shot) *Slang*	**schießen; drücken**
shot [ʃɒt]	**Schuss** (= Drogeninjektion)
heroin ['herəʊɪn]	**Heroin**
She became addicted to heroin.	Sie wurde heroinsüchtig.
cocaine [kəʊ'keɪn]	**Kokain**
inject [ɪn'dʒekt] / sniff / smoke cocaine	Kokain spritzen / schnupfen / rauchen
hashish ['hæʃɪʃ] – **hash**	**Haschisch – Hasch**
LSD / *Slang* **acid** ['æsɪd]	**LSD**
ecstasy ['ekstəsi]	**Ecstasy**
methadone ['meθədəʊn]	**Methadon**
dose [dəʊs] – **overdose** / **OD**	**Dosis – Überdosis**
cure [kjʊə]	**heilen; kurieren; entwöhnen; Entzug**
addicts who've been cured [kjʊəd]	Süchtige, die geheilt wurden
withdrawal (symptoms) [wɪð'drɔ:əl]	**Entzug(serscheinungen)**
alcoholic [ælkə'hɒlɪk]	**Alkoholiker(in)**
Alcoholics Anonymous [ə'nɒnɪməs]	die Anonymen Alkoholiker
alcoholism ['ælkəhɒlɪzm]	**Alkoholismus; Alkoholkrankheit**
a drinker / **drunk** / **drunkard** [-kəd]	**ein(e) Trinker(in) / Säufer(in)**
liquor ['lɪkə]	*AE* **Schnaps**
(a little) tipsy ['tɪpsi]	**(ein bisschen) beschwipst**
drunk [drʌŋk]	**betrunken; Betrunkene(r) / Trinker(in)**
have a hangover ['hæŋəʊvə]	**einen Kater haben**

7.4 Poverty
Armut

poverty ['pɒvəti]	**Armut**
fall into poverty (– fell – fallen)	in Armut geraten
the causes of poverty	die Ursachen der Armut
below the poverty line	unterhalb der Armutsgrenze
impoverished [ɪm'pɒvərɪʃt]	**verarmt**
poor [pʊə] – **the poor**	**arm – die Armen**
These people are desperately poor.	Diese Menschen sind schrecklich arm.
deprivation [deprɪ'veɪʃn]	**Entbehrung; Mangel**
deprived [dɪ'praɪvd] families / children	benachteiligte Familien / Kinder
disadvantaged [dɪsəd'vɑːntɪdʒd]	**benachteiligt**
the economically disadvantaged	die sozial Schwachen
destitute (families) ['destɪtjuːt]	**mittellos(e Familien)**
an extremely low standard of living	**ein extrem niedriger Lebensstandard**
help the needy ['niːdi]	**den Bedürftigen helfen**
the basic ['beɪsɪk] **needs**	**die Grundbedürfnisse**
subsistence level [səb'sɪstəns levl]	**Existenzminimum**
a living wage [lɪvɪŋ 'weɪdʒ]	**ein zum Leben ausreichender Lohn**
set a minimum wage (– set – set)	einen Mindestlohn festsetzen
hunger ['hʌŋgə] – **hungry** ['hʌŋgri]	**Hunger – hungrig**
As a boy, he often went hungry.	Als Junge hat er oft gehungert.
starve [stɑːv] – **starvation**	**hungern – Hungern**
starve to death / die of starvation	verhungern
(poor) nutrition [nju'trɪʃn]	**(Mangel-)Ernährung**
dependent on public assistance *AE*	**auf Sozialhilfe angewiesen**
soup kitchen ['suːp kɪtʃən]	**Suppenküche**
cuts in social services ['sɜːvɪsɪz]	**Sozialabbau**
low life expectancy [ɪk'spektənsi]	**niedrige Lebenserwartung**
a high infant mortality rate	**eine hohe Säuglingssterblichkeit**
illiteracy [ɪ'lɪtrəsi] **among the poor**	**Analphabetentum unter den Armen**
street children ['striːt tʃɪldrən]	**Straßenkinder**
child labour ['leɪbə] – child prostitution	Kinderarbeit – Kinderprostitution
(appalling) **misery** ['mɪzəri]	(entsetzliches) **Elend**
suffering ['sʌfərɪŋ]	**Leiden; Leid**
alleviate the suffering of the poor	das Leid(en) der Armen lindern
despair [dɪ'speə] – **hopelessness**	**Verzweiflung – Hoffnungslosigkeit**

7.5 Crime and violence
Verbrechen und Gewalttätigkeit

crime [kraɪm]	**Verbrechen; Straftat**
violent ['vaɪələnt] crime	Gewaltverbrechen / -kriminalität
crime victims ['vɪktɪmz]	Opfer von Straftaten
crime prevention [prɪ'venʃn]	Verbrechensverhütung
the rising crime rate ['kraɪm reɪt]	das Zunehmen der Kriminalität
crimes against humanity [hju:'mænəti]	Verbrechen gegen die Menschlichkeit
criminal ['krɪmɪnəl]	**kriminell; Verbrecher(in); Straftäter(in)**
a violent criminal	ein Gewaltverbrecher
habitual criminal – career criminal	Gewohnheits- – Berufsverbrecher

Häufig begangene Straftaten (= *criminal offences* [ə'fensɪz])
murder (= Mord) • *manslaughter* (= Totschlag) • *homicide* ['hɒmɪsaɪd] (formell allgemein = Tötungsdelikt) • *bodily harm* (= Körperverletzung) • *rape* (= Vergewaltigung) • *robbery* (= Raub) • *kidnapping / abduction* (= Entführung) • *skyjacking* (= Flugzeugentführung) • *hostage* ['hɒstɪdʒ] *taking* (= Geiselnahme) • *blackmail / extortion* (= Erpressung) • *arson* ['ɑ:sn] (= Brandstiftung) • *perjury* ['pɜ:dʒəri] (= Meineid) • *counterfeiting* ['kaʊntəfɪtɪŋ] (= Fälschung) • *bribery* (= Bestechung) • *embezzlement* [ɪm'bezlmənt] (= Unterschlagung / Veruntreuung) • *fraud* [frɔ:d] (= Betrug) • *smuggling* (= Schmuggel) • *vandalism* ['vændəlɪzm] (= mutwillige Beschädigung / Zerstörung fremden Eigentums) • *trespassing* ['trespəsɪŋ] (= Hausfriedensbruch)

TRESPASSERS WILL BE PROSECUTED (= Betreten bei Strafe verboten)

Bezeichnungen für Straftäter (= *offenders* [ə'fendəz] / *criminals*)
murderer / killer (= Mörder) • *rapist* ['reɪpɪst] (= Vergewaltiger) • *attacker* [ə'tækə] (= Angreifer) • *crazed* [kreɪzd] *gunman* (= Amokschütze) • *mugger* (= Straßenräuber) • *robber* (= Räuber) • *thug / hoodlum* ['hu:dləm] (= brutaler Rowdy) • *football / soccer hooligan* (= Fußballrowdy) • *vandal* ['vændl] (= mutwilliger Zerstörer) • *kidnapper* (= Entführer) • *skyjacker* (= Flugzeugentführer) • *blackmailer* (= Erpresser) • *gangster / mobster* (= Gangster) • *arsonist* ['ɑ:sənɪst] (= Brandstifter) • *swindler / con(fidence) man / con artist* (= Betrüger / Hochstapler) • *smuggler* (= Schmuggler)

hijack ['haɪdʒæk] a plane	ein Flugzeug **entführen**
bank robbery	**Bankraub**
two armed and masked **robbers**	zwei bewaffnete und maskierte **Räuber**

Stealing and thieves [θi:vz] **(= Stehlen und Diebe)**
stealing (= Stehlen) • *theft* (= Diebstahl) • *larceny* ['lɑ:səni] (juristisch = Diebstahl) • *pickpocketing* (= Taschendiebstahl) • *purse snatching* (AE = Handtaschenraub) • *shoplifting* (= Ladendiebstahl) • *thief* Pl. *thieves* (= Dieb / Diebin) • *pickpocket* (= Taschendieb / -diebin) • *purse snatcher* (AE = Handtaschendieb) • *joyriding* (= eine Spritztour mit einem gestohlenen Auto machen)
Ein Einbruch kann auf Englisch *a burglary* ['bɜ:gləri] oder *a break-in* sein. Ein Einbrecher ist *a burglar* oder *a housebreaker*. In unser Haus wurde eingebrochen heißt *Our home / house was burgled* BE / AE *burglarized*.

(hand) gun – gun down [gʌn 'daʊn]	**(Hand-)Feuerwaffe – abknallen**
firearms ['faɪərɑ:mz]	**Schusswaffen**

Shoot someone (– shot – shot): He was shot and wounded ['wu:ndɪd]. (= Er wurde angeschossen.)
He was shot and killed / shot dead. (= Er wurde erschossen.)
He was shot at. (= Es wurde auf ihn geschossen.)
Shoot allein für erschießen nur, wenn aus dem Zusammenhang deutlich ist, was gemeint ist: *the day Kennedy was shot* (= der Tag, an dem Kennedy erschossen wurde).

violence ['vaɪələns]	**Gewalt(tätigkeit)**
Violence broke out.	Es kam zu Gewalttätigkeiten.
violent ['vaɪələnt]	**gewalttätig**
fight [faɪt]	**Kampf; Prügelei; Schlägerei**
put [ʊ] up a fight	sich zur Wehr setzen
fight (– fought [ɔ:] – fought)	**kämpfen; sich prügeln / schlagen**
beat [i:] (– beat – beaten)	**schlagen; hauen**
beaten up by thugs [θʌgz]	von Rowdys zusammengeschlagen
stab someone [stæb]	auf jemand **einstechen**
She was stabbed to death [deθ].	Sie wurde erstochen.
strangle someone ['stræŋgl]	jemand **erwürgen / erdrosseln**
batter someone ['bætə]	**auf** jemand **einschlagen**
battered wife / baby	misshandelte(s) Ehefrau / Baby
bind [baɪnd] (– bound – bound)	**fesseln**
She was bound and gagged [gægd].	Sie wurde gefesselt und geknebelt.

8.1 History
Geschichte

history ['hɪstri]	**Geschichte**
go down in history	in die Geschichte eingehen
ancient ['eɪnʃənt] history	(die) alte Geschichte
medieval [medi'i:vl] history	(die) mittelalterliche Geschichte
contemporary [kən'temprəri] history	(die) Zeitgeschichte
a cultural history of India	(eine) Kulturgeschichte Indiens
local ['ləʊkl] history	(die) Heimatgeschichte
historical [hɪ'stɒrɪkl]	**historisch; geschichtlich**
of historical interest ['ɪntrəst]	von historischem Interesse
historical research has shown that ...	die Geschichtsforschung hat nachgewiesen, dass ...
historical records ['rekɔ:dz]	historische Zeugnisse / Belege

Unterschied zwischen *historical* und *historic*
historical (= historisch / geschichtlich = zur Geschichte gehörig / geschichtlich nachgewiesen / mit Geschichte zu tun habend)
historic (= historisch / geschichtlich bedeutsam)

historian [hɪ'stɔ:riən]	**Historiker(in)**
prehistory [pri:'hɪstri] – **prehistoric**	**Vorgeschichte – vorgeschichtlich**
genealogy [dʒi:ni'ælədʒi]	**Genealogie; Ahnenforschung**
records ['rekɔ:dz]	**Aufzeichnungen; Zeugnisse**
contemporary [kən'temprəri] records	zeitgenössische Berichte
written records	schriftliche Überlieferungen
oral traditions ['ɔ:rəl trədɪʃnz]	**mündliche Überlieferungen**
archives ['ɑ:kaɪvz]	**Archive**
chronicle ['krɒnɪkl] – **chronicler**	**Chronik – Chronist(in)**
period (of history) ['pɪəriəd]	**(Geschichts-)Epoche**
ancient ['eɪnʃənt]	**alt; antik**
ancient Rome [eɪnʃənt 'rəʊm]	das alte Rom; das Rom der Antike
in ancient times	im Altertum; in der Antike
antiquity / the ancient world [wɜ:ld]	die Antike
the **Middle Ages** [mɪdl 'eɪdʒɪz]	das **Mittelalter**
the **Reformation** [refə'meɪʃn]	die **Reformation**
the **age of absolutism** ['æbsəlu:tɪzm]	das **Zeitalter des Absolutismus**
the **Enlightenment** [ɪn'laɪtnmənt]	die **Aufklärung**
the **French Revolution** [revə'lu:ʃn]	die **Französische Revolution**

8.2 Psychology
Psychologie

psychology [saɪ'kɒlədʒi]	**Psychologie**
psychologist [saɪ'kɒlədʒɪst]	**Psychologe / Psychologin**
psychological [saɪkə'lɒdʒɪkl]	**psychologisch**
psychiatry [saɪ'kaɪətri] – **psychiatrist**	**Psychiatrie** – **Psychiater(in)**
psychoanalysis [saɪkəʊə'næləsɪs]	**Psychoanalyse**
psychoanalyst [saɪkəʊ'ænəlɪst]	Psychoanalytiker(in)
psychopath ['saɪkəpæθ]	**Psychopath(in)**
psychotherapy [saɪkəʊ'θerəpi]	**Psychotherapie**
psychotherapist [saɪkəʊ'θerəpɪst]	Psychotherapeut(in)
behaviour [bɪ'heɪvjə]	**Verhalten**
abnormal [æb'nɔ:ml] behaviour	abnormes Verhalten
personality [pɜ:sə'næləti]	**Persönlichkeit**
the **human mind** [hju:mən 'maɪnd]	der **menschliche Verstand / Geist**
perception [pə'sepʃn]	**Wahrnehmung**
memory ['meməri]	**Gedächtnis**
thinking ['θɪŋkɪŋ]	(das) **Denken**
reasoning ['ri:znɪŋ]	**(logisches) Denken**
intelligence [ɪn'telɪdʒəns]	**Intelligenz**
intelligence quotient ['kwəʊʃnt] / IQ	Intelligenzquotient / IQ
motivation [məʊtɪ'veɪʃn]	**Motivation; Verhaltensantrieb**
emotions such as joy and anger ['æŋgə]	**Gefühle** wie Freude und Zorn
(un)conscious [ʌn'kɒnʃəs]	**(un)bewusst**
subconscious [sʌb'kɒnʃəs]	**unterbewusst**
dream [dri:m] – **dreaming**	**Traum** – (das) **Träumen**
nightmare ['naɪtmeə]	**Albtraum**
anxiety [æŋ'zaɪəti]	**Angst**
troubled by feelings of anxiety	von Angstgefühlen geplagt
mental disorders [dɪs'ɔ:dəz]	**geistig-seelische Störungen**
(mentally) disturbed [dɪ'stɜ:bd]	(geistes)gestört
mentally ill [mentəli 'ɪl]	geisteskrank; psychisch krank
(mentally) retarded [rɪ'tɑ:dɪd]	(geistig) zurückgeblieben
psychosis [saɪ'kəʊsɪs] – **neurosis**	**Psychose** – **Neurose**
neurotic [nju'rɒtɪk]	**neurotisch; Neurotiker(in)**
therapy ['θerəpi]	**Therapie**
occupational [ɒkju'peɪʃənl] therapy	Beschäftigungstherapie
therapist / counsellor ['kaʊnsələ]	**Therapeut(in)**
marriage counselling ['kaʊnsəlɪŋ]	**Eheberatung**
psychological testing / tests	**psychologische Tests**

8.3 Religions and denominations
Religionen und Konfessionen

religion [rɪ'lɪdʒən]	**Religion**
belong to a religion	einer Religion(sgemeinschaft) angehören
freedom of religion	Religionsfreiheit
religious [rɪ'lɪdʒəs]	**religiös**
religious beliefs [bɪ'li:fs]	religiöse Überzeugungen
a deeply religious person	ein (zu)tief(st) religiöser Mensch
Christianity [krɪsti'ænəti]	**Christenheit**
The cross is the symbol ['sɪmbl] of Christianity.	Das Kreuz ist das Symbol des Christentums.
Christian ['krɪstʃən]	**christlich; Christ(in)**
Christians believe that Jesus ['dʒi:zəs] is the Messiah [mə'saɪə].	Die Christen glauben, dass Jesus der Messias ist.
the early Christians	die Urchristen
Islam ['ɪzlɑ:m]	(der) **Islam**
Islamic [ɪz'læmɪk]	**islamisch**
Islamic fundamentalists [fʌndə'mentəlɪsts]	islamische Fundamentalisten
Muslim(s) ['mʊzlɪm(z)]	**Muslim(e)**
Hinduism ['hɪnduɪzm]	(der) **Hinduismus**
The cow is revered [rɪ'vɪəd] in Hinduism.	Die Kuh wird im Hinduismus verehrt.
Hindu ['hɪndu:]	**hinduistisch; Hindu(-)**
Buddhism ['bʊdɪzm]	(der) **Buddhismus**
Buddhism has spread [spred] in the West.	Der Buddhismus hat sich im Westen ausgebreitet.
Buddhist ['bʊdɪst]	**buddhistisch; Buddhist(in)**
Judaism ['dʒu:deɪɪzm]	(das) **Judentum;** (der) **Judaismus**
Judaism is the religion of the Jews.	Der Judaismus ist die Religion der Juden.
Jew [dʒu:]	**Jude / Jüdin**
Jewish ['dʒu:ɪʃ]	**jüdisch**
centres of Jewish culture ['kʌltʃə]	Zentren jüdischer Kultur
He's / She's Jewish.	Er ist Jude. / Sie ist Jüdin.
convert [kən'vɜ:t]	**konvertieren; bekehren**
convert to the Christian faith [feɪθ]	zum christlichen Glauben konvertieren / übertreten
They were converted to Christianity [krɪsti'ænəti].	Sie wurden zum Christentum bekehrt.

Beachten Sie den Gebrauch des Artikels *a(n)*:
He's a Christian ['krɪstʃən] / *a Roman Catholic* ['kæθlɪk] / *a Protestant* ['prɒtɪstənt] / *a Jew* [dʒu:] / *etc.*
(= Er ist Christ / Katholik / Protestant / Jude / etc.)

denomination [dɪnɒmɪ'neɪʃn]	**Konfession; Glaubensgemeinschaft**
What denomination are you?	Welche Konfession haben Sie?
denominational school	Konfessions- / Bekenntnisschule
(Roman) Catholicism [kə'θɒləsɪzm]	(der) **Katholizismus**
Roman Catholic [rəʊmən 'kæθlɪk]	**(römisch-)katholisch; Katholik(in)**
She became a (Roman) Catholic.	Sie wurde katholisch.
Protestantism ['prɒtɪstəntɪzm]	(der) **Protestantismus**
Protestant ['prɒtɪstənt]	**protestantisch; evangelisch**
Protestant churches ['tʃɜ:tʃɪz]	protestantische / evangelische Kirchen
He's / She's a Protestant.	Er / Sie ist Protestant(in) / evangelisch.
Calvinism ['kælvənɪzm]	(der) **Kalvinismus**
Reformed [rɪ'fɔ:md] **churches**	**reformierte Kirchen**
Lutheran ['lu:θərən]	**lutherisch; Lutheraner(in)**
Lutheran churches	lutherische Kirchen
Baptist ['bæptɪst]	**Baptist(in)**
Methodist ['meθədɪst]	**methodistisch; Methodisten-**
She's a Methodist / Baptist.	Sie ist Methodistin / Baptistin.
Anglican ['æŋglɪkən]	**anglikanisch; Anglikaner(in)**
the Anglican Church	die anglikanische Kirche

i Zur *Anglican Communion* [kə'mju:niən] (= anglikanischen Kirchengemeinschaft) gehören u.a. *the Church of England, the Church in Wales, the Episcopal* [ɪ'pɪskəpl] *Church in Scotland, the Church of Ireland* und in den USA *the Protestant Episcopal Church.* Alle zehn Jahre treffen sich die *Anglican bishops* ['bɪʃəps] (= Bischöfe) zur *Lambeth Conference* [læmbəθ 'kɒnfrəns].

Presbyterian [prezbɪ'tɪəriən]	**presbyterianisch**
He's / She's a Presbyterian.	Er / Sie ist Presbyterianer(in).
Puritan ['pjʊərɪtən]	**puritanisch; Puritaner(in)**
Many Puritans emigrated ['emɪgreɪtɪd] to the New World.	Viele Puritaner wanderten in die Neue Welt aus.
the **Salvation Army** [sælveɪʃn 'ɑ:mi]	die **Heilsarmee**
Orthodox ['ɔ:θədɒks] (churches / Jews)	**orthodox**(e Kirchen / Juden)

8.4 Religious practice
Religiöse Bräuche

doctrine ['dɒktrɪn]	**Lehre; Lehrmeinung; Grundsatz**
dogma ['dɒgmə]	**Dogma** (= kirchl. Glaubenssatz)
theology [θi'ɒlədʒi]	**Theologie**
the Old / New Testament	**das Alte / Neue Testament**
the **parables** ['pærəblz] of Jesus	die **Gleichnisse** Jesu
the **gospel** ['gɒspl]	das **Evangelium**
psalm [sɑ:m]	**Psalm**
heaven ['hevn]	(der) **Himmel**
hell [hel]	(die) **Hölle**
angel ['eɪndʒəl]	**Engel**
saint [seɪnt]	**Heilige(r)**
St George [snt 'dʒɔ:dʒ]	der heilige Georg / Sankt Georg
devil ['devl]	**Teufel**
the Ten Commandments [kə'mɑ:ndmənts]	**die Zehn Gebote**
(original) **sin** [ərɪdʒənl 'sɪn]	(die) (Erb-)**Sünde**
a deadly / mortal ['mɔ:tl] sin	eine Todsünde
church [tʃɜ:tʃ]	**Kirche**
go to / attend [ə'tend] church	in die Kirche gehen
in / after church	in / nach der Kirche
cathedral [kə'θi:drəl]	**Dom; Kathedrale**
attend a **service** ['sɜ:vɪs]	an einem **Gottesdienst** teilnehmen
worship ['wɜ:ʃɪp]	**(am) Gottesdienst (teilnehmen)**

> *Christians worship in a church, Jews in a synagogue* ['sɪnəgɒg], *and Muslims* ['mʊzlɪmz] *in a mosque* [mɒsk]. (= Christen gehen zum Gottesdienst in einer Kirche, Juden in einer Synagoge und Muslime in einer Moschee.)

mass [mæs]	(die) **Messe**
go to / attend [ə'tend] mass	zur Messe gehen
preach [pri:tʃ] – **preacher**	**predigen – Prediger(in)**
sermon ['sɜ:mən]	**Predigt**
the Sermon on the Mount [maʊnt]	die Bergpredigt
altar ['ɔ:ltə]	**Altar**
a **sacrament** ['sækrəmənt]	ein **Sakrament**
confession [kən'feʃn]	(die) **Beichte**
absolution [æbsə'lu:ʃn]	**Absolution; Lossprechung**
(Holy) Communion [kə'mju:niən]	**die (heilige) Kommunion**

the Last / the Lord's Supper	**das (heilige) Abendmahl**
prayer [preə]	**Gebet**
the Lord's Prayer [the lɔ:dz 'preə]	das Vaterunser
the Creed [kri:d]	**das Glaubensbekenntnis**
amen [ɑ:'men / eɪ'men]	**amen; Amen**
christen ['krɪsn] / **baptize** [bæp'taɪz]	**taufen**
He was christened Patrick.	Er wurde Patrick getauft.
confirmation [kɒnfə'meɪʃn]	**Konfirmation; Einsegnung; Firmung**
congregation [kɒŋgrɪ'geɪʃn]	**Gemeinde** (beim Gottesdienst)
parish ['pærɪʃ]	**(Kirchen-)Gemeinde**
the clergy ['klɜ:dʒi]	**die Geistlichkeit; der Klerus**
The clergy are against the law [lɔ:].	Der Klerus ist gegen das Gesetz.

Pfarrer hat im Englischen eine Vielzahl von Entsprechungen, u.a.:
(katholisch) *priest* [pri:st] (= Priester)
(anglikanisch) *priest, minister* ['mɪnɪstə], *vicar* ['vɪkə], *rector* ['rektə]
(evangelisch) *pastor* ['pɑ:stə], *minister, vicar*
(Krankenhaus- / Hochschul- / Militär- / Gefängnis-Pfarrer) *chaplain* ['tʃæplɪn]
(allgemein) *clergyman* ['klɜ:dʒimən] / *clergywoman* (= Geistlicher / Geistliche)

(arch)bishop [(ɑ:tʃ)'bɪʃəp]	**(Erz-)Bischof**
cardinal ['kɑ:dɪnl]	**Kardinal**
pope [pəʊp]	**Papst**
Israel ['ɪzreɪl]	**Israel**
the God of Israel	der Gott Israels
the Torah ['tɔ:rə]	**die Thora** (jüd. = die 5 Bücher Mose)
the Talmud ['tælmʊd]	**der Talmud** (= Sammelwerk der jüd. Lehre und Überlieferung)
temple ['templ]	**Tempel**
rabbi ['ræbaɪ]	**Rabbi(ner)**
kosher ['kəʊʃə]	**koscher**
Sabbath ['sæbəθ]	**Sabbat**
the Koran [kɔ:'rɑ:n]	**der Koran**
Ramadan [ræmə'dɑ:n]	**Ramadan** (= islam. Fastenmonat)
jihad [dʒi'hæd]	**Dschihad** (= islam. heiliger Krieg)
infidel ['ɪnfɪdl]	**Ungläubige(r)**
fundamentalism [fʌndə'mentəlɪzm]	**Fundamentalismus**

Kapitel 9

9.1 Educational facilities
Bildungseinrichtungen

go to **school** [sku:l]	in die **Schule** gehen
attend [ə'tend] a school	eine Schule besuchen
nursery school ['nɜ:sri sku:l]	**Kindergarten**
kindergarten ['kɪndəgɑ:tn]	*BE* **Kindergarten;** *AE* **Vorschule für 4- bis 6-Jährige**
primary school *BE* / *AE* **elementary** [eli'mentri] **school** / *AE* **grade school**	**Grundschule**
secondary ['sekəndri] **school**	**höhere / weiterführende Schule**
comprehensive [kɒmprɪ'hensɪv] **(school)** *BE*	**Gesamtschule**
grammar school ['græmə sku:l] *BE*	**Gymnasium**
sixth form college ['kɒlɪdʒ] *BE*	**gymnasiale Oberstufe** (als selbstständige Schule)

i Die *sixth form* ist im britischen allgemeinbildenden Schulsystem die oberste, zwei Jahre umfassende Klassenstufe.
Im AE heißt Klasse(nstufe) *grade. He's in the third form* BE / AE *in (the) eighth grade now.* (= Er ist jetzt in der achten Klasse.)

public school [pʌblɪk 'sku:l]	*BE* **private Internatsschule;** *AE* **öffentliche Schule**
state school / **maintained school**	*BE* **öffentliche Schule**
special school ['speʃl sku:l]	**Sonderschule**
boarding school ['bɔ:dɪŋ sku:l]	**Internat(sschule)**

i *middle school* (= AE Schule für die Klassen 5/6–8)
junior high [dʒu:niə 'haɪ] *school* (= *AE* Schule für die Klassen 7–8/9)
senior high [si:niə 'haɪ] *school* (= *AE* Schule für die Klassen 10–12)
high school (= *AE* Schule für die Klassen 9/10–12)

vocational college / **trade school**	**Berufsfachschule**
commercial school	**Handelsschule**
commercial / **business college**	**höhere Handelsschule**
technical ['teknɪkl] **college** *BE*	**Fach(ober)schule**
advanced technical college	**Fachhochschule**

higher education [edju'keɪʃn] — **Hochschul(aus)bildung**

college ['kɒlɪdʒ] = AE höhere Bildungseinrichtung, die zu einem ersten Hochschulabschluss (*bachelor's degree* ['bætʃələz dɪgri:], z. B. *BA = Bachelor of Arts*) führt: *He's still at college.* (= Er ist noch auf dem College.) *I went to college here.* (= Ich bin hier aufs College gegangen.) *She graduated* ['grædʒueɪtɪd] *from college last year.* (= Sie hat voriges Jahr ihren College-Abschluss gemacht.)
college = BE Teil einer Universität: *Prince Charles studied at Trinity College, Cambridge* ['keɪmbrɪdʒ].
Ansonsten bezeichnet *college* eine Hochschule, Fachschule, Fachhochschule, Akademie etc.: *secretarial* [sekrə'teəriəl] *college* (= Sekretärinnenfachschule), *art college* (= Kunsthochschule), *teacher training college BE* / AE *teachers college* (= pädagogische Hochschule).

university [ju:nɪ'vɜ:səti]	**Universität**
go to / study at university	an der Universität studieren
get a place at a university	einen Studienplatz bekommen
campus ['kæmpəs]	**Universitätsgelände; Universitäts-**
on campus	auf dem Universitätsgelände

i *Graduate* ['grædʒuət] *school* bezeichnet im AE eine Hochschulabteilung für *postgraduates* [pəʊst'grædʒuəts], d. h. Studierende, die nach dem ersten Hochschulabschluss (*bachelor's degree*) weiterstudieren.

department [dɪ'pɑ:tmənt]	**Abteilung; Fachbereich; Seminar**
the Department of English	der Fachbereich Anglistik
medical school ['medɪkl sku:l]	**medizinische Fakultät**
art academy ['ɑ:t əkædəmi]	**Kunstakademie**
research institute ['ɪnstɪtju:t]	**Forschungsinstitut**
Sunday school ['sʌndeɪ sku:l]	**(religiöse) Sonntagsschule**
enrol [ɪn'rəʊl] on a **course** *BE* / *AE* enroll in a **course**	sich für einen **Kurs(us)** anmelden / einschreiben
correspondence [-'spɒn-] course	Fernkurs
night school ['naɪt sku:l]	**Abendschule**

Weiterbildung heißt im BE *further education*, sonst auch *adult education* (= Erwachsenenbildung), *continuing education* oder *continued education*. Volkshochschulkurse sind *adult education classes* oder *evening classes*. Volkshochschule könnte man mit *adult education centre* oder *college for further adult education* übersetzen. *She did / took an evening class.* (= Sie machte / besuchte einen VHS-Kurs.)

9.2 Subjects and skills
Fächer und Fertigkeiten

subject ['sʌbdʒɪkt]	**(Unterrichts-)Fach**
my favourite ['feɪvrət] subject	mein Lieblingsfach
optional ['ɒpʃənl] subject	Wahlfach
course [kɔ:s]	**Kurs(us); Lehrgang**
attend [ə'tend] / take / do a course	einen Kurs besuchen / machen

i *National Curriculum* [kə'rɪkjələm] heißt in *England and Wales* der Kanon von *three core subjects* (= Kernfächern) und *seven foundation subjects* (= Grundfächern), die für 5-16-Jährige an *state schools* (= öffentlichen Schulen) *compulsory* [kəm'pʌlsəri] (= obligatorisch) sind.

mathematics [mæθə'mætɪks] – **maths** *BE* / *AE* **math**	**Mathematik – Mathe**
technology (education) [tek'nɒlədʒi]	**Technik**
art [ɑ:t] – **fine arts** [faɪn 'ɑ:ts]	**Kunst – bildende Kunst**
physical ['fɪzɪkl] **education** / PE	**Sport; Leibesübungen**
health [helθ] **(education)**	**Gesundheit(slehre)**
sex education ['seks edjukeɪʃn]	**Sexualkunde**
social studies ['səʊʃl stʌdiz]	**Sozialkunde; Sozialwissenschaften**

Das Fach *science* ['saɪəns] (= Naturwissenschaft) umfasst *biology* [baɪ'ɒlədʒi] (= Biologie), *chemistry* ['kemɪstri] (= Chemie), *physics* ['fɪzɪks] (= Physik) und *geoscience* [dʒi:-] (= Geowissenschaft). *Computer science* ist Informatik.

curriculum [kə'rɪkjələm]	**Fächerkanon; Lehrplan; Curriculum**
syllabus ['sɪləbəs]	**Lehrplan; Stoffplan; Rahmenplan**
stick to the syllabus (– stuck – stuck)	sich an den Stoffplan halten
depart [dɪ'pɑ:t] from the syllabus	vom Stoffplan abweichen
listening ['lɪsnɪŋ] **comprehension**	**Hörverstehen / -verständnis**
reading comprehension	Leseverstehen / -verständnis
dictation [dɪk'teɪʃn]	**Diktat**
We're doing a dictation today.	Wir schreiben heute ein Diktat.
essay ['eseɪ] *BE* / *AE* **paper** / *AE* **theme** [θi:m] / **composition**	**(Schul-)Aufsatz**
write an essay / paper / theme on homelessness	einen Aufsatz über Obdachlosigkeit schreiben

9.3 Exams and qualifications
Prüfungen und Qualifikationen

Prüfungen sind *examinations* [ɪgzæmɪ'neɪʃnz] oder kurz *exams* [ɪg'zæmz]:
oral ['ɔ:rəl] / *written exam* (= mündliche / schriftliche Prüfung), *final exam* (= Abschlussprüfung). *I'm taking my finals in June.* (= Im Juni mache ich die Abschlussprüfung.) – *Students prepare for* (= bereiten sich vor auf) *or cram for* (= büffeln / pauken für) *an exam. They take / sit an exam* (= machen eine Prüfung / unterziehen sich einer Prüfung), *they pass / fail an exam* (= bestehen eine Prüfung / fallen bei einer Prüfung durch).

cheat (in an exam) [tʃi:t]	**(bei einer Prüfung) täuschen / abschreiben**
copy / crib off / from a neighbour	von einem Nachbarn **abschreiben**

Tests: *aptitude* ['æptɪtju:d] *test* (= Eignungstest), *placement test* (= Einstufungstest), *achievement* [ə'tʃi:vmənt] *test* (= Leistungstest), *multiple-choice test* (= Antwortauswahltest), *cloze test* (= Lückentest, bei dem in einem Text z. B. jedes fünfte Wort zu ergänzen ist).

credit ['kredɪt]	**Schein** (als Leistungsausweis)
I've got two credits in Eng. Lit. [ɪŋ 'lɪt]	Ich habe zwei Scheine in englischer Literatur.
pass [pɑ:s]	(Prüfung) **bestehen**
get a pass in history ['hɪstri]	die Geschichtsprüfung (ohne Prädikat) bestehen
He passed with honours ['ɒnəz].	Er bestand mit Auszeichnung.

i Dem deutschen Abitur entsprechen in England in etwa *A levels* ['eɪ levlz]. *A (= advanced) level* (= Prüfung auf Abiturniveau in einem bestimmten Fach): *When are you taking your A levels?* (= Wann machst du dein Abitur?) *You need A levels if you want to go to university.* (= Um an der Universität zu studieren braucht man das Abitur.)
In den USA ist das *high school diploma* [dɪ'pləʊmə] annähernd dem Abiturzeugnis gleichzusetzen: *She graduated* ['grædʒueɪtɪd] *from high school last year.* (= Sie hat voriges Jahr das Abitur gemacht.)
Dem mittleren Schulabschluss entspricht in England ungefähr *the GCSE* (= *General Certificate* [sə'tɪfɪkət] *of Secondary Education*):

pupils preparing for GCSE (= Schüler, die sich auf den mittleren Abschluss vorbereiten), *He's got six GCSEs.* (= Er hat den mittleren Abschluss in sechs Fächern.)

graduate ['grædʒuət]	**(Hochschul-)Absolvent(in)**
university graduates	Akademiker(innen)
high school graduate *AE*	(*etwa:*) Abiturient(in)
graduate ['grædʒueɪt]	**das Studium abschließen**
graduation [grædʒu'eɪʃn]	**Graduierung;** *AE* **Schulabschluss, Studienabschluss**
graduation ceremony ['serəməni]	Abschlussfeier (mit Überreichung der Zeugnisse, Diplome etc.)

Noten, mit denen Leistungen bewertet werden, sind *marks* (BE) oder *grades* (AE, z.T. auch BE):
grades A to E (= die Noten 1 bis 5); *She scored / gained / achieved top marks* BE / AE *grades in both papers.* (= Sie hatte in beiden Arbeiten eine Eins.) *Her science grades are less good.* (= In den Naturwissenschaften sind ihre Noten weniger gut.) *He achieved five straight As* [eɪz]. (= Er hatte fünf glatte Einsen.)

report [rɪ'pɔːt] *BE / AE* **report card**	(Zwischen- / Jahres- / etc.)**Zeugnis**
certificate [sə'tɪfɪkət]	(Prüfungs- / Abschluss-)**Zeugnis**
diploma [dɪ'pləʊmə]	**Diplom**
He holds a diploma in economics.	(*etwa*) Er ist Diplomvolkswirt.

i Um zu promovieren (= *do your / a doctorate* ['dɒktərət]) schreibt man u.a. eine Doktorarbeit oder Dissertation (= *doctoral thesis* ['θiːsɪs] / *dissertation*). Schließlich erlangt man die Doktorwürde (= *you gain / get your doctorate / doctor's degree*).
Abkürzungen wie *PhD* (= Dr. phil.), *MD* (= Dr. med.) und *ScD* (= Dr. rer. nat.) werden nachgestellt: *Helen Jackson, PhD* (= Dr. phil. Helen Jackson).
Andere akademische Grade (= *degrees* [dɪ'griːz]):
bachelor's ['bætʃələz] *degree* (= niedrigster akademischer Grad):
BA / Bachelor of Arts (= Bachelor der Geisteswissenschaften),
BSc / Bachelor of Science (= Bachelor der Naturwissenschaften)
master's degree (= Magister): *MA / Master of Arts* (= M.A. / Magister Artium), *MSc / Master of Science* (= M.Sc. / Magister der Naturwissenschaften).
He got his BA / bachelor's degree / MA / master's degree last year. (= Er hat voriges Jahr seinen B.A. / M.A. gemacht.)

9.4 Teaching and learning
Lehren und Lernen

teach (– taught [ɔ:] – taught)	**unterrichten; lehren**
Who taught you that?	Wer hat dir das beigebracht?
foreign-language teaching	Fremdsprachenunterricht
train [treɪn]	**ausbilden; eine Ausbildung absolvieren**
well/poorly trained teachers	gut/schlecht ausgebildete Lehrer
training programme ['prəʊgræm]	Ausbildungsprogramm
instruction [ɪn'strʌkʃn]	**Unterricht**
instruction material(s) [mə'tɪəriəl(z)]	Lehrmaterial
self-instruction [self ɪn'strʌkʃn]	Selbstunterricht
instructor [ɪn'strʌktə]	**Lehrer(in); Ausbilder(in)**
driving instructor ['draɪvɪŋ ɪnstrʌktə]	Fahrlehrer(in)
lesson ['lesn]	**(Unterrichts-)Stunde**
give/take English lessons	Englischunterricht erteilen/nehmen
motivate ['məʊtɪveɪt]	**motivieren**
motivation [məʊtɪ'veɪʃn]	**Motivation; Anreiz**
the students lack motivation	die Schüler sind nicht sehr motiviert
learn (– learnt* – learnt*)	**lernen**
learn a poem by heart [hɑ:t]	ein Gedicht auswendig lernen
learner ['lɜ:nə]	**Lernende(r)**
study ['stʌdi] (a subject)	(ein Fach) **studieren**
She's studying to be an engineer.	Sie macht ein Ingenieurstudium.
I'm studying for tomorrow's test.	Ich lerne für die morgige Arbeit.
more time for study	mehr Zeit zum Studieren
read [i:] (– read [e] – read [e])	**lesen**
read the text silently ['saɪləntli]/aloud	den Text still/laut lesen
I'll read the text to you.	Ich werde euch den Text vorlesen.
She read philosophy at Oxford. *BE*	Sie hat in Oxford Philosophie studiert.
textbook ['tekstbʊk]	**Lehrbuch**
audiovisual aids [ɔ:diəʊvɪʒuəl 'eɪdz]	audiovisuelle Hilfsmittel
homework ['həʊmwɜ:k]	**Hausaufgabe(n); Hausarbeit(en)**
set/assign [ə'saɪn] homework	Hausarbeiten aufgeben
She's given us a lot of homework.	Sie hat uns viel aufgegeben.
What have you got for homework?	Was hast du auf?
assignment [ə'saɪnmənt]	(*z. B.* Haus-)**Aufgabe; Hausarbeit**

9.5 In the classroom
Im Klassenzimmer

We have music in the third **period**.	In der dritten **Stunde** haben wir Musik.
Who**'s absent** ['æbsənt] today?	Wer **fehlt** heute?
note it down in the **register**	es im **Klassenbuch** vermerken
Let's **get started**.	Wir wollen **anfangen**.
(Can we have some) **Quiet**, please.	Bitte (etwas) **Ruhe**.
give out / hand out the books / texts	die Bücher / Texte **austeilen**
Take out your books.	**Nehmt** eure Bücher **heraus**.
Open your books at / to page 9.	**Öffnet** eure Bücher auf Seite 9.
Shut / Close [z] your books, please.	**Macht** die Bücher bitte **zu**.
act out a dialogue ['daɪəlɒg]	einen Dialog **spielen**
the third **paragraph**	der dritte **Absatz**
Better **make / take** some **notes**.	**Macht** euch besser ein paar **Notizen**.
summarize ['sʌməraɪz] the plot	die Handlung **zusammenfassen**
a **summary** of the novel	eine **Zusammenfassung** des Romans
find a **heading** for the story	für die Story eine **Überschrift** finden
copy something **down**	etwas **abschreiben**
Make sure you write **legibly**.	Bitte schreibt **leserlich**.
Whose turn is it next?	**Wer** ist als Nächster **dran**?
Next (one), please.	Der **Nächste**, bitte.
Let's do this in **pairs**.	Das machen wir in **Partnerarbeit**.
work in **groups of four**	in **Vierergruppen** arbeiten
Speak up, please.	**Sprich** bitte **lauter**.
Could you speak a little **louder**.	Könntest du etwas **lauter** sprechen.
Try to speak more **clearly**.	Versuch **deutlicher** zu sprechen.
Say / Repeat [rɪ'piːt] after me ...	**Sprecht** mir bitte **nach** ...
No **prompting**, please.	Bitte nicht **vorsagen**.
Go to the **(black)board**, please.	Geh bitte zur **Tafel**.
rub / wipe something **off**	etwas (von der Tafel) **abwischen**
clean the board	die Tafel **abwischen**
(overhead) projector / OHP	**Overhead- / Tageslichtprojektor**
Have you **finished**?	Seid ihr **fertig**?
return the tests	die Arbeit(en) **zurückgeben**
That'll do for today.	**Das wär's** für heute.
For your **homework** would you do ...	Als **Hausaufgabe** macht bitte ...

Kapitel 10

10.1 Painting and sculpture
Malerei und Bildhauerei

paint [peɪnt]	**Farbe; malen**
paint a portrait ['pɔːtrət]	ein Porträt malen
painter ['peɪntə]	**Maler(in)**
painting ['peɪntɪŋ]	(die) **Malerei; Bild; Gemälde**
Painting is a wonderful hobby.	Malen ist ein herrliches Hobby.
The painting depicts a landscape.	Das Bild zeigt eine Landschaft.
picture ['pɪktʃə]	**Bild**
There are three women in the picture.	Auf dem Bild sind drei Frauen.
artist ['ɑːtɪst]	**Künstler(in)**
drawing ['drɔːɪŋ]	**Zeichnung**
do / make a drawing of something	eine Zeichnung von etwas anfertigen
draughtsman ['drɑːftsmən]	**Zeichner**
Picasso as (a) draughtsman	Picasso als Zeichner
draughtswoman ['drɑːftswʊmən]	**Zeichnerin**
watercolour ['wɔːtəkʌlə]	**Aquarell**
studio ['stjuːdiəʊ]	**Atelier**
out-of-doors, not in the studio	im Freien, nicht im Atelier
canvas ['kænvəs]	**Leinwand**
brush [brʌʃ]	**Pinsel**
with a few strokes of the brush	mit wenigen Pinselstrichen
oil(s) [ɔɪl(z)]	**Öl**
He usually ['juːʒəli] painted in oils.	Meistens malte er in Öl.
a large oil painting	ein großes Ölgemälde
subject (matter) ['sʌbdʒɪkt (mætə)]	**Gegenstand** (eines Bildes)
the subject (matter) of a painting	der Gegenstand eines Bildes
landscape ['lændskeɪp]	**Landschaft**
portrait ['pɔːtrət]	**Porträt; Bildnis**
a self-portrait [self'pɔːtrət]	ein Selbstporträt / Selbstbildnis
still life [stɪl 'laɪf] *Pl.* still lifes	**Stillleben**
nude [njuːd]	**Akt**
nude painting	Aktmalerei
sitting / standing / reclining nude	sitzender / stehender / liegender Akt
arrangement [ə'reɪndʒmənt]	**Anordnung**
the arrangement of the figures	die Anordnung der Personen
perspective [pə'spektɪv]	**Perspektive**

in / out of perspective	perspektivisch richtig / falsch
composition [kɒmpə'zɪʃn]	**Komposition**
reproduction [ri:prə'dʌkʃn]	**Reproduktion**
a work of art [wɜ:k əv 'ɑ:t]	**ein Kunstwerk**
ancient ['eɪnʃənt] works of art	antike Kunstwerke
exhibit [ɪg'zɪbɪt]	**ausstellen; Ausstellungsstück**
the pictures exhibited here	die hier ausgestellten Bilder
exhibition [eksɪ'bɪʃn]	**Ausstellung**
(art) gallery ['gæləri]	**(Kunst-)Galerie**
the National Gallery	die Nationalgalerie
museum [mju'zɪəm]	**Museum**
the Museum of Modern Art	das Museum für moderne Kunst

Art movements ['mu:vmənts] ***and styles*** **(= Kunstrichtungen und -stile)**
abstract ['æbstrækt] *art* (= abstrakte Kunst) • *art nouveau* [ɑ:t nu:'vəʊ] / *Jugendstil* • *baroque* [bə'rɒk] (= Barock) • *cubism* ['kju:bɪzm] (= Kubismus) • *expressionism* [ɪk'spreʃənɪzm] (= Expressionismus) • *Gothic* ['gɒθɪk] *art* (= gotische Kunst) • *impressionism* [ɪm'preʃənɪzm] (= Impressionismus) • *junk* [dʒʌŋk] *art* • *neoclassicism* [ni:əʊ'klæsɪsɪzm] (= Klassizismus) • *performance* [pə'fɔ:məns] *art* • *pop art* • *realism* ['rɪəlɪzm] (= Realismus) • *Renaissance* [rɪ'neɪsns] *art* • *representational* [reprɪzen'teɪʃnəl] *art* (= gegenständliche Kunst) • *Romanesque* [rəʊmə'nesk] *art* (= romanische Kunst) • *rococo* [rə'kəʊkəʊ] (= Rokoko) • *surrealism* [sə'rɪəlɪzm] (= Surrealismus)

sculpture ['skʌlptʃə]	**Skulptur; Plastik; Bildwerk; Bildhauerkunst; Bildhauerei**
a marble ['mɑ:bl] sculpture	eine Marmorskulptur / -plastik
the history ['hɪstri] of sculpture	die Geschichte der Bildhauerei
sculptural ['skʌlptʃərəl]	**plastisch; bildhauerisch**
the sculptural works of Michelangelo	Michelangelos plastisches Werk
sculptor ['skʌlptə]	**Bildhauer(in)**
carve [kɑ:v]	(*Holz*) **schnitzen;** (*Stein*) **meißeln**
stone carving	Steinskulptur / -plastik
wood carving	Holzschnitzerei
cast in bronze [brɒnz]	in Bronze **gegossen**
modelled ['mɒdld] in clay	in Ton **modelliert**
a marble **statue** ['stætʃu:]	eine Marmor**statue**
a bronze **bust** [bʌst]	eine Bronze**büste**
a plaster ['plɑ:stə] **figure**	eine Gips**figur**
relief [rɪ'li:f]	**Relief**
mosaic [məʊ'zeɪɪk]	**Mosaik**

10.2 Photography
Fotografie

photography [fə'tɒgrəfi]	(die) **Fotografie** (*Kunst / Verfahren*)
photographer [fə'tɒgrəfə]	**Fotograf(in)**
photo(graph) ['fəʊtəʊ / 'fəʊtəgrɑ:f]	**Foto(grafie); Aufnahme**
photograph something ['fəʊtəgrɑ:f]	etwas fotografieren
She doesn't photograph very well.	Sie ist nicht sehr fotogen.
photographic [fəʊtə'græfɪk]	**fotografisch; Foto-**
take pictures (– took – taken)	**Aufnahmen machen**
snap(shot) ['snæpʃɒt]	**Schnappschuss**
take a few snaps / snapshots	ein paar Schnappschüsse machen
This shot is overexposed.	Diese Aufnahme ist überbelichtet.
(colour / black-and-white) **prints**	(Farb- / Schwarzweiß-)**Abzüge**
flash [flæʃ]	**Blitz(licht)**
I don't like to use flash.	Ich blitze nicht gern.
camera ['kæmərə]	**Kamera; (Foto-)Apparat**
a fully automatic camera	eine vollautomatische Kamera
digital ['dɪdʒɪtl] camera	Digitalkamera
lens [lenz]	**Objektiv**
telephoto lens [telifəʊtəʊ 'lenz]	Teleobjektiv
wide-angle lens [waɪd æŋgl 'lenz]	Weitwinkelobjektiv
filter ['fɪltə]	**Filter**
load [ləʊd] **the film**	**den Film einlegen**
a film for 36 exposures [ɪk'spəʊʒəz]	ein Film für 36 Aufnahmen
speed [spi:d]	**Empfindlichkeit; Lichtstärke**
the speed of the film [fɪlm]	die Empfindlichkeit des Films
the speed of the lens [lenz]	die Lichtstärke des Objektivs
a **fast** [fɑ:st] film	ein **hochempfindlicher** Film
a fast lens [lenz]	ein lichtstarkes Objektiv
subject ['sʌbdʒɪkt]	**(Aufnahme-)Objekt / Motiv**
focus ['fəʊkəs]	**die Entfernung einstellen**
in focus – out of focus	scharf – unscharf
autofocus [ɔ:təʊ'fəʊkəs]	**Autofokus**
Say cheese! / Smile please!	**Bitte recht freundlich!**
process ['prəʊses] / **develop** [dɪ'veləp] a film	einen Film **entwickeln**
negative ['negətɪv]	**Negativ**
enlargement / blow-up ['bləʊʌp]	**Vergrößerung**
enlarge it / **blow** it **up** to ...	es auf ... **vergrößern**
Glossy [ɒ] **or matt** [mæt]?	**Glänzend oder matt?**
colour slide ['kʌlə slaɪd]	**Farbdia**

10.3 Music and dance
Musik und Tanz

music ['mju:zɪk]	**Musik; Noten**
classical ['klæsɪkl] / light music	klassische Musik / Unterhaltungsmusik
Shall I put on some music?	Soll ich ein bisschen Musik auflegen?
a piece of music	ein Musikstück
musical ['mju:zɪkl]	**musikalisch; Musik-; Musical**
musical instrument ['ɪnstrəmənt]	Musikinstrument
I'm not very musical.	Ich bin nicht sehr musikalisch.
musician [mju'zɪʃn]	**Musiker(in)**
sing (– sang – sung) – **singer** ['sɪŋə]	**singen** – **Sänger(in)**
singing ['sɪŋɪŋ]	**Singen; Gesang**
He takes singing lessons.	Er nimmt Gesangstunden.
I've a poor singing voice.	Ich kann nicht gut singen.
song [sɒŋ]	**Lied; Song; Chanson**

> **„Text“:** *the words of a song* (= der Text eines Liedes), *the lyrics* ['lɪrɪks] *of a pop song* (= der Text eines Schlagers), *the libretto* [lɪ'bretəʊ] *of an opera* ['ɒprə] (= der Text einer Oper).

chorus ['kɔ:rəs]	(*Oper, Oratorium*) **Chor; Refrain**
(church / school) **choir** ['kwaɪə]	(Kirchen- / Schul-)**Chor**
soprano [sə'prɑ:nəʊ] – **contralto** [kən'træltəʊ]	**Sopran** – **Alt**
tenor ['tenə] – **bass** [beɪs]	**Tenor** – **Bass**
tune [tju:n] / **melody** ['melədi]	**Melodie**
sing in tune / out of tune	richtig / falsch singen
The piano [pi'ænəʊ] is out of tune.	Das Klavier ist verstimmt.
play (the piano / the violin [vaɪə'lɪn])	(Klavier / Geige) **spielen**
pianist ['pɪənɪst]	**Pianist(in)**
accompany [ə'kʌmpəni]	(instrumental) **begleiten**
He accompanied her on the piano.	Er begleitete sie auf dem Klavier.
composer [kəm'pəʊzə]	**Komponist(in)**
composition [kɒmpə'zɪʃn]	**Komposition;** (das) **Komponieren**
arrangement [ə'reɪndʒmənt]	**Arrangement; Bearbeitung**
orchestra ['ɔ:kɪstrə]	**Orchester**
chamber ['tʃeɪmbə] orchestra	Kammerorchester

band [bænd]	**Kapelle; Band**
brass band [brɑːs 'bænd]	Blaskapelle
conductor [kən'dʌktə]	**Dirigent(in)**
conduct [kən'dʌkt] a concert	ein Konzert **dirigieren**
concert ['kɒnsət]	**Konzert** (= *Veranstaltung*)
We were at a concert.	Wir waren in einem Konzert.
concerto [kən'tʃɜːtəʊ]	**Konzert** (= *Komposition*)
Beethoven's violin concerto	Beethovens Violinkonzert
sonata [sə'nɑːtə]	**Sonate**
string quartet [strɪŋ kwɔː'tet]	**Streichquartett**
overture ['əʊvətjʊə]	**Ouvertüre**

***Notes* (= Noten):** *semibreve* ['semibriːv] BE / AE *whole note* (= ganze Note) • *minim* BE / AE *half note* (= halbe Note) • *crotchet* BE / AE *quarter note* (= Viertelnote) • *quaver* [eɪ] BE / AE *eighth note* (= Achtelnote).

a (whole / half) **tone** [təʊn]	ein (ganzer / halber) **Ton**
pitch [pɪtʃ]	**Tonhöhe / -lage; Stimmlage**
chord [kɔːd] – **harmony** ['hɑːməni]	**Akkord** – **Harmonie**

„Takt" als „Einheit" ist *bar: He just played the first few bars.* (= Er spielte nur die ersten Takte.) Als rhythmisches Element ist Takt *time* oder *beat* (= Taktschlag): *in three-four time* (= im Dreivierteltakt), *stay in time* (= im Takt bleiben), *lose the beat* (= aus dem Takt kommen), *beat time* (= den Takt schlagen). – Rhythmus ist *rhythm* ['rɪðm].

scale [skeɪl]	**Tonleiter**
major ['meɪdʒə] – **minor** ['maɪnə]	**Dur** – **Moll**
in a major / minor key [kiː]	in einer Dur- / Molltonart

***Keys* (= Tonarten):** *C major* (= C-Dur) • *C minor* (= c-Moll) • *C sharp minor* (= cis-Moll) • *E flat major* (= Es-Dur) • *F sharp minor* (= fis-Moll). Dis / dis wäre entsprechend *D sharp*; Des / des dagegen *D flat*. Beachten Sie: *B flat major* (= B-Dur) – *B minor* (= h-Moll).

dance [dɑːns]	**Tanz(-); tanzen**
dance the waltz [wɔːls]	Walzer tanzen
dancer ['dɑːnsə]	**Tänzer(in)**
dancing ['dɑːnsɪŋ]	**Tanzen; Tanz-**
tap dancing – tap dancer	Steppen – Stepptänzer(in)
go dancing (– went – gone [ɒ])	tanzen gehen
ballet ['bæleɪ]	(das) **Ballett**

10.4 Theatre and cinema
Theater und Film

theatre ['θɪətə]	**Theater**
go to the theatre	ins Theater gehen

Als *fringe* [frɪndʒ] *theatre* (AE *off-off-Broadway theater*) bezeichnet man experimentelles, avantgardistisches Theater, das sich an ein jugendliches, oft studentisches Publikum wendet.

cinema *BE* / *AE* **movie theater**	**Kino**
(film / movie ['mu:vi]) **star**	(Film-)**Star**
a film / movie starring / featuring Hugh [hju:] Grant	ein Film mit Hugh Grant (in der Hauptrolle)
film / **movie** / **motion picture**	**(Kino-)Film**
The film's still showing at the Plaza.	Im Plaza läuft der Film noch.
We went to the movies ['mu:viz].	Wir sind ins Kino gegangen.
the film / motion-picture industry	die Filmindustrie
the screen [skri:n]	**die Leinwand; der Film; das Kino**
adapt [ə'dæpt] a novel for the screen	einen Roman für den Film bearbeiten
write for the screen (– wrote – written)	für den Film / das Fernsehen schreiben
screenplay / script [skrɪpt]	(*Film*) Drehbuch
dub [dʌb] a film / movie	einen Film **synchronisieren**
I'd rather watch a film with subtitles than one that's been dubbed.	Ich sehe mir lieber einen Film mit Untertiteln an als einen, der synchronisiert ist.
show [ʃəʊ]	**Show; Aufführung; Vorstellung**
performance [pə'fɔ:məns]	**Aufführung; Vorstellung**
the first night / first performance	die Uraufführung
premiere ['premieə]	**Premiere; Ur- / Erstaufführung**
matinée ['mætɪneɪ]	**Matinee;** (*nachmittags*) **Frühvorstellung**
box office ['bɒks ɒfɪs]	**(Theater- / Kino-)Kasse**
seat [si:t]	**(Sitz-)Platz**
two seats in the front stalls [stɔ:lz]	zwei Plätze vorne im Parkett
row [rəʊ]	**Reihe**
programme ['prəʊgræm]	**Programm**
produce – **production** [prə'dʌkʃn]	**inszenieren – Inszenierung**
director [də'rektə]	**(Film- / Theater-)Regisseur(in)**

directed by Steven Spielberg	Regie Steven Spielberg
the stage [steɪdʒ]	**die Bühne; das Theater**
She went on the stage.	Sie ging zur Bühne / zum Theater.
the scenery ['si:nəri]	**die Bühnendekoration / Kulissen**
Scenery was limited to a few props.	Das Bühnenbild beschränkte sich auf ein paar Requisiten.
costume ['kɒstju:m]	**Kostüm**
play [pleɪ]	**spielen; (Theater-)Stück**
the plays of Shakespeare ['ʃeɪkspɪə]	die Dramen Shakespeares
The play is set in Rome.	Das Stück spielt in Rom.
What is the play about?	Wovon handelt das Stück?
What film is playing at the Odeon?	Was für ein Film läuft im Odeon?
playwright ['pleɪraɪt]	**Stückeschreiber(in); Dramatiker(in)**
thriller ['θrɪlə]	(*Buch / Film*) **Thriller, Krimi, Reißer**
Act 1, Scene 3 [si:n]	**1. Akt, 3. Szene / Auftritt**
plot [plɒt]	**Handlung**
action ['ækʃn]	**Handlung; Action**
The action of the play takes place in ...	Das Stück spielt in ...
There's not much action in the play.	In dem Stück passiert nicht viel.
theme [θi:m]	**Thema**
character (in a play) ['kærəktə]	**(handelnde) Person (in einem Stück)**
character actress ['æktrəs] / part	Charakterdarstellerin / -rolle
hero ['hɪərəʊ] – **villain** ['vɪlən]	**Held – Schurke**
monologue ['mɒnəlɒg] / **soliloquy**	**Monolog**
Hamlet's famous soliloquy [sə'liləkwi]	Hamlets berühmter Monolog
actor ['æktə] – **actress** ['æktrəs]	**Schauspieler – Schauspielerin**
the cast [kɑ:st]	**die Besetzung / Mitwirkenden**
part [pɑ:t]	**Rolle**
play the part of the villain ['vɪlən]	die Rolle des Schurken spielen
act [ækt]	(*eine Rolle*) **spielen; schauspielern**
She acts the part convincingly.	Sie spielt die Rolle überzeugend.
the audience ['ɔ:diəns]	**das Publikum; die Zuschauer**
applause [ə'plɔ:z]	**Applaus; Beifall; Klatschen**
critic ['krɪtɪk]	**(Theater- / Film-)Kritiker(in)**
a review [rɪ'vju:]	**eine Kritik / Besprechung**
hit [hɪt] – **flop** [flɒp]	**Erfolg – Reinfall**
a smash hit	ein Riesenerfolg
a total ['təʊtl] flop	ein totaler Reinfall

10.5 Architecture Architektur

architect ['ɑ:kɪtekt]	**Architekt(in)**
the (architect's) **client** ['klaɪənt]	der / die **Bauherr(in)**
architecture ['ɑ:kɪtektʃə]	(die) **Architektur**
architectural [ɑ:kɪ'tektʃərəl]	**architektonisch**

Styles of architecture **(= Baustile)**
art nouveau [ɑ:(t) nu:'vəʊ] (= Jugendstil) • *baroque* [bə'rɒk] (= Barock) • *Edwardian* [ed'wɔ:diən] (= aus der Regierungszeit Edward VII., 1901–10) • *Georgian* ['dʒɔ:dʒən] (= aus der Regierungszeit George I., II., III., IV., 1714–1830) • *Gothic* ['gɒθɪk] (= gotisch) • *Gothic Revival* [rɪ'vaɪvl] / *neo-Gothic* [ni:əʊ'gɒθɪk] (= neugotisch) • *neoclassical* [ni:əʊ 'klæsɪkl] (= klassizistisch) • *Renaissance* [rɪ'neɪsns] • *Romanesque* [rəʊmə'nesk] (= romanisch) • *Tudor* ['tju:də] (= Tudorstil 1485–1558) • *Victorian* [vɪk'tɔ:riən] (= aus der Regierungszeit Victorias, 1837–1901)

design [dɪ'zaɪn]	**Entwurf; Gestaltung; entwerfen**
design a museum [mju'zi:əm]	ein Museum entwerfen / gestalten
win a **competition** [kɒmpə'tɪʃn]	einen **Wettbewerb** gewinnen
planning ['plænɪŋ]	(die) **Planung**
blueprint ['blu:prɪnt]	**Plan; Entwurf**
build [bɪld] (– built [bɪlt] – built)	**bauen**
building ['bɪldɪŋ]	**Gebäude; Bau(-);** (das) **Bauen**
building materials [mə'tɪəriəlz]	Baumaterialien / -stoffe
building site [saɪt]	Baustelle
construct – **construction**	**bauen – Bau**
the construction industry ['ɪndəstri]	die Bauindustrie
under construction	in / im Bau
structural ['strʌktʃərəl]	**Bau-; baulich; statisch**
(building) contractor [kən'træktə]	**Bauunternehmer / -unternehmung**
facade [fə'sɑ:d]	**Fassade**
wall [wɔ:l]	**Wand; Mauer**
window ['wɪndəʊ]	**Fenster**
brick [brɪk]	**Ziegelstein; Backstein**
stone – **stucco** ['stʌkəʊ] – **glass**	**Stein – Stuck – Glas**
mortar ['mɔ:tə]	**Mörtel**
(reinforced) concrete ['kɒŋkri:t]	**(Stahl-)Beton**
prefabricated [pri:'fæbrɪkeɪtɪd]	**in Fertigbauweise errichtet**
tower ['taʊə]	**Turm**
tower block ['taʊə blɒk] *BE*	Hochhaus

10.6 Literature
Literatur

literature ['lɪtrətʃə]	(die) **Literatur**
literary ['lɪtərəri]	**literarisch**
literary criticism ['krɪtɪsɪzm]	Literaturkritik / -wissenschaft
literary history / history of literature	Literaturgeschichte
literary genre [litərəri 'ʒɑːnrə]	Literaturgattung
narrative ['nærətɪv]	**erzählend; Erzähl-; Erzählung**
first-person narrator [nə'reɪtə]	Ich-Erzähler(in)
fiction ['fɪkʃn]	**Erzähl- / Romanliteratur; Belletristik**

Kinds of fiction **(= Arten von Erzählliteratur)**
novel [ɒ] (= Roman) • *detective story* (= Detektivgeschichte) • *thriller / cliffhanger* (= Thriller) • *novella* [nə'velə] (= Novelle) • *short story* [ʃɔːt 'stɔːri] (= Kurzgeschichte) • *light fiction* (= Trivialliteratur) • *science fiction* (= wissenschaftlich-utopische Literatur)

fairy tale – **folk tale** ['fəʊk teɪl]	**Märchen**
Grimm's fairy tales ['feəri teɪlz]	Grimms Märchen
legend ['ledʒənd]	**Legende; Sage**
biography [baɪ'ɒgrəfi]	**Biografie; Lebensbeschreibung**
autobiography [ɔːtəbaɪ'ɒgrəfi]	Autobiografie
biographer [baɪ'ɒgrəfə]	Biograf(in)
(auto)biographical [(ɔːtə)baɪə'græfɪkl]	(auto)biografisch
diary ['daɪəri]	**Tagebuch**
an **essay** on ... ['eseɪ]	ein **Essay** über ...
drama ['drɑːmə]	(das) **Drama**
comedy ['kɒmədi] – **tragedy** ['trædʒ-]	**Komödie** – **Tragödie**
comic ['kɒmɪk] – tragic ['trædʒɪk]	komisch – tragisch
satire ['sætaɪə] – **satirical** [sə'tɪrɪkl]	**Satire** – **satirisch**
parody ['pærədi]	**Parodie**
prose [prəʊz]	(die) **Prosa; Prosa-**
poet ['pəʊɪt]	**Dichter(in); Lyriker(in)**
poetic [pəʊ'etɪk]	**poetisch; dichterisch**
poetry ['pəʊətri]	(die) **Lyrik / (Vers-)Dichtung**
an anthology [æn'θɒlədʒi] of modern poetry	eine Anthologie moderner Lyrik
refrain [rɪ'freɪn] / **chorus** ['kɔːrəs]	**Refrain**
verse [vɜːs]	**Vers; Strophe; Gedichte; Poesie**
written in verse	in Versform

(the first / final) **stanza** ['stænzə]	(die erste / letzte) **Strophe**
rhyme [raɪm]	**Reim; (sich) reimen**
"Kind" rhymes with "find".	"Kind" reimt sich auf "find".
rhyme scheme [ski:m] / **pattern**	**Reimschema**
metre ['mi:tə]	**Metrum; Versmaß**

Kinds of poetry **(= Arten von Lyrik)**
poem ['paʊɪm] (= Gedicht) • *occasional poem* (= Gelegenheitsgedicht) • *ballad* ['bæləd] (= Ballade) • *sonnet* ['sɒnɪt] (= Sonett) • *limerick* ['lɪmərɪk] (= witziges fünfzeiliges Gedicht, Reimschema aabba)

writer ['raɪtə]	**Schriftsteller(in)**
author ['ɔ:θə]	**Autor(in); Verfasser(in)**
novelist ['nɒvəlɪst]	**Romanautor(in)**
interpretation [ɪntɜ:prɪ'teɪʃn]	**Interpretation; Auslegung**
interpret [ɪn'tɜ:prɪt] a text	einen Text interpretieren
content ['kɒntent] **and form**	**Inhalt und Form**
(deep) structure ['strʌktʃə]	**(Tiefen-)Struktur**
plot – subplot ['sʌbplɒt]	**Handlung – Nebenhandlung**
setting ['setɪŋ]	**Schauplatz; Zeit und Ort der Handlung**
atmosphere ['ætməsfɪə]	**Atmosphäre**
point of view [pɔɪnt əv 'vju:]	**Erzählperspektive**
stage directions ['steɪdʒ dərekʃnz]	**Bühnenanweisungen**
flashback ['flæʃbæk]	**Rückblende**
suspense [sə'spens]	**Spannung**
climax ['klaɪmæks]	**Höhepunkt**
surprise [sə'praɪz] **ending**	**überraschender Schluss**
a **rhetorical device** [rɪtɒrɪkl dɪ'vaɪs]	ein **rhetorisches Mittel**
imagery ['ɪmɪdʒəri]	**Bilder(sprache); Metaphorik**
metaphor ['metəfə]	**Metapher**
use a word metaphorically [-'fɒrɪkli]	ein Wort metaphorisch gebrauchen
irony ['aɪrəni]	(die) **Ironie**
pun [pʌn]	**(ein) Wortspiel (machen)**
plagiarize ['pleɪdʒə-] – **plagiarism**	**plagiieren – Plagiat**
He's been accused of plagiarism.	Man hat ihn des Plagiats beschuldigt.
romantic [rəʊ'mæntɪk]	**romantisch; Romantiker(in)**

Literary -isms **(= literarische „Ismen")**
romanticism [-'mæn-] (= Romantik) • *realism* (= Realismus) • *naturalism* (= Naturalismus) • *expressionism* [ɪk'spreʃənɪzm] (= Expressionismus)

Kapitel 11

11.1 Holidays
Feiertage und Urlaub

holiday ['hɒlədeɪ]	**Feiertag; Urlaub**
bank holiday *BE* / *AE* legal [iː] holiday	(gesetzlicher) Feiertag
holidays ['hɒlədeɪz] *Pl.*	*BE* **Ferien**
the summer holidays	die Sommerferien
vacation [və'keɪʃn]	*AE* **Urlaub / Ferien**
Dr Gore is on vacation.	Herr Dr. Gore ist auf / in Urlaub.
the summer vacation	die Sommerferien
leave [liːv]	**Urlaub**
Captain Brown is on leave.	Hauptmann Brown ist auf Urlaub.
She's on sick leave.	Sie ist krankgeschrieben.
break [breɪk]	**Pause; Unterbrechung**
take a break	(eine) Pause machen
have time off [taɪm 'ɒf]	**frei haben**
I'm going to take some time off.	Ich werde mir etwas frei nehmen.
We got a day off from school.	Wir bekamen einen Tag schulfrei.
weekend [wiːk'end]	**Wochenende**
at the / *AE auch* on the weekend	am Wochenende

i ***Important*** [ɪm'pɔːtnt] ***holidays*** **(= wichtige Feiertage)**
New Year's Eve [iːv] (= Silvester), *New Year's Day* (= Neujahr)
Easter (= Ostern): *Good Friday* (= Karfreitag), *Easter Sunday* (= Ostersonntag), *Easter Monday* (= Ostermontag)
May Day (= Maifeiertag – 1. Mai) / AE *Labor* ['leɪbə] *Day* (= Tag der Arbeit – erster Montag im September)
Whitsun ['wɪtsn] (= Pfingsten): *Whit Sunday* (= Pfingstsonntag), *Whit Monday* (= Pfingstmontag)
Christmas ['krɪsməs] (= Weihnachten): *Christmas Eve* (= Heiligabend), *Christmas Day* (= 1. Weihnachtstag), *Boxing Day BE* (= 1. Wochentag nach *Christmas Day*)

Christmas ['krɪsməs]	**Weihnachten;** (das) **Weihnachtsfest**
Merry / Happy Christmas!	Frohe / Fröhliche Weihnachten!
We wish you a merry / happy Christmas.	Wir wünschen euch ein frohes / schönes Weihnachtsfest.
What did you get for Christmas?	Was hast du zu Weihnachten bekommen?

11.2 Entertainments
Vergnügungen

circus ['sɜːkəs]	**Zirkus**
Every circus has a clown [klaʊn].	Jeder Zirkus hat einen Clown.
band [bænd]	**Kapelle; Band**
They've got a live [laɪv] band there.	Die haben da eine richtige Kapelle.
dance [dɑːns]	**Tanz; tanzen**
We're going dancing.	Wir gehen tanzen.
nightclub ['naɪtklʌb] / **nightspot**	**Nachtlokal; Nachtklub**
They watched the floor show at a nightclub.	Sie sahen sich die Show in einem Nachtklub an.
casino [kə'siːnəʊ]	**(Spiel-)Kasino; Spielbank**
Las Vegas is famous / notorious [nəʊ'tɔːriəs] for its gambling casinos.	Las Vegas ist wegen seiner Spielkasinos berühmt / berüchtigt.
contest ['kɒntest]	**(Wett-)Kampf; Wettbewerb**
beauty ['bjuːti] contest	Schönheitswettbewerb
fair [feə]	**(Jahr-)Markt; Volksfest**
funfair *BE* / *AE* amusement park	Jahrmarkt; Kirmes
merry-go-round / **roundabout**	**Karussell**
We had a ride on the merry-go-round.	Wir sind Karussell gefahren.

> ***Funfair attractions* (= Jahrmarktsattraktionen)**
> *the Ferris* ['ferɪs] *wheel* / BE *the Big Wheel* (= das Riesenrad) • *roller coaster* (= Achterbahn) • *shooting gallery* ['gæləri] (= Schießstand / Schießbude) • *sideshows* (= Nebenattraktionen / Schaubuden)

theme park ['θiːm pɑːk]	(thematisch gestalteter) **Freizeitpark**
show [ʃəʊ]	**Schau**
fashion show ['fæʃn ʃəʊ]	Mode(n)schau
Punch-and-Judy show [pʌnʃ n 'dʒuːdi]	Kasperletheater
puppet show ['pʌpɪt ʃəʊ]	Puppenspiel; Marionettenspiel
wax museum / **waxworks (museum)** [wæks]	**Wachsfigurenkabinett**
Madame Tussaud's [tə'sɔːdz] waxworks museum is one of London's main tourist attractions.	Madame Tussauds Wachsfigurenkabinett gehört zu Londons Haupttouristenattraktionen.
race [reɪs]	**Rennen; Lauf**
They often go to the races ['reɪsɪz].	Sie gehen oft zum Pferderennen.

11.3 Travel and tourism
Reisen und Tourismus

travel ['trævl]	**reisen; Reisen**
travel (a)round the country	im Land herumreisen
go to the travel agent's / agency	zum Reisebüro gehen
pick up travel brochures ['brəʊʃəz]	Reiseprospekte mitnehmen
tourist ['tʊərɪst]	**Tourist(in)**
tourist information office	Verkehrsamt
book [bʊk]	**buchen; reservieren**
book a room	ein Zimmer reservieren
book a package ['pækɪdʒ] holiday	einen Pauschalurlaub buchen
cancel ['kænsl]	**streichen; rückgängig machen**
The flight has been cancelled.	Der Flug ist ausgefallen.
journey ['dʒɜːni]	(*oft* längere) **Reise**
a journey round the world	eine Weltreise
trip [trɪp]	**Reise; Fahrt**
Have a nice trip.	Gute Reise!
tour [tʊə]	**Tour; (Rund-)Fahrt; (Rund-)Reise**
go on a tour of Ireland ['aɪələnd]	eine Irland(rund)reise machen
a guided tour of the palace	eine Führung durch den Palast
book a package tour	eine Pauschalreise buchen
the tour operator ['ɒpəreɪtə]	der Reiseveranstalter
excursion [ɪk'skɜːʃn]	**Ausflug**
hike [haɪk]	**Wanderung; wandern**
hiker ['haɪkə]	Wanderer / Wanderin
visit ['vɪzɪt]	**besuchen; Besuch**
her last visit to London ['lʌndən]	ihr letzter Londonbesuch
stay [steɪ]	**Aufenthalt; wohnen**
the hotel we were staying at	das Hotel, in dem wir wohnten
itinerary [aɪ'tɪnərəri]	**Reiseplan / -ablauf / -route**
destination [destɪ'neɪʃn]	**Reiseziel; Zielflughafen**
resort [rɪ'zɔːt]	**Urlaubsort**
Brighton ['braɪtn] is a seaside resort.	Brighton ist ein Seebad.
sightseeing ['saɪtsiːɪŋ]	**Besichtigungen**
go (– went – gone [ɒ]) sightseeing	die Sehenswürdigkeiten besichtigen
sightseeing tour [tʊə]	Besichtigungsfahrt; Stadtrundfahrt
guide [gaɪd]	**(Fremden- / Reise-)Führer**
a guide to London	ein Londonführer (= *Buch*)
our tour guide	unser(e) Reiseleiter(in)
opening hours ['əʊpnɪŋ aʊəz]	**Öffnungszeiten**

tip [tɪp]	**Trinkgeld**
tip someone	jemand ein Trinkgeld geben
arrival [ə'raɪvl]	**Ankunft**
departure [dɪ'pɑ:tʃə]	**Abreise; Abfahrt; Abflug**
delay [dɪ'leɪ]	**Verspätung; Verzögerung**
customs ['kʌstəmz]	**Zoll** (= *Behörde*)
go through customs	durch den Zoll gehen
(customs) duty ['dju:ti]	**Zoll(abgabe)**
Do I have to pay duty on this?	Muss ich hierauf Zoll bezahlen?
duty-free [dju:ti'fri:]	**zollfrei; zollfreie Ware**
consulate (general) ['kɒnsjʊlət]	**(General-)Konsulat**
embassy ['embəsi]	**Botschaft**
the German embassy in London	die deutsche Botschaft in London
apply [ə'plaɪ] for a visa ['vi:zə]	ein Visum **beantragen**
application [æplɪ'keɪʃn] for a visa	**Antrag auf** ein Visum
passport ['pɑ:spɔ:t]	**(Reise-)Pass**
My passport has expired [ɪk'spaɪəd].	Mein (Reise-)Pass ist abgelaufen.
go through passport control	durch die Passkontrolle gehen
visa ['vi:zə]	**Visum; Sichtvermerk**
issue ['ɪʃu:] a visa	ein Visum ausstellen
valid ['vælɪd]	**gültig**
identity [aɪ'dentəti] **card / ID card**	**Personalausweis**
vaccination [væksɪ'neɪʃn]	**(Schutz-)Impfung**
vaccination certificate [sə'tɪfɪkət]	Impfzeugnis, -ausweis
insurance [ɪn'ʃʊərəns]	**Versicherung**
luggage / baggage insurance	(eine) Gepäckversicherung
trip cancellation insurance	(eine) Reiserücktritt(s)versicherung
change [tʃeɪndʒ]	**wechseln; umtauschen**
change euros ['jʊərəʊz] into sterling ['stɜ:lɪŋ]	Euro in britische Pfund umtauschen
exchange [ɪks'tʃeɪndʒ]	(*Geld*) **Umtausch**
exchange rate / rate of exchange	Wechselkurs
travellers cheque ['trævləz tʃek]	**Reisescheck**
cash a travellers cheque	einen Reisescheck einlösen
luggage ['lʌgɪdʒ] / **baggage**	**Gepäck**
a piece / an item ['aɪtəm] of luggage / baggage ['bægɪdʒ]	ein Gepäckstück
(left-)luggage locker ['lɒkə]	Gepäckschließfach
luggage trolley ['trɒli] *BE* / *AE* **baggage cart**	**Kofferkuli**
bag [bæg]	**Tasche; Koffer**
Do you want to check your bags?	Möchten Sie Ihr Gepäck aufgeben?
(suit)case [('su:t)keɪs]	**Koffer**

11.4 Accommodation
Unterkunft

accommodation [əkɒmə'deɪʃn] *BE* / *AE* **accommodations**	**Unterkunft; (Nacht-)Quartier**
hotel [həʊ'tel]	**Hotel**
stay at/in a hotel	in einem Hotel wohnen
guesthouse ['gesthaʊs]	**(Fremden-)Pension**
motel [məʊ'tel]	**Motel**
inn [ɪn]	**Gasthaus**
Inns are pubs with accommodation and meals.	Inns sind Pubs, die Unterkunft und Mahlzeiten bieten.
youth hostel ['ju:θ hɒstl]	**Jugendherberge**
licensed ['laɪsnst] *BE*	**zum Ausschank alkoholischer Getränke berechtigt**
vacancy ['veɪkənsi]	**freies Zimmer**
I'm afraid we haven't any vacancies at the moment.	Leider haben wir zurzeit keine Zimmer frei.
reservation [rezə'veɪʃn]	**(Zimmer-)Reservierung**
make a reservation	ein Zimmer bestellen
book [bʊk]	**buchen; reservieren**
I'm afraid we're fully booked.	Leider sind wir total ausgebucht.
cancel ['kænsl]	**stornieren; rückgängig machen**
We've cancelled our reservation.	Wir haben unsere Zimmerbestellung rückgängig gemacht.
deposit [dɪ'pɒzɪt]	**Anzahlung**
supplement ['sʌpləmənt]	**Aufschlag; Aufpreis**
For seaview rooms, supplements apply [ə'plaɪ].	Für Zimmer mit Seeblick wird ein Aufpreis erhoben.
single ['sɪŋgl]	**Einzel-**
a single (room) with bath [bɑ:θ]	ein Einzelzimmer mit Bad
double ['dʌbl]	**Doppel-**
Do you want a double (room) or a twin(-bedded room)?	Möchten Sie ein Zimmer mit Doppelbett oder ein Zweibettzimmer?
board [bɔ:d]	**Kost; Verpflegung**
board and lodging ['lɒdʒɪŋ]	Kost und Logis
full board *BE* / *AE* American plan	Vollpension
half board	Halbpension
European [jʊərə'pi:ən] **plan** *AE*	(*Zimmer*) **ohne Mahlzeiten**
check in [tʃek 'ɪn]	**sich (am Empfang) anmelden**
What time will you be checking in?	Um welche Zeit werden Sie ankommen?

check out [tʃek 'aʊt]	**abreisen**
Checkout ['tʃekaʊt] time is 1100 hrs ['aʊəz].	Das Zimmer muss bis 11 Uhr geräumt sein.
reception desk [rɪ'sepʃn desk]	**Empfang**
There was a message ['mesɪdʒ] for me at reception.	Am (Hotel-)Empfang war eine Nachricht für mich.
hall porter / concierge ['kɒnsieəʒ]	**(Hotel-)Portier**
cashier [kæ'ʃɪə]	**Kassierer(in)**
There was a long queue [kju:] *BE* / *AE* line at the cashier's desk.	An der Kasse war eine lange Schlange.
lounge [laʊndʒ]	(Hotel-)**Halle**
lobby ['lɒbi]	(*Hotel*) **Foyer**
coffee shop ['kɒfi ʃɒp]	**kl. Restaurant; Frühstücksraum**
Breakfast is served in the coffee shop.	Frühstück gibt es im Coffee Shop.
breakfast ['brekfəst]	**Frühstück**
What would you like for breakfast?	Was hätten Sie gern zum Frühstück?
bed and breakfast / B&B	Übernachtung mit Frühstück
We stayed at a bed and breakfast.	Wir wohnten in einer Frühstückspension.

i ***English or continental*** [kɒntɪ'nentl] ***breakfast?***
Das erstere ein „großes" Frühstück mit *orange juice* ['ɒrɪndʒ dʒu:s] (= Orangensaft), *porridge* (= Haferbrei), *cereals* ['sɪərɪəlz] (= Cornflakes, Müsli usw.), *boiled eggs* (= gekochten Eiern), *fried eggs* (= Spiegeleiern) oder *scrambled eggs* (= Rührei) vielleicht in Kombination mit *bacon* ['beɪkən] (= Speck) oder *ham* (= Schinken), aber auch mit *sausage* ['sɒsɪdʒ] (= Wurst), *mushrooms* (= Pilzen) oder *grilled tomatoes* (= gegrillten Tomaten). Dazu dann noch das, was auch zum *continental breakfast* gehört: *fresh breakfast rolls* (= frische Frühstücksbrötchen), *hot croissants* ['kwæsɑ:nts] (= heiße Croissants) und natürlich – hoffentlich jede Menge – *toast* mit *marmalade* ['mɑ:məleɪd] (= Orangen- bzw. Grapefruitmarmelade), *jam* (= Marmelade nicht aus Zitrusfrüchten) und *honey* ['hʌni] (= Honig), vielleicht *lemon* ['lemən] *curd* (= Zitronencreme). In jedem Fall selbstverständlich auch *coffee* (= Kaffee), *tea* (= Tee) oder *milk* (= Milch).

room service ['ru:m sɜ:vɪs]	**Zimmerservice**
I called Room Service and ordered a sandwich.	Ich rief den Zimmerservice an und bestellte ein Sandwich.
disturb [dɪ'stɜ:b]	**stören**
Please do not disturb.	Bitte nicht stören.

11.5 Shopping
Einkaufen

Useful phrases (= nützliche Redensarten)

I'm looking for ...	Ich suche ...
Do you have / sell / stock ...?	Haben / Führen Sie ...?
Where do I find ...?	Wo finde ich ...?
How much is ...?	Was kostet ...?

shopping ['ʃɒpɪŋ]	**Einkaufen**
I'm doing my shopping today.	Heute mache ich meine Einkäufe.
I've got my shopping in the car.	Ich habe meine Einkäufe im Auto.
shopping bag – shopping basket	Einkaufstasche – Einkaufskorb
shopping trolley *BE* / *AE* shopping cart	Einkaufswagen
shopping centre *BE* / *AE* shopping mall [mɔ:l]	Einkaufszentrum

Shop – ***store***: Im AE bezeichnet *store* auch einen (kleineren) Laden, der im BE als *shop* bezeichnet würde; BE *store* meint in der Regel *department store*, also „Kaufhaus". Entsprechend z. B. BE *bookshop* = AE *bookstore*.

department store [dɪ'pɑ:tmənt stɔ:]	**Kaufhaus; Warenhaus**
mail-order firm / company	**Versandhaus**
mail-order catalogue ['kætəlɒg]	Versandhauskatalog
buy something by mail order	etwas bei einem Versandhaus kaufen
customer ['kʌstəmə]	**Kunde / Kundin**
counter ['kaʊntə]	**Ladentisch**
medicines ['medsnz] that you can buy over the counter	Medikamente, die man rezeptfrei bekommt
assistant [ə'sɪstənt] *BE* / *AE* **salesperson**	**Verkäufer(in)** (*in Laden, Kaufhaus etc.*)
service ['sɜ:vɪs]	**(Kunden-)Dienst**
our after-sales service	unser Kundendienst
bargain ['bɑ:gən]	**günstiges Angebot; Sonderangebot**
save [seɪv]	**sparen**
off [ɒf]	**„runter"**
25% off the retail ['ri:teɪl] price	25% unter dem Einzelhandelspreis
2 per cent off for cash	2 Prozent Skonto bei Barzahlung

bill *BE* / *AE* **check**	**Rechnung**
a bill for £150	eine Rechnung über 150 Pfund
deposit [dɪ'pɒzɪt] / **down payment**	**Anzahlung**
pay a deposit	eine Anzahlung leisten
instalment [ɪn'stɔ:lmənt]	**Rate**
payment by instalments	Ratenzahlung
We bought it on the installment plan *AE* / *BE* on hire purchase.	Wir haben es auf Raten gekauft.
sale [seɪl]	**Verkauf; Ausverkauf**
get it cheap at the sales	es billig im Ausverkauf bekommen
offer ['ɒfə]	**Angebot; anbieten**
We have two models on offer.	Wir haben zwei Modelle im Angebot.
special offer	Sonderangebot
brand [brænd]	**Marke**
What brand of toothpaste?	Was für eine Zahnpasta(marke)?

Kinds of shop (AE statt *shop* oft *store*)
clothes [kləʊðz] *store* (= Konfektionshaus) • *fashion shop* (= Modegeschäft) • *shoe shop* (= Schuhgeschäft) • *antique* [æn'ti:k] *shop* (= Antiquitätengeschäft) • *gift shop* (= Geschenkladen) • *craft* [ɑ:] *shop* (= Kunstgewerbeladen) • *antiquarian* [æntɪ'kweəriən] / *second-hand bookshop* (= Antiquariat) • *music shop* (= Musikalienhandlung / Musikladen) • *toy shop* (= Spielwarengeschäft) • *sports shop* (= Sportgeschäft) • *photographic shop* / *camera store* (= Fotogeschäft) • *electronics* [ɪlek'trɒnɪks] *shop* (= Elektronikgeschäft) • *newsagent* ['nju:zeɪdʒənt] BE / AE *newsdealer* (= Zeitungshändler) • *art dealer* (= Kunsthändler) • *jeweller* ['dʒu:ələ] (= Juwelier) • *hairdresser* (= Friseur)

stationer('s shop) ['steɪʃnə]	**Schreibwarenhandlung / -geschäft**
florist('s shop) ['flɒrɪst]	**Blumengeschäft**
grocer('s shop) ['grəʊsə]	**Lebensmittelhändler**
greengrocer('s shop) *BE*	**Obst- und Gemüsehändler**

i Lebensmittel bekommt man in Amerika außer *at the supermarket* oder *in a grocery* ['grəʊsəri] auch *in a deli* ['deli] (= *delicatessen*). *Delis* bieten auch *sandwiches, hamburgers, salads* und kleine Spezialitätengerichte.

chemist ['kemɪst] *BE* / *AE–BE* **pharmacy** ['fɑ:məsi] / *AE* **drugstore**	**Apotheke**

11.6 Sports
Sport

sport [spɔːt]	**Sport; Sportart**
Don't you do any sport?	Treibst du denn keinen Sport?
game [geɪm]	**Spiel; Partie**
match [mætʃ]	**(Wett-)Spiel; Partie; (Wett-)Kampf**
contest ['kɒntest] / **competition**	**Wettbewerb**
tournament ['tʊənəmənt]	**Turnier**
championship ['tʃæmpiənʃɪp]	**Meisterschaft**
challenge ['tʃælɪndʒ]	**herausfordern; Herausforderung**
challenger ['tʃælɪndʒə]	**Herausforderer / Herausforderin**

Where sporting events take place **(= Wo Sportereignisse stattfinden)**
stadium ['steɪdiəm] (= Stadion) • *football pitch* (Fußball: = Spielfeld) • *football ground* (= Fußballplatz) • *cricket ground / pitch* (= Kricketfeld) • *handball court* [kɔːt] (= Handballplatz) • *tennis court* (= Tennisplatz) • *golf course* ['gɒlf kɔːs] (= Golfplatz) • *ballpark* (= Baseballstadion)

(world) champion ['tʃæmpiən]	**(Welt-)Meister(in)**
(world) record [(wɜːld) 'rekɔːd]	**(Welt-)Rekord**
set / break / hold a record	einen Rekord aufstellen / brechen / halten
favourite ['feɪvrət] – **underdog**	**Favorit(in) – sichere(r) Verlierer(in)**
amateur ['æmətə] – **professional**	**Amateur(-) – Profi(-)**
sportsman – **sportswoman**	**Sportler – Sportlerin**
race [reɪs]	**Rennen; (Wett-)Lauf**
the 100-metre race / dash / run	der 100-Meter-Lauf
racing ['reɪsɪŋ]	**Rennen; Rennsport**
motor racing *BE* / *AE* auto racing	Autorennsport
racing car – racing driver	Rennwagen – Rennfahrer(in)
track [træk]	**(Renn-)Bahn; Rennstrecke; Piste**
track event / running event [ɪ'vent]	(*Leichtathletik*) Laufwettbewerb
athletics [æθ'letɪks] *BE* / *AE* **track and field**	**Leichtathletik**
running – **jumping** – **throwing**	**Laufen – Springen – Werfen**
high / long jump [dʒʌmp]	**Hoch- / Weitsprung**
skating ['skeɪtɪŋ]	**Schlittschuh- / Rollschuhlauf(en)**
ice-skating	Schlittschuhlauf(en)
roller-skating	Rollschuhlauf(en)
figure ['fɪgə] skating	Eiskunstlauf

skiing ['skiːɪŋ]	**Skilaufen; Skifahren**
We go skiing a lot.	Wir gehen oft Ski laufen.
yachting ['jɒtɪŋ]	**Segeln**
yachtsman – yachtswoman	Segler – Seglerin
swimming – diving ['daɪvɪŋ]	**Schwimmen – Tauchen**
boxing ['bɒksɪŋ] – **wrestling** ['reslɪŋ]	**Boxen – Ringen**

Fußball = *soccer* ['sɒkə] / ***football*** ['fʊtbɔːl] / ***American football***
Im BE heißt Fußball *football* oder *soccer* (= *Association* [əsəʊsi'eɪʃn] *football).* Die Amerikaner nennen „unsere" Art von Fußball *soccer,* während *football* dort *American football* ist, bei dem ein eiförmiger Ball getragen oder getreten wird (= *is carried or kicked* [kɪkt]).

Some soccer terms	**Einige Fußballausdrücke**
striker ['straɪkə]	**Stürmer(in)**
midfield player / midfielder	**Mittelfeldspieler(in)**
defender [dɪ'fendə] – **defence**	**Verteidiger(in) – Verteidigung**
The **goalkeeper** ['gəʊlkiːpə] made an excellent save.	Der **Torwart** bot eine Glanzparade.
(team) captain ['kæptən]	**(Mannschafts-)Kapitän**
the England **manager** ['mænɪdʒə]	der englische **Nationaltrainer**
a strong English **side / team**	eine starke englische **Mannschaft**
a **home match** [həʊm 'mætʃ]	ein **Heimspiel**
an **away victory** ['vɪktəri]	ein **Auswärtssieg**
the **World Cup** [wɜːld 'kʌp]	die **Fußballweltmeisterschaft**
in the **first / second half**	in der **ersten / zweiten Halbzeit**
a **cross** from the right	eine **Flanke** von rechts
go into **extra time** [ekstrə 'taɪm]	in die **Verlängerung** gehen
score a **goal** [gəʊl]	ein **Tor** erzielen / schießen
penalty ['penlti] **area – penalty kick**	**Strafraum – Strafstoß**
penalty shootout ['ʃuːtaʊt]	**Elfmeterschießen**
He was **offside** [ɒf'saɪd].	Er war im **Abseits.**
free kick [friː 'kɪk]	**Freistoß**
He was **sent off** for fouling Smith.	Er wurde wegen eines Fouls an Smith **vom Platz verwiesen.**
their first **win** in six **matches**	ihr erster **Sieg** in sechs **Spielen**
a **goalless draw** [drɔː]	ein **torloses Unentschieden**

Achtung, Schiedsrichter – *referee* [refə'riː] **oder *umpire*** ['ʌmpaɪə]?
In *basketball, boxing, football, hockey* ['hɒki], *rugby, squash* [skwɒʃ] und *wrestling* ['reslɪŋ] (= Ringen) ist Schiedsrichter(in) = *referee.*
In *badminton* (= Federball), *baseball* ['beɪsbɔːl], *cricket* ['krɪkɪt], *swimming, tennis* und *volleyball* ['vɒlibɔːl] ist Schiedsrichter(in) = *umpire.*

11.7 Hobbies
Hobbys

My **hobbies** include [ɪn'klu:d] ...	Zu meinen **Hobbys** gehört ...
pastime ['pɑ:staɪm]	**Zeitvertreib; Hobby**
my favourite ['feɪvrət] pastime	meine Lieblingsbeschäftigung
interest ['ɪntrəst]	**Interesse(ngebiet)**
What interests do you have?	Was für Interessen haben Sie?
activity [æk'tɪvəti]	**Betätigung; Tätigkeit**
Cooking is a popular leisure ['leʒə] activity.	Kochen ist eine beliebte Freizeitbeschäftigung.
pursuits [pə'sju:ts]	**Beschäftigungen; Betätigungen**
artistic [ɑ:'tɪstɪk] pursuits	künstlerische Betätigungen

Crafts [krɑ:fts] **(= Handarbeit, Kunsthandwerk, Basteln)**
needlework ['ni:dlwɜ:k] (= Nadel- / Handarbeit) • *sewing* ['səʊɪŋ] (= Nähen) • *knitting* ['nɪtɪŋ] (= Stricken) • *weaving* ['wi:vɪŋ] (= Weben) • *spinning* (= Spinnen) • *embroidery* [ɪm'brɔɪdəri] (= Sticken) • *dressmaking* (= Schneidern) • *flower arranging* [ə'reɪndʒɪŋ] (= Blumenstecken) • *pottery* ['pɒtəri] (= Töpfern) • *basketry* ['bɑ:skɪtri] (= Korbflechten) • *woodworking* (= Holzarbeiten) • *metalwork* ['metlwɜ:k] (= Metallarbeiten)

relaxation [ri:læk'seɪʃn]	**Entspannung; Freizeitbeschäftigung**
recreation [rekri'eɪʃn]	**Erholung; Freizeitbeschäftigung**
He repairs old clocks for recreation.	Zur Erholung repariert er alte Uhren.
leisure ['leʒə]	(die) **Freizeit; Muße**
spare time [speə 'taɪm]	**Freizeit**
What do you do in your spare time?	Was machst du in deiner Freizeit?
engage in something [ɪn'geɪdʒ]	**sich mit etwas befassen**
She engages in all sorts of voluntary ['vɒləntri] work.	Sie widmet sich allen möglichen ehrenamtlichen Aufgaben.
take up a hobby (– took – taken)	**sich** ein Hobby **zulegen**
I've taken up photography [fə'tɒgrəfi].	Ich habe zu fotografieren angefangen.
pursue [pə'sju:] / **follow** a hobby	ein Hobby **betreiben**
go in for something (– went – gone [ɒ])	etwas **betreiben**
She doesn't go in for sports.	Mit Sport hat sie nichts im Sinn.

indulge [ɪn'dʌldʒ] **in** something	einer Sache **frönen**; **sich** einer Sache **hingeben**
For relaxation she indulges (in) her passion for riding.	Zur Entspannung gibt sie sich ihrer Leidenschaft für das Reiten hin.

What people collect [kə'lekt] **(= Was die Leute so sammeln)**
stamps (= Briefmarken) • *postcards* (= Postkarten) • *phonecards* (= Telefonkarten) • *coins* (= Münzen) • *autographs* ['ɔ:təgrɑ:fs] (= Autogramme) • *antiques* [æn'ti:ks] (= Antiquitäten) • *fine old books* (= schöne alte Bücher) • *matchboxes* (= Streichholzschachteln) • *beer mats* (= Bierdeckel) • *butterflies and moths* [mɒθs] (= Schmetterlinge und Nachtfalter)

enjoy doing something [ɪn'dʒɔɪ]	**etwas gern tun**
I enjoy listening ['lɪsnɪŋ] to music.	Ich höre gern Musik.
She enjoys doing crossword puzzles.	Sie löst gern Kreuzworträtsel.
do-it-yourself / DIY	**Heimwerken**
Do-it-yourself is a popular ['pɒpjələ] pastime.	Heimwerken ist ein beliebter Zeitvertreib.
He's a keen **do-it-yourselfer**.	Er ist ein begeisterter **Heimwerker**.
She **does a lot of reading**.	Sie **liest viel**.
We spend a lot of time **playing cards**.	Wir verbringen viel Zeit beim **Kartenspiel**.
fishing ['fɪʃɪŋ]	**Angeln; Fischen**
He goes fishing for relaxation [ri:læk'seɪʃn].	Zur Entspannung geht er angeln.

Outdoor activities [æk'tɪvətiz] **(= Aktivitäten im Freien)**
gardening (= Gartenarbeit) • *beekeeping* ['bi:ki:pɪŋ] (= Imkern) • *jogging* (= Joggen) • *hiking* (= Wandern) • *backpacking* (= Rucksackwandern / -reisen) • *mountain climbing* ['maʊntən klaɪmɪŋ] / *mountaineering* [maʊntə'nɪərɪŋ] (= Bergsteigen) • *birdwatching* (= Vogelbeobachtung) • *cycling* ['saɪklɪŋ] (= Radfahren) • *(horse-)riding* (= Reiten) • *hunting* (= Jagd) • *skiing* ['ski:ɪŋ] (= Skilaufen) • *roller-skating* (= Rollschuhlaufen) • *ice-skating* (= Schlittschuhlaufen) • *sailing / yachting* ['jɒtɪŋ] (= Segeln) • *windsurfing* (= Windsurfen) • *water-skiing* (= Wasserskilaufen) • *scuba-diving* ['sku:bə daɪvɪŋ] (= Sport- / Gerättauchen) • *skin-diving* (= Sport- / Schnorcheltauchen) • *parachuting* ['pærəʃu:tɪŋ] / *skydiving* (= Fallschirmspringen) • *hang-gliding* (= Drachenfliegen)

Kapitel 12

12.1 Geographical divisions
Geographische Einteilungen

the centre of the **earth** [ɜ:θ]	der Mittelpunkt der **Erde**
satellite ['sætəlaɪt] photos of the earth / of Earth	Satellitenfotos der Erde
hemisphere ['hemɪsfɪə]	**Halbkugel; Hemisphäre**
time zone ['taɪm zəʊn]	**Zeitzone**
the **tropics** ['trɒpɪks]	die **Tropen**
the **Old / New World** [nju: 'wɜ:ld]	die **Alte / Neue Welt**
the **Third World** [θɜ:d 'wɜ:ld]	die **Dritte Welt**
the **(Ant-)Arctic** [(ænt)'ɑ:ktɪk]	die **(Ant-)Arktis**
(at the) **equator** [ɪ'kweɪtə]	(am) **Äquator**
continent ['kɒntɪnənt]	**Kontinent; Erdteil**
on the Continent	auf dem Kontinent; in Europa
subcontinent [sʌb'kɒntɪnənt]	Subkontinent
continental [kɒntɪ'nentl]	**kontinental(europäisch)**
Europe ['jʊərəp]	**Europa**
the old Europe	das alte Europa
European [jʊərə'pi:ən]	europäisch
Western Europe – Western European	Westeuropa – westeuropäisch
America – **American** [ə'merɪkən]	**Amerika – amerikanisch**
the Americas [ə'merɪkəz]	Nord-, Süd- und Mittelamerika
North / South America	Nord- / Südamerika
Latin America [lætɪn ə'merɪkə]	Lateinamerika
Australia [ɒ'streɪliə] – **Australian**	**Australien – australisch**
Africa ['æfrɪkə] – **African** ['æfrɪkən]	**Afrika – afrikanisch**
Asia ['eɪʒə] – **Asian** ['eɪʒn]	**Asien – asiatisch**
west [west]	**Westen; West-**
the Middle West / Midwest	der mittlere Westen (der USA)
western ['westən]	**westlich; West-**
the Western world [westən 'wɜ:ld]	die westliche Welt
east [i:st]	**Osten; Ost-**
the Middle / Far East	der Nahe (!) / Ferne Osten
the east coast [i:st 'kəʊst]	die Ostküste
the East Asian ['eɪʒn] countries	die ostasiatischen Länder
eastern ['i:stən]	**östlich; Ost-**
the eastern Mediterranean [medɪtə'reɪniən]	das östliche Mittelmeer

Eastern Europe – Eastern European	Osteuropa – osteuropäisch
the Middle Eastern nations	die Staaten im Nahen Osten
north [nɔːθ]	**Norden; Nord-**
the North-South divide [dɪ'vaɪd]	das Nord-Süd-Gefälle
the North / South Pole [pəʊl]	der Nord- / Südpol
They have moved up north.	Sie sind nach Norden gezogen.
northern ['nɔːðən]	**nördlich; Nord-**
Northern Ireland [nɔːðən 'aɪələnd]	Nordirland
Northern Irish [nɔːðən 'aɪrɪʃ]	nordirisch

Im BE heißt *north of Watford* ['wɒtfəd] (= nördlich von Watford) scherzhaft so viel wie „jwd" oder „auf dem Mond". Watford, eine *dormitory* ['dɔːmətri] *town* (= Schlafstadt) *northwest of London* (= nordwestlich von London) ist Endstation der U-Bahn – *civilization* [sɪvəlaɪ'zeɪʃn] *ends there!* AE-Entsprechungen sind *in the sticks* und *in the boondocks* ['buːndɒks].

south [saʊθ]	**Süden; Süd-**
south of the river ['rɪvə]	südlich des Flusses
Brighton is due [djuː] south of London.	Brighton liegt genau südlich von London.
The room faces south.	Das Zimmer liegt nach Süden.
The wind was coming from the southwest.	Der Wind kam von Südwesten.
southern ['sʌðən]	**südlich; Süd-**

Beachten Sie den Unterschied:
South Africa (= Südafrika) – *southern Africa* (= das südliche Afrika).

area ['eəriə]	**Gebiet; Gegend; Fläche**
The Dead Sea area is one of the hottest regions in the world.	Das Gebiet um das Tote Meer ist eine der heißesten Gegenden der Welt.
a mountainous ['maʊntənəs] area	eine bergige / gebirgige Gegend
Belgium ['beldʒəm] has a total area of 30,521 sq km [skweə 'kɪləmiːtəz].	Belgien hat eine Gesamtfläche von 30 521 km².
territory ['terətri]	**Gebiet; Territorium**
the occupied ['ɒkjupaɪd] territories	die besetzten Gebiete
on German territory	auf deutschem Staatsgebiet
outside **territorial** waters	außerhalb der Hoheitsgewässer
terrain [tə'reɪn]	**Gelände; Terrain**
in mountainous ['maʊntənəs] terrain	in bergigem Gelände / Terrain

12.2 Oceans, lakes, rivers
Meere, Seen, Flüsse

the **sea** [siː]	die **See**; das **Meer**
a holiday at the **seaside**	ein Urlaub an der **See**
ocean ['əʊʃn]	**Ozean; Meer**
strait [streɪt]	**Meerenge**
gulf [gʌlf]	**Golf; Meerbusen**
bay [beɪ]	**Bucht**
the **coast(line)** [kəʊst]	die **Küste**
(on the) **beach** [biːtʃ]	(am) **Strand**
a **lake** [leɪk]	ein **See**
pond – **fishpond** ['fɪʃpɒnd]	**Teich** – **Fischteich**
pool [puːl]	**Schwimmbecken; Schwimmbad**
river ['rɪvə]	**Fluss**
the River Rhine *BE* / *AE* the Rhine River	der Rhein
riverside ['rɪvəsaɪd]	**Flussufer**
down by the riverside	unten am Fluss
bank [bæŋk] (of a lake / river)	**Ufer** (eines Sees / Flusses)
the **shore** [ʃɔː]	das **Ufer**; die **Küste**
channel ['tʃænl]	**Fahrrinne; (Fluss-)Bett**
the (English) Channel	der (Ärmel-)Kanal
canal [kə'næl]	(*künstlicher*) **Kanal**
stream [striːm] / **brook** [brʊk]	**Bach**
the **current** ['kʌrənt]	die **Strömung**
the **tides** [taɪdz]	die **Gezeiten**
low [ləʊ] tide – high tide	Ebbe – Flut
iceberg ['aɪsbɜːg]	**Eisberg**
island ['aɪlənd]	**Insel**
the island of Manhattan	die Insel Manhattan
peninsula [pə'nɪnsjʊlə]	**Halbinsel**

> *Isle* [aɪl] (= Insel / Eiland) heute nur noch in Namen: *the British Isles* (= die Britischen Inseln) • *the Isle of Man* (= die Insel Man) • *the Isle of Wight* (= die Insel Wight).

port [pɔːt]	**Hafen(stadt)**
harbour ['hɑːbə]	**Hafen**
the ships in the harbour	die Schiffe im Hafen
the **docks** [dɒks]	die **Hafenanlagen**
Her husband works at the docks.	Ihr Mann arbeitet im Hafen.

12.3 The countryside
Die Landschaft

countryside ['kʌntrisaid]	**Land(schaft)**
live in the **country**	auf dem **Land** leben
landscape ['lændskeɪp]	**Landschaft**
the beautiful **scenery** ['si:nəri]	die schöne Landschaft
hills and **valleys** ['væliz]	**Berge** und **Täler**
mountain ['maʊntən]	(hoher) **Berg**
in the mountains	im Gebirge

> *Mount* [maʊnt] heute nur noch in Namen: *Alaska's highest peak* [pi:k] *is Mount McKinley* [mə'kɪnli]. (= Alaskas höchster Berg ist Mount McKinley.)

peak [pi:k] / **summit** ['sʌmɪt] / **top**	**(Berg-)Gipfel**
cliff [klɪf]	**Felswand** (am Meer)
plain [pleɪn]	**Ebene; Flachland**
prairie ['preəri]	**Prärie**
desert ['dezət]	**Wüste**
heath [hi:θ]	**Heide** (*Landschaft*)
heather ['heðə]	**Heide(kraut)**
shrubs [ʃrʌbz] / **bushes** ['bʊʃɪz]	**Sträucher; Gebüsch**
forest ['fɒrɪst]	(größerer) **Wald**
large forest areas / regions	große Waldgebiete
rain forest ['reɪn fɒrɪst]	Regenwald
wood(s) [wʊd(z)]	(kleinerer) **Wald**
We walked through a dense [dens] wood.	Wir gingen durch einen dichten Wald.
We went for a walk in the woods.	Wir gingen im Wald spazieren.
wilderness ['wɪldənəs]	**Wildnis**
jungle ['dʒʌŋgl]	**Dschungel; Urwald**
rural areas [rʊərəl 'eəriəz]	**ländliche Gegenden**
rich / fertile ['fɜ:taɪl] **farmland**	fruchtbares **Ackerland**
field [fi:ld]	**Feld; Acker; Weide**
the farmers working in the fields	die Bauern, die auf den Feldern arbeite(te)n
hedge [hedʒ]	**Hecke**
park [pɑ:k]	**Park**
national park [næʃnəl 'pɑ:k]	(geschützter) Nationalpark
wildlife park ['waɪldlaɪf pɑ:k]	Wildpark
nature reserve ['neɪtʃə rɪzɜ:v]	**Naturschutzgebiet**

12.4 The farming world
Die Welt der Landwirtschaft

farm [fɑːm]	**Bauernhof; landwirtschaftlicher Betrieb**
farming [ˈfɑːmɪŋ]	(die) **Landwirtschaft**
farmer [ˈfɑːmə]	**Landwirt(in); Bauer / Bäuerin**
agriculture [ˈægrɪkʌltʃə]	(die) **Landwirtschaft**
agricultural [ægrɪˈkʌltʃərəl]	**landwirtschaftlich; Landwirtschafts-**
the **soil** [sɔɪl]	die **Erde;** der **Boden**
fertile [ˈfɜːtaɪl] / poor [pʊə] soils	fruchtbare / karge Böden
(arable [ˈærəbl]) **land**	(Acker-)**Land**
field [fiːld]	**Feld; Acker; Weide; Wiese**
pasture [ˈpɑːstʃə]	**Weide(land)**
cultivate [ˈkʌltɪveɪt]	**kultivieren; bestellen; anbauen**
plant [plɑːnt]	**Pflanze; (an- / be)pflanzen**
grow [grəʊ] (– grew [gruː] – grown)	**wachsen; anbauen; anpflanzen**
We grow maize *BE* / *AE* corn.	Wir bauen Mais an.
raise / grow wheat [wiːt]	Weizen **anbauen**
raise / rear [rɪə] chickens / pigs	Hühner / Schweine züchten
seed(s) [siːd(z)]	**Samen; Saat(gut)**
crop [krɒp]	**Feldfrucht**
harvest [ˈhɑːvɪst]	**Ernte; ernten**
livestock [ˈlaɪvstɒk] (*Pluralverb!*)	**Vieh; Viehbestand / Viehbestände**
(live)stock / cattle breeding	Viehzucht
cattle [ˈkætl] (*Mit Pluralverb!*)	**(Rind-)Vieh; Rinder**
milk a **cow** [kaʊ]	eine **Kuh** melken
pig [pɪg] / *AE auch* **hog** [hɒg]	**Schwein**
poultry [ˈpəʊltri] (farmer)	**Geflügel**(züchter / -züchterin)
free-range hens [friː reɪndʒ ˈhenz]	**frei laufende** Hühner
hay [heɪ] – **straw** [strɔː]	**Heu – Stroh**
barn [bɑːn]	**Scheune; Stall**
shed [ʃed]	**Schuppen**
stable [ˈsteɪbl]	**(Pferde-)Stall**
greenhouse [ˈgriːnhaʊs]	**Gewächshaus**
mow [məʊ] – **mower** [ˈməʊə]	**mähen – Mäher**
plough [plaʊ] *BE* / *AE* **plow** [plaʊ]	**Pflug**
tractor [ˈtræktə]	**Traktor**
thresh [θreʃ] – **thresher** [ˈθreʃə]	**dreschen – Drescher**
combine (harvester) [ˈkɒmbaɪn]	**Mähdrescher**
clone [kləʊn] a sheep	ein Schaf **klonen**

12.5 The city
Die Stadt

city ['sɪti]	(größere) **Stadt**
the city and its residents ['rezɪdənts]	die Stadt und ihre Bewohner
go / travel to the city	in die Stadt fahren
a provincial [prə'vɪnʃl] city / town	eine Stadt in der Provinz
an industrial [ɪn'dʌstriəl] city	eine Industriestadt
my native ['neɪtɪv] city / town	meine Geburtsstadt
the city centre [sɪti 'sentə]	das Stadtzentrum
within the city limits	innerhalb der Stadtgrenze
10 miles beyond the city boundaries ['baʊndəriz]	10 Meilen jenseits der Stadtgrenze
city / town planning	(die) Stadtplanung
the city / town council ['kaʊnsl]	der Rat der Stadt; die Stadtverwaltung

Als Gegensatz zu *city* bezeichnet *town* objektiv eine kleinere Stadt (*a small town* = eine Kleinstadt). Emotional und in bestimmten Wendungen wird *town* aber auch in Bezug auf Großstädte wie London und New York gebraucht: *Are you going into town?* (= Fährst du in die Stadt?) *You're from out of town, aren't you?* (= Sie sind wohl nicht von hier?)

city dweller ['dwelə]	**Stadtbewohner(in)**
slum / ghetto ['getəʊ] dweller	Slum- / Gettobewohner(in)
townsman – townswoman	**Städter – Städterin**
Townspeople are different ['dɪfrənt].	Leute aus der Stadt sind anders.
downtown [daʊn'taʊn] *AE*	**in der / in die Innenstadt**
Are you going downtown?	Fährst / Gehst du in die (Innen-)Stadt?
in the downtown ['daʊntaʊn] area	in der Innenstadt / City; im Zentrum
Munich's downtown area	die Münchner Innenstadt
metropolis [mə'trɒpəlɪs]	**Metropole**
Vancouver [væn'ku:və] is Canada's third largest metropolis.	Vancouver ist Kanadas drittgrößte Metropole.
the New York **metropolitan** [metrə'pɒlɪtn] **area**	der **Großraum** New York
the **central** ['sentrəl] **cities**	die **Innenstädte**
a map of central London	eine Karte / ein Plan der Londoner Innenstadt

the **suburbs** ['sʌbɜːbz]	die **Vororte**
on the **outskirts** of Berlin	am **Stadtrand** von Berlin
settle on the **periphery** [pə'rɪfəri]	sich an der **Peripherie** ansiedeln

„Städtisch" im Sinn von „zu einer bestimmten Stadt gehörend" = *municipal* [mjuː'nɪsɪpl]; im Sinn von „mit Städten allgemein zusammenhängend" = *urban* ['ɜːbən]:

the municipal parks / hospitals / theatres (= die städtischen Parks / Krankenhäuser / Theater) • *the municipal government* ['gʌvnmənt] (= die Stadtregierung / -verwaltung) • *municipal elections* (= Kommunalwahlen)

urban life (= das Leben in der Stadt) • *the urban population* (= die Stadtbevölkerung) • *urban planning* (= Stadtplanung) • *urban development* (= Stadtentwicklung) • *urban renewal* [rɪ'njuːəl] (= Stadterneuerung)

facilities [fə'sɪlətiz]	**Einrichtungen**
educational / research facilities	Bildungs- / Forschungseinrichtungen
cultural / medical facilities	kulturelle / medizinische Einrichtungen
a **run-down** / **blighted** ['blaɪtɪd] neighbourhood / area	eine **heruntergekommene** Gegend
demolish [dɪ'mɒlɪʃ] old buildings	alte Häuser / Altbauten **abreißen**
improve [im'pruːv] (living) **conditions** in the cities	die **Lebensbedingungen** in den Städten verbessern

Unterschied zwischen *street* und *road*

Streets sind in der Stadt, zwischen Häusern – sie haben Bürgersteige (*pavements* ['peɪvmənts] BE / AE *sidewalks* ['saɪdwɔːks]), Geschäfte etc.: *We live in / on Russell* ['rʌsl] *Street.*

Der deutschen Hauptstraße entspricht BE *High Street* (*the shoe shop in the High Street*) und AE *Main Street* (*the shoe store on Main Street*).

Roads sind Verkehrswege, die irgendwo hinführen: *the Dover road* (= die Straße nach Dover). Viele *roads*, die sich ursprünglich zwischen Orten befanden, sind heute durch das Wachsen der Städte mitten in der Stadt. *Edgware* ['edʒweə] *Road* (= die Straße nach Edgware) z.B. ist heute ein Londoner Straßenname: *Her office is in / on Edgware Road.* (Londoner sagen auch: *in / on the Edgware Road.*)

12.6 The environment
Die Umwelt

the environment [ɪn'vaɪrənmənt]	**die Umwelt**
environmental [ɪnvaɪrən'mentl]	**Umwelt-**
environmental pollution / protection / awareness [ə'weənəs]	Umweltverschmutzung / -schutz / -bewusstsein
environmental groups	Umweltorganisationen
environmentalist [ɪnvaɪrən'mentəlɪst]	**Umweltschützer(in)**
environmentally friendly / **ecofriendly** ['iːkəʊfrendli]	**umweltfreundlich**
ecological [iːkə'lɒdʒɪkl]	**ökologisch; Umwelt-**
green [griːn]	**grün; umweltfreundlich; ökologisch**
the ozone layer ['əʊzəʊn leɪə]	**die Ozonschicht**
the greenhouse effect [ɪ'fekt]	**der Treibhauseffekt**
pollution [pə'luːʃn]	**Verschmutzung**
air / water pollution	Luft- / Wasserverschmutzung
noise pollution ['nɔɪz pəluːʃn]	Lärmbelästigung; Lärmbelastung
waste (disposal [dɪ'spəʊzl])	**Abfall**(-beseitigung / -entsorgung)
dump [dʌmp]	**abladen; abkippen; Müllkippe; Müllabladeplatz**
the dumping of radioactive waste in the sea	die Verklappung von radioaktivem Müll im Meer
an oil spill ['ɔɪl spɪl]	**eine Ölpest; ausgelaufenes Öl**
oil slick ['ɔɪl slɪk]	(ein) Ölteppich
overfertilization [əʊvəfɜːtəlaɪ'zeɪʃn]	**Überdüngung**
carbon dioxide [kɑːbn daɪ'ɒksaɪd]	**Kohlendioxid**
changes in (the) climate ['klaɪmət]	**Klimaveränderungen**
global warming [gləʊbl 'wɔːmɪŋ]	(die) **Erderwärmung**
acid rain [æsɪd 'reɪn]	**saurer Regen**
sustainable [sə'steɪnəbl] **development**	**nachhaltige Entwicklung**
natural resources [rɪ'zɔːsɪz]	**natürliche Ressourcen**
an endangered species ['spiːʃiːz]	**eine vom Aussterben bedrohte Art**
fossil fuels ['fɒsl fjuːəlz]	**fossile Brennstoffe / Energieträger**
recycle [riː'saɪkl]	**wiederverarbeiten; recyceln**
recycled paper	Recyclingpapier
bottle bank ['bɒtl bæŋk] *BE*	**Altglascontainer**
unleaded petrol [ʌnledɪd 'petrəl]	**bleifreies Benzin**
returnable bottles [rɪtɜːnəbl 'bɒtlz]	**Mehrwegflaschen**
compulsory deposit [kəm'pʌlsəri dɪ'pɒzɪt]	**Zwangspfand**

12.7 Weather and climate
Wetter und Klima

What's the **weather** like?	Wie ist denn das **Wetter?**
nice / dreadful ['dredfl] weather	schönes / furchtbares Wetter
a **fine** day	ein **schöner** Tag
sunny periods / intervals / spells	**sonnige** Abschnitte
sunshine ['sʌnʃaɪn]	**Sonnenschein**
hot – **cold**	**heiß – kalt / Kälte**
a **heat** wave ['hi:t weɪv]	eine **Hitze**welle
fairly **warm** for the time of year	recht **warm** für die Jahreszeit
warm and humid ['hju:mɪd]	warm und feucht; feuchtwarm
humidity [hju'mɪdəti]	**(Luft-)Feuchtigkeit**
muggy ['mʌgi] / **sultry** ['sʌltri]	**schwül**
It's rather **close** [kləʊs] today.	Es ist heute ziemlich **drückend.**
The evenings are **nice and cool**.	Die Abende sind **angenehm kühl.**
It's rather **chilly** ['tʃɪli] today.	Es ist heute recht **kühl / frisch.**
freeze [fri:z] (– froze – frozen)	**(ge)frieren**
above [ə'bʌv] / below freezing	über / unter dem Gefrierpunkt
frost [frɒst]	**Frost**
a **mild** [maɪld] winter	ein **milder** Winter
the **weather forecast**	die **Wettervorhersage**
the **outlook** for tomorrow [tə'mɒrəʊ]	die **Vorhersage** für morgen
thermometer [θə'mɒmɪtə]	**Thermometer**
average **temperatures** ['temprətʃəz]	Durchschnitts**temperaturen**
above / below **zero** ['zɪərəʊ]	über / unter **null**
cloud [klaʊd]	**Wolke**
a cloudless sky [skaɪ]	ein wolkenloser Himmel
cloudy ['klaʊdi]	**bewölkt; bedeckt; wolkig**
dry – **wet**	**trocken – nass**
We're in for **rain**.	Es wird wohl **Regen** geben.
It was raining heavily ['hevɪli].	Es regnete stark.
rainy weather ['weðə]	**regnerisches** Wetter / Regenwetter
(scattered ['skætəd]) **showers**	(vereinzelte) **Schauer**
drizzle ['drɪzl]	**Nieselregen; Sprühregen**
snow [snəʊ]	**Schnee; schneien**
fog [fɒg] – **foggy** ['fɒgi]	**Nebel – neb(e)lig**
wind [wɪnd] – **windy** ['wɪndi]	**Wind – windig**
storm [stɔ:m]	**Unwetter; Gewitter; Sturm**
thunderstorm ['θʌndəstɔ:m]	Gewitter
a flash of **lightning** ['laɪtnɪŋ].	ein **Blitz**
climate ['klaɪmət]	**Klima**

12.8 Natural disasters
Naturkatastrophen

the victims of **natural disasters**	die Opfer von **Naturkatastrophen**
disaster area [dɪ'zɑːstə 'eəriə]	Katastrophengebiet
(earth)quake [('ɜːθ)kweɪk]	**(Erd-)Beben**
volcano [vɒl'keɪnəʊ]	**Vulkan**
eruption [ɪ'rʌpʃn] of a volcano	**Ausbruch** eines Vulkans
lava ['lɑːvə]	**Lava**
avalanche ['ævəlɑːnʃ]	**Lawine**
a violent **cyclone** [vaɪələnt 'saɪkləʊn]	ein heftiger **Wirbelsturm**
tornado [tɔː'neɪdəʊ] *Pl.* tornadoes	**Tornado; Wirbelsturm**
hurricane ['hʌrɪkən]	**Hurrikan; Orkan**
typhoon [taɪ'fuːn]	**Taifun**
flood [flʌd]	**Flut; Überschwemmung**
flood-prone areas ['eəriəz]	hochwassergefährdete Gebiete
A large area was **flooded** ['flʌdɪd].	Ein großes Gebiet wurde **überflutet / überschwemmt.**
tidal wave [taɪdl 'weɪv]	**Flutwelle**
drought [draʊt]	**Dürre(periode)**
fire ['faɪə]	**Feuer; Brand**
a fire disaster [dɪ'zɑːstə]	eine Brandkatastrophe
famine ['fæmɪn]	**Hungersnot; Hungerkatastrophe**
an impending [ɪm'pendɪŋ] famine	eine drohende Hungersnot
famine relief [rɪ'liːf]	Hungerhilfe
devastate ['devəsteɪt]	**verwüsten**
The city was devastated by an earthquake.	Die Stadt wurde durch ein Erdbeben verwüstet.
suffer a **devastating** earthquake	von einem **verheerenden** Erdbeben heimgesucht werden
The city of X was the hardest hit, with 34 **fatalities** [fə'tælətiz].	Die Stadt X war mit 34 **Todesopfern** am stärksten betroffen.
The **death toll** ['deθ təʊl] has risen to 68.	Die **Zahl der Todesopfer** hat sich auf 68 erhöht.
An estimated ['estɪmeɪtɪd] 600 people **lost their lives.**	Die Zahl der Todesopfer wird auf 600 geschätzt.
rescue team ['reskjuː tiːm]	**Rettungsmannschaft; Bergungskommando**
They **survived** [sə'vaɪvd] the disaster unscathed [ʌn'skeɪðd].	Sie **überlebten** die Katastrophe unversehrt.
The **damage** ['dæmɪdʒ] is estimated at $2 billion.	Der **Sachschaden** wird auf 2 Milliarden Dollar geschätzt.

Kapitel 13

13.1 Animals
Tiere

(tame / wild) **animal** ['ænɪməl]	(zahmes / wildes) **Tier**
experimental [ɪksperɪ'mentl] animals	Versuchstiere
cruelty ['kru:əlti] to animals	Tierquälerei
animal welfare / rights	Tierschutz
animal rights activist ['æktɪvɪst]	Tierschützer(in)
beast [bi:st]	**Tier; Bestie**
man and beast	Mensch und Tier
pet [pet]	**(Haus-)Tier**
mammal ['mæml]	**Säugetier**
fur [fɜ:]	**Fell**
Many animals are hunted for their fur.	Viele Tiere werden wegen ihres Fells gejagt.
dog [dɒg]	**Hund**
hunting dog – watchdog ['wɒtʃdɒg]	Jagdhund – Wachhund
fighting dog / killer dog	Kampfhund
hound [haʊnd] – **the hounds**	**Jagdhund** – (*Jagd*) **die Meute**
bitch [bɪtʃ]	**Hündin; Weibchen** (= *Füchsin etc.*)
pup(py) ['pʌp(i)]	**Welpe; junger Hund**
mongrel ['mʌŋgrəl]	**Bastard; Promenadenmischung**
cat [kæt]	**Katze**
tom(cat)	Kater
kitten ['kɪtn]	**(Katzen-)Junges; Kätzchen**
donkey ['dɒŋki] / **ass** [æs]	**Esel**
(big / small) **game** [geɪm]	(Groß- / Nieder-)**Wild**
deer [dɪə] *Pl.* deer	**Hirsch(e); Reh(e)**
fox [fɒks]	**Fuchs**
wolf [wʊlf] *Pl.* wolves [wʊlvz]	**Wolf**
monkey ['mʌŋki] – **ape** [eɪp]	**Affe – Menschenaffe**
Man is descended [dɪ'sendɪd] from the apes.	Der Mensch stammt vom Affen ab.
chimp / chimpanzee [tʃɪmpæn'zi:]	**Schimpanse**
lion ['laɪən] – **tiger** ['taɪgə]	**Löwe – Tiger**
(brown / grizzly / polar) **bear** [beə]	(Braun- / Grisli- / Eis-)**Bär**
mouse [maʊs] *Pl.* mice [maɪs]	**Maus**
rat [ræt]	**Ratte**
hamster ['hæmstə]	**Hamster**
squirrel ['skwɪrəl]	**Eichhörnchen**

feather ['feðə]	**Feder**
Owls [aʊlz] have strong legs, sharp claws, and soft feathers.	Eulen haben kräftige Beine, scharfe Krallen und weiche Federn.
bird [bɜ:d]	**Vogel**
bird of prey [preɪ]	Raubvogel; Greifvogel
bird's nest – birds' nests	Vogelnest – Vogelnester
nightingale ['naɪtɪŋgeɪl]	**Nachtigall**
owl [aʊl] – **dove** [dʌv] – **duck** [dʌk]	**Eule – Taube – Ente**
goose [gu:s] *Pl.* geese [gi:s]	**Gans**
parrot ['pærət] – **canary** [kə'neəri]	**Papagei – Kanarienvogel**
budgerigar ['bʌdʒərigɑ:] / **budgie**	**Wellensittich**
fish [fɪʃ] *Pl.* fish / fishes ['fɪʃɪz]	**Fisch**
Fish are plentiful here.	Fische sind hier reichlich vorhanden.
Some fishes don't have ribs.	Manche Fische (= Fischarten) haben keine Rippen.
goldfish ['gəʊldfɪʃ] *Pl.* goldfish	**Goldfisch**
shark [ʃɑ:k] – **whale** [weɪl]	**Hai(fisch) – Wal(fisch)**
reptile ['reptaɪl]	**Reptil; Kriechtier**
tortoise ['tɔ:təs] – **turtle** ['tɜ:tl]	**Landschildkröte – Wasserschildkröte**
crocodile ['krɒkədaɪl]	**Krokodil**
snake [sneɪk] – **snail** [sneɪl]	**Schlange – Schnecke**
frog [frɒg] – **toad** [təʊd]	**Frosch – Kröte**
(tape- / book)**worm** [wɜ:m]	(Band- / Bücher-)**Wurm**
spider ['spaɪdə] – **insect** ['ɪnsekt]	**Spinne – Insekt**
ant [ænt] – **bee** [bi:] – **wasp** [wɒsp]	**Ameise – Biene – Wespe**
moth [mɒθ]	**Nachtfalter; Motte**
fly [flaɪ] – **butterfly** ['bʌtəflaɪ]	**Fliege – Schmetterling**
flea(bite) [fli:]	**Floh**(biss / -stich)
louse [laʊs] *Pl.* lice [laɪs]	**Laus**
beetle ['bi:tl]	**Käfer**
bug [bʌg]	**Wanze; Käfer; Insekt**
tick [tɪk]	**Zecke**
parasite ['pærəsaɪt]	**Schmarotzer; Parasit**
pest [pest] – **pests**	**Schädling – Ungeziefer**
potato [pə'teɪtəʊ] bugs and other pests	Kartoffelkäfer und andere Schädlinge
vermin ['vɜ:mɪn]	**Ungeziefer**
vet [vet]	**Tierarzt / Tierärztin**
zoo [zu:] / **zoological** [zəʊə'lɒdʒɪkl] **garden**	**Zoo / zoologischer Garten**
cage [keɪdʒ]	**Käfig; (Vogel-)Bauer**

13.2 Plants
Pflanzen

plant [plɑ:nt]	**Pflanze; (an)pflanzen**
garden / cultivated / pot plant	Garten- / Kultur- / Topfpflanze
wild [waɪld] plant / flower	Wildpflanze / -blume
a hardy ['hɑ:di] plant	eine winterharte Pflanze
the plant kingdom ['kɪŋdəm]	das Pflanzenreich
tree [tri:]	**Baum**
ash (tree) [æʃ]	**Esche**
beech (tree) [bi:tʃ]	**Buche**
birch (tree) [bɜ:tʃ]	**Birke**
(horse) **chestnut** (tree) ['tʃesnʌt]	(Ross-)**Kastanie**
lime (tree) *BE* / *AE* **linden** (tree)	**Linde**
maple (tree) ['meɪpl]	**Ahorn**
mulberry (tree) ['mʌlbəri]	**Maulbeerbaum**
oak (tree) [əʊk] – **acorn** ['eɪkɔ:n]	**Eiche – Eichel**
palm (tree) [pɑ:m]	**Palme**
poplar ['pɒplə]	**Pappel**
(weeping) **willow** [(wi:pɪŋ) 'wɪləʊ]	(Trauer-)**Weide**
yew (tree) [ju:]	**Eibe**
pine (tree) [paɪn]	**Kiefer**
Pines and firs are conifers ['kɒnɪfəz].	Kiefern und Tannen sind Nadelbäume.
(fir) cone [('fɜ:) kəʊn]	**(Tannen-)Zapfen**
coniferous [kə'nɪfərəs] **forest**	**Nadelwald**
deciduous [dɪ'sɪdjuəs] **forest / tree**	**Laubwald / -baum**
flower ['flaʊə]	**Blume; Blüte**
The roses have just come into flower.	Die Rosen haben gerade zu blühen begonnen.
cut flowers	Schnittblumen
cornflower – sunflower	Kornblume – Sonnenblume
buttercup ['bʌtəkʌp]	**Butterblume**
daffodil ['dæfədɪl] / **daff** [dæf]	**Osterglocke;** (gelbe) **Narzisse**
daisy ['deɪzi]	**Gänseblümchen**
look (as) fresh as a daisy	frisch wie der junge Morgen aussehen
an ox-eye daisy / a marguerite [mɑ:gə'ri:t]	eine Margerite
dandelion ['dændɪlaɪən]	**Löwenzahn; Pusteblume**
lily ['lɪli]	**Lilie**
lily of the valley ['væli]	Maiglöckchen

thistle ['θɪsl] – **poppy** ['pɒpi]	**Distel – Mohn(blume)**
carnation [kɑ:'neɪʃn]	**Nelke**
tulip (bulb) ['tju:lɪp (bʌlb)]	**Tulpe(nzwiebel)**
fuchsia ['fju:ʃə]	**Fuchsie**
rose [rəʊz] – **orchid** ['ɔ:kɪd]	**Rose – Orchidee**
cactus ['kæktəs] *Pl.* cacti ['kæktaɪ]	**Kaktus**
grass [grɑ:s] – **grasses**	**Gras – Gräser**
sow [səʊ] grass	Gras (aus)säen
sow the garden with grass	im Garten Gras (aus)säen
clover ['kləʊvə] – **moss** [mɒs]	**Klee – Moos**
herb [hɜ:b]	**Kraut; Kräuter-**
fern [fɜ:n]	**Farn(kraut)**
vine [vaɪn]	**Wein(rebe); Ranke**
weed(s) [wi:d(z)]	**Unkraut**
I've got to weed the garden.	Ich muss im Garten Unkraut jäten.
fungus ['fʌŋgəs] *Pl.* fungi ['fʌŋgi:]	**Pilz**
mushroom ['mʌʃrʊm]	(Speise- / essbarer) **Pilz; Champignon**
toadstool ['təʊdstu:l]	**Giftpilz; nicht essbarer Pilz**
annual ['ænjuəl]	**einjährig(e Pflanze)**
biennial [baɪ'eniəl]	**zweijährig(e Pflanze)**
an **evergreen** ['evəgri:n]	eine **immergrüne Pflanze**
root [ru:t]	**Wurzel**
stem [stem]	(*Blume, manchmal Baum*) **Stiel**
(tree) trunk [trʌŋk]	**(Baum-)Stamm**
branch [brɑ:ntʃ]	**Ast;** (dickerer) **Zweig**
twig [twɪg]	(kleiner / dünner) **Zweig**
bark [bɑ:k]	**Borke; Rinde**
leaf [li:f] – **leaves** [li:vz]	**Blatt – Blätter / Laub**
The trees are shedding their leaves.	Die Bäume werfen ihr Laub ab.
bud [bʌd]	**Knospe**
The trees are in bud.	Die Bäume schlagen aus.
bloom [blu:m] / **blossom** ['blɒsəm]	**Blüte; blühen**
The trees are in full bloom / blossom.	Die Bäume stehen in voller Blüte.
The forget-me-not blooms from May to July.	Das Vergissmeinnicht blüht von Mai bis Juli.
yellow / fragrant ['freɪgrənt] blossoms	gelbe / duftende Blüten
when the cherry trees blossom	wenn die Kirschbäume blühen
flora ['flɔ:rə]	**Flora**
botany ['bɒtəni]	(die) **Botanik / Pflanzenkunde**
botanic(al) [bə'tænɪk(l)] **garden(s)**	**botanischer Garten**

Kapitel 14

14.1 Medicine
Medizin

internal **medicine** [ɪntɜ:nl 'medsn]	(die) innere **Medizin**
occupational [ɒkju'peɪʃənl] medicine	(die) Arbeitsmedizin
forensic [fə'rensɪk] medicine	(die) Rechtsmedizin
internist ['ɪntɜ:nɪst] *AE*	**Internist(in)**
nonmedical practitioner	**Heilpraktiker(in)**
the healing professions [prə'feʃnz]	**die Heilberufe**
cardiology [kɑ:di'ɒlədʒi]	(die) **Kardiologie**
dermatology [dɜ:mə'tɒlədʒi]	(die) **Dermatologie**
gynaecology [gaɪnə'kɒlədʒi]	(die) **Gynäkologie / Frauenheilkunde**
neurology [nju'rɒlədʒi]	(die) **Neurologie**
ophthalmology [ɒfθæl'mɒlədʒi]	(die) **Augenheilkunde**
pathology [pə'θɒlədʒi]	(die) **Pathologie**
radiology [reɪdi'ɒlədʒi]	(die) **Radiologie / Strahlenkunde**
rheumatology [ru:mə'tɒlədʒi]	(die) **Rheumatologie**
urology [ju'rɒlədʒi]	(die) **Urologie**

Die vorstehenden *-ologies* werden jeweils auf der *-ol*-Silbe betont: *cardi'ology, neu'rology etc.* – Die Namen der betreffenden Fachärzte (= *specialists*) lauten jeweils auf *-ologist: urologist* (= Urologe/in) etc.

obstetrics [əb'stetrɪks]	**Geburtshilfe**
obstetric ward [əbstetrɪk 'wɔ:d]	Entbindungsstation
midwife ['mɪdwaɪf] / obstetric nurse	Hebamme
obstetrician [ɒbstə'trɪʃn]	(ärztl.) **Geburtshelfer(in)**
paediatrics [pi:di'ætrɪks]	(die) **Pädiatrie / Kinderheilkunde**
paediatric (ward / surgery)	Kinder(station / -chirurgie)
orthopaedic [ɔ:θə'pi:dɪk] **surgery**	(die) **Orthopädie**
endoscopy [en'dɔskəpi] – **endoscopic** [endə'skɒpɪk]	**Endoskopie** – **endoskopisch**
nursing ['nɜ:sɪŋ]	(die) **Krankenpflege**
clinic ['klɪnɪk]	**(Poli-)Klinik; Klinikum**
clinical ['klɪnɪkl]	klinisch
during / in clinical trials ['traɪəlz]	bei / in der klinischen Erprobung
diagnose ['daɪəgnəʊz] an illness	eine Krankheit **diagnostizieren**
She was diagnosed with breast cancer.	Bei ihr wurde Brustkrebs festgestellt.
diagnosis [daɪəg'nəʊsɪs] *Pl.* -ses	Diagnose

diagnostic [daɪəg'nɒstɪk]	diagnostisch
blood sample ['blʌd sɑːmpl] / **test**	**Blutprobe / -untersuchung**
blood vessel / clot / bank	Blutgefäß / -gerinnsel / -bank
a **CAT scan** ['kæt skæn] / **CT scan**	eine **Computertomographie / CT**
thorax ['θɔːræks] *Pl.* thoraxes / thoraces ['θɔːrəsiːz]	**Thorax; Brustkorb / -kasten**
gastric ['gæstrɪk]	**gastrisch; Magen-**
gastric / stomach ['stʌmək] disorders	Magenleiden / -krankheiten
the gastrointestinal tract	der Magen-Darm-Trakt / -Kanal
pancreas ['pæŋkriəs]	**Pankreas; Bauchspeicheldrüse**
the large / small **intestine** [ɪn'testɪn]	der Dick- / Dünn**darm**
colon ['kəʊlən] *Pl.* colons / cola	**Colon; Grimmdarm**
rectum ['rektəm] – **rectal** ['rektl]	**Rektum / Mastdarm – rektal**
the **urinary** ['jʊərɪnəri] **tract**	die **Harnwege**
bone marrow ['bəʊn mærəʊ]	**Knochenmark**
the **spinal column** [spaɪnl 'kɒləm]	die **Wirbelsäule**
the **central nervous system**	das **Zentralnervensystem**
the **immune** system [ɪ'mjuːn sɪstəm]	das **Immunsystem**
immunodeficiency / immune deficiency [dɪ'fɪʃnsi]	**Immunschwäche**
(body) **fluid** ['fluːɪd] / **tissue** ['tɪʃuː]	(Körper-)**Flüssigkeit / Gewebe**
gland – **glandular** ['glændjʊlə]	**Drüse – Drüsen-**
lymph [lɪmf] node / gland [glænd]	Lymphknoten / -drüse
rheumatic [ru'mætɪk]	**rheumatisch; Rheumakranke(r)**
rheumatic fever [rumætɪk 'fiːvə]	Gelenkrheumatismus
arthritis [ɑː'θraɪtɪs]	**Arthritis; Gelenkentzündung**
asthma ['æsmə]	**Asthma**
asthmatic [æs'mætɪk]	asthmatisch; Asthmatiker(in)
an **occupational** disease [dɪ'ziːz]	eine **Berufskrankheit**
pulmonary ['pʌlmənəri] diseases	**Lungenkrankheiten**
He died of a pulmonary embolism.	Er starb an einer Lungenembolie.
She died of **kidney** failure ['feɪljə].	Sie starb an **Nieren**versagen.
dialysis [daɪ'æləsɪs] *Pl.* -lyses	**Dialyse; Blutwäsche**
perform a **transplant** ['trænsplɑːnt]	eine **Transplantation** durchführen
organ donor ['dəʊnə]	**Organspender(in)**
organ recipient [rɪ'sɪpiənt]	Organempfänger(in)
skin grafting ['skɪn grɑːftɪŋ]	**Hauttransplantation / -übertragung**
radiation therapy ['θerəpi]	(die) **Strahlentherapie**
general / plastic **surgery** ['sɜːdʒəri]	(die) allgemeine / plastische **Chirurgie**
open-heart surgery ['sɜːdʒəri]	(die) Offenherzchirurgie
public-health [pʌblɪk'helθ] **officer**	**Amtsarzt / -ärztin**
public-health department	Gesundheitsamt

14.2 Mathematics
Mathematik

mathematics [mæθə'mætɪks]	(die) **Mathematik**
mathematical [mæθə'mætɪkl]	**mathematisch**
arithmetic [ə'rɪθmətɪk]	(die) **Arithmetik;** (das) **Rechnen**
arithmetic(al) [ærɪθ'metɪk(l)]	arithmetisch
geometry [dʒi'ɒmətri]	(die) **Geometrie**
geometric(al) [dʒi:ə'metrɪk(l)]	**geometrisch**
geometric(al) progression [prə'greʃn]	geometrische Progression
algebra ['ældʒɪbrə]	(die) **Algebra**
count [kaʊnt]	**zählen**
He can count (up) to eight.	Er kann bis acht zählen.
sum [sʌm]	**Rechenaufgabe**
do sums (– did – done)	rechnen
do / solve **problems** ['prɒbləmz]	**Textaufgaben** bearbeiten / lösen
calculate ['kælkjuleɪt]	**(be- / er- / aus)rechnen**
calculation [kælkju'leɪʃn]	(Be-)Rechnung
compute [kəm'pju:t]	**(be- / er)rechnen**
addition [ə'dɪʃn] – **subtraction**	**Addition – Subtraktion**
multiplication – **division** [dɪ'vɪʒn]	**Multiplikation – Division**

55 + 44 = 99: *55 plus* [plʌs] *44 is / equals* ['i:kwəlz] *99. / 55 and 44 is / are / make(s) 99.*
99 – 44 = 55: *99 minus* ['maɪnəs] *44 leaves* [li:vz] *55. / 44 from 99 is 55.*
11 x 6 = 66: *11 multiplied* ['mʌltɪplaɪd] *by 6 is 66. / 11 times 6 is 66.*
66 ÷ 11 = 6: *66 divided* [dɪ'vaɪdɪd] *by 11 is 6. / 66 over 11 is 6.*

square [skweə]	**Quadrat; quadratisch; Quadrat-**
two square metres ['mi:təz]	zwei Quadratmeter
decimal / vulgar **fraction** ['frækʃn]	Dezimal- / gemeiner **Bruch**
numerator – **denominator** [-'nɒm-]	**Zähler – Nenner**
a common [ɒ] denominator	ein gemeinsamer Nenner
equal ['i:kwəl]	**gleich**
equation [ɪ'kweɪʒn]	**Gleichung**
circle ['sɜ:kl]	**Kreis**
circular ['sɜ:kjələ]	**kreisförmig; Kreis-**
diameter [daɪ'æmɪtə]	**Durchmesser**
rectangle ['rektæŋgl] – **rectangular**	**Rechteck – rechteckig**
triangle ['traɪæŋgl] – **triangular**	**Dreieck – dreieckig**
an **angle** ['æŋgl] of 90 degrees	ein **Winkel** von 90 Grad

14.3 Numbers
Zahlen

even ['iːvn] / **odd** [ɒd] numbers — **gerade / ungerade** Zahlen

Null
4 – 4 = 0: Four minus four is zero ['zɪərəʊ] / BE auch *nought* [nɔːt].
3.06: three point zero / BE auch *nought six*
There are three zeros / BE auch *noughts in 1,000.*
It was ten degrees [dɪ'griːz] *below zero.* (= 10° unter null)
My phone / room / account number is 7030 (= seven oh three oh).
zero growth [grəʊθ] (= Nullwachstum)
Our chances are nil / zero. (= Unsere Chancen sind gleich null.)
Leeds United won 3-0 (= three nil). (= Leeds hat 3:0 gewonnen.)
The Chicago White Sox won 3-0 (= three nothing / zip).
(Tennis:) *15-0 (= fifteen love), 30-0 (= thirty love)* etc.

one book – twenty-one books — **ein** Buch – einundzwanzig Bücher
two / fifty-two books — **zwei** / zweiundfünfzig Bücher
(forty-)**three** books — **drei**(undvierzig) Bücher
four – fourteen – forty — **vier – vierzehn – vierzig**
five – fifteen – fifty — **fünf – fünfzehn – fünfzig**
six – sixteen – sixty — **sechs – sechzehn – sechzig**
seven – seventeen – seventy — **sieben – siebzehn – siebzig**
eight – eighteen – eighty — **acht – achtzehn – achtzig**
nine – nineteen – ninety — **neun – neunzehn – neunzig**
nine hundred and four — neunhundertvier

***Numbers over 100* (= Zahlen über 100)**
100 = *one / a hundred* ['hʌndrəd]
144 = *one / a hundred and forty-four*
555 = *five hundred and fifty-five*
1,000 = *one / a thousand* ['θaʊznd]
1,888 = *one thousand eight hundred and eighty-eight*
3,000 = *three thousand*
100,000 = *one / a hundred thousand*
159,000 = *one hundred and fifty-nine thousand* (AE auch ohne *and*)
1,000,000 = *a / one million* ['mɪljən]
5,000,000 = *five million*
2,000,000,000 = *two billion* ['bɪljən] / BE auch *two thousand million*

the **first** / thirty-first day — der **erste** / einunddreißigste Tag

the **second** day	der **zweite** Tag
the **third** / forty-third row [rəʊ]	die **dritte** / dreiundvierzigste Reihe

Die Ordnungszahlen (= *ordinal* ['ɔ:dɪnl] *numbers*) als Ziffern

1st [fɜ:st]	*4th* [fɔ:θ]	*16th*	
2nd / AE auch *2d* ['sekənd]	*5th* [fɪfθ]	*27th*	
3rd / AE auch *3d* [θɜ:d]	*6th* [sɪksθ]	*38th*	etc.

the **fourth** row [rəʊ]	die **vierte** Reihe
the **fifth** anniversary [ænɪ'vɜ:səri]	der **fünfte** Jahrestag
George VI = George the **Sixth**	Georg VI. = Georg der **Sechste**
This is the **eighth** [eɪtθ] time.	Dies ist das **achte** Mal.
in (the) **ninth** [naɪnθ] grade *AE*	in der **neunten** Klasse
the **thirtieth** ['θɜ:tiəθ] of May	der **dreißigste** Mai
her **seventieth** ['sevntiəθ] birthday	ihr **siebzigster** Geburtstag

Fractions **['frækʃnz] (= Brüche)**

$\frac{1}{2}$ = *a half / one half* • $\frac{3}{2}$ = *three halves* • $1\frac{1}{2}$ = *one and a half*
$\frac{1}{3}$ = *a third / one third* • $\frac{2}{3}$ = *two thirds* • $2\frac{1}{3}$ = *two and a third*
$\frac{1}{4}$ = *a / one quarter / one fourth* • $\frac{3}{4}$ = *three quarters / fourths*
$\frac{4}{5}$ = *four fifths* • $3\frac{3}{5}$ = *three and three fifths* • $\frac{145}{360}$ = *145 over 360*

Decimals **['desɪmlz] (= Dezimalzahlen)**

Dem deutschen Komma entspricht im Englischen ein Punkt:
2.684 = two point six eight four (dt. = 2,684)
0.259 = zero point two five nine / BE auch *(nought) point two five nine*

once [wʌns]	**einmal**
Once / One times five is five.	Einmal fünf ist fünf.
twice [twaɪs]	**zweimal**
Twice / Two times five is ten.	Zwei mal fünf ist zehn.
Three times five is fifteen.	**Drei mal** fünf ist fünfzehn.
Four times three is twelve.	**Vier mal** drei ist zwölf.
Six times eight is forty-eight.	**Sechs mal** acht ist achtundvierzig.

Jahreszahlen

1066 = *ten sixty-six*
1997 = *nineteen (hundred and) ninety-seven*
1900 = *nineteen hundred*
1905 = *nineteen oh five / nineteen hundred and five*
2005 = *two thousand (and) five / twenty oh five*
2012 = *two thousand (and) twelve / twenty twelve*

14.4 Measures and weights
Maße und Gewichte

i In Großbritannien werden alltägliche Dinge wie Körpergröße, Entfernungen und Körpergewicht oft noch in den traditionellen Maßeinheiten *foot* [fʊt], *inch* [ɪntʃ], *mile* und *stone* angegeben. In Handel, Technik und Wissenschaft dagegen hat sich das metrische System, das die Kinder auch in der Schule lernen, bereits weitgehend durchgesetzt. In den USA werden metrische Maßeinheiten sehr viel seltener benutzt.

1 **inch** [ɪnʃ] is equal to 2.54 centimetres ['sentɪmiːtəz].	1 **Zoll** entspricht 2,54 Zentimetern.
a gap less than three inches ['ɪnʃɪz] wide	ein Spalt, der weniger als drei Zoll breit ist
a three-inch gap	ein drei Zoll breiter Spalt
She didn't give/yield an inch.	Sie gab keinen Fingerbreit nach.
foot [fʊt] *Pl.* feet [fiːt]	**Fuß** (= 30,48 cm)
One foot is about a third of a metre ['miːtə].	Ein Fuß ist ungefähr ein Drittelmeter.
The tree has grown [grəʊn] a few feet.	Der Baum ist ein paar Fuß gewachsen.
We're flying ['flaɪɪŋ] at 30,000 feet now.	Wir fliegen jetzt in einer Höhe von 10 000 Metern.
a large room – 25 feet by 15	ein großes Zimmer – 7,60 mal 4,60 m
He's six feet/foot two inches tall.	Er ist 1,88 m groß.
a six-foot man	ein Mann, der über eins achtzig groß ist/war
He's 1.88 (= one point eight eight) **metres** tall.	Er ist 1,88 Meter groß.

i ***Inch, foot, yard, mile*** **und ihre metrischen Entsprechungen**

		1 inch / in	=	*2.54 centimetres / cm*
12 inches / in(s)	=	*1 foot / ft*	=	*30.48 centimetres / cm*
3 feet / ft	=	*1 yard / yd*	=	*0.914 metre / m*
1760 yards / yd(s)	=	*1 mile / m*	=	*1.609 kilometres / km*

A **yard** [jɑːd] is slightly less than a metre.	Ein **Yard** ist etwas weniger als ein Meter.
a few hundred yards from where I live	ein paar hundert Meter von meiner Wohnung entfernt

One **mile** is 1760 yards.	Eine **Meile** hat 1760 Yard.
It's ten miles to Hatfield.	Nach Hatfield sind es zehn Meilen.
a four-mile jog	ein Dauerlauf über vier Meilen
an area of ten square miles	ein Gebiet von zehn Quadratmeilen
There's a speed limit of 50 **kilometres** ['kıləmi:təz] per hour (kph).	Es gilt ein Tempolimit von 50 Stunden**kilometern** (km/h).

Beachten Sie den Gebrauch der Pluralform bei Maßen über 1:
2.54 centimetres (= 2,54 Zentimeter) • *two inches* (= zwei Zoll) • *36 kilos* (= 36 Kilo) • *five litres* (= fünf Liter)
Bei Maßen unter null kann der Singular oder Plural stehen:
0.914 metre(s) (= 0,914 Meter) • *0.454 kilogram(s)* (= 0,454 Kilogramm)

One **pound** is equal to 0.454 kilogram(s) ['kıləgræm(z)].	Ein **Pfund** ist gleich 0,454 Kilogramm.
Half a pound of Cheddar, please.	Bitte ein halbes Pfund Cheddar.
There are 16 **ounces** ['aʊnsız] in a pound.	Ein Pfund hat 16 **Unzen**.
The baby weighs 7 lb(s) [paʊnd(z)] 6 oz ['aʊnsız].	Das Baby wiegt 3,4 Kilo.
I weigh about ten **stone**. *BE*	Ich wiege ungefähr 63 Kilo.
I weigh about 139 lbs [paʊndz]. *AE*	Ich wiege ungefähr 63 Kilo.
The police found 1,200 **kilos** ['ki:ləʊz] of cocaine [kəʊ'keın].	Die Polizei fand 1 200 **Kilo** Kokain.
The Irish consumed [kən'sju:md] 12.7 **kilograms** ['kıləgræmz] of chocolate per person last year.	Die Iren haben im vorigen Jahr pro Person 12,7 **kg** Schokolade konsumiert.

i ***Ounce, pound, stone*** **und ihre metrischen Entsprechungen**

		1 ounce / oz	=	*28.35 grams / g*
16 ounces / oz(s)	=	*1 pound / lb*	=	*0.454 kilogram / kg*
14 pounds / lb(s)	=	*1 stone / st*	=	*6.356 kilograms / kg*

one **pint** [paınt]	(*BE* = 0,568 / *AE* = 0,473 Liter)
a pint of milk / beer	(*etwa*) ein halber Liter Milch / Bier
one **gallon** ['gælən]	(*BE* = 4,546 / *AE* = 3,785 Liter)
ten gallons of petrol *BE* / *AE* gas	45 *BE* / *AE* 38 Liter Benzin

i ***Gallon*** ['gælən] **–** ***litre*** ['li:tə] **bei Benzin**
In Großbritannien wird Benzin heute in *litres* verkauft, in den USA nach wie vor in *gallons*.

15.1 Materials, tools, machines
Werkstoffe, Werkzeuge, Maschinen

technology [tek'nɒlədʒi]	(die) **Technik / Technologie**
high technology / high tech	(die) **Spitzen- / Hochtechnologie**
technological [teknə'lɒdʒɪkl]	**technisch; technologisch**
engineering [endʒɪ'nɪərɪŋ]	(angewandte) **Technik; Ingenieurwesen**
material [mə'tɪərɪəl]	**Material; Werkstoff**
metal ['metl]	**Metall(-)**
(high-speed) **steel** [sti:l]	(Schnellarbeits-)**Stahl**
wood [wʊd] – **wooden** ['wʊdn]	**Holz – Holz- / hölzern**
glass [glɑ:s]	**Glas(-)**
plastic ['plæstɪk]	**Plastik(-); Kunststoff-**
rubber ['rʌbə]	**Gummi(-); Kautschuk**
made of	**(gemacht / hergestellt) aus**
It's made of glass / plastic / steel.	Es ist aus Glas / Kunststoff / Stahl.
a **tool** [tu:l]	ein **Werkzeug**
hammer and chisel ['tʃɪzl]	**Hammer und Meißel**
nail [neɪl]	**Nagel**
screw(driver) ['skru:(draɪvə)]	**Schraube(nzieher)**
drill [drɪl]	**Bohrer; Bohrmaschine; bohren**
a pair of **scissors** ['sɪzəz] / **pliers**	eine **Schere / Zange**
Where are my scissors / pliers?	Wo ist meine Schere / Zange?
saw [sɔ:] (– sawed – sawn*)	**sägen**
machine [mə'ʃi:n]	**Maschine**
sewing machine ['səʊɪŋ məʃi:n]	Nähmaschine
machine tool [mə'ʃi:n tu:l]	Werkzeugmaschine
machinery [mə'ʃi:nəri]	**Maschinen**
equipment [ɪ'kwɪpmənt]	**Ausrüstung; Geräte; Maschinen**
device [dɪ'vaɪs]	**Vorrichtung; Gerät**
(electric) **motor** ['məʊtə]	(Elektro-)**Motor**
(internal-combustion) **engine**	(Verbrennungs-)**Motor**
steam engine ['sti:m endʒɪn]	Dampfmaschine / -lokomotive
gear [gɪə] – **gears**	**Zahnrad – Getriebe;** (*Auto*) **Gang – Gänge**
drive in first gear	im ersten Gang fahren
spring [sprɪŋ]	**Feder** *(z. B. in Uhren)*
(safety) **valve** [vælv]	(Sicherheits-)**Ventil**
brake [breɪk]	**Bremse; bremsen**

15.2 Manufacturing
Fabrikproduktion

manufacture [mænju'fæktʃə]	**herstellen; fertigen; Herstellung**
manufacture a wide range of products	eine Vielzahl von Produkten herstellen
manufactured goods / products	Industrieerzeugnisse
manufacturing method ['meθəd]	Fabrikationsmethode / -weise
manufacturing / production facilities	Fertigungs- / Produktionsanlagen
the manufacture of children's clothing	die Fabrikation von Kinderkleidung
manufacturer [mænju'fæktʃərə]	**Hersteller**
the leading car manufacturers	die führenden Automobilhersteller
send it back to the manufacturers	es an die Herstellerfirma zurückschicken
fabricate ['fæbrɪkeɪt]	**herstellen**
The wooden parts used to be fabricated piece by piece.	Die Holzteile wurden früher einzeln hergestellt.
the fabrication of consumer goods	die Herstellung von Konsumgütern
make (– made – made)	**machen; erzeugen; herstellen**
We make / manufacture toys.	Wir stellen Spielwaren her.
made in Germany	in Deutschland hergestellt
produce [prə'dju:s]	**herstellen; produzieren**
steel produced in the USA	in den USA hergestellter Stahl
a mass-produced article ['ɑ:tɪkl]	ein Massenartikel
finished products [fɪnɪʃt 'prɒdʌkts]	Fertigerzeugnisse
production [prə'dʌkʃn]	**Produktion; Herstellung; Fertigung**
mass production [mæs prə'dʌkʃn]	Massenherstellung / -fertigung
production line [prə'dʌkʃn laɪn]	Fertigungsstraße; Fließband
processing ['prəʊsesɪŋ]	**Bearbeitung; Veredelung**
a paper-processing plant [plɑ:nt]	ein Papierverarbeitungsbetrieb
assemble [ə'sembl]	**montieren**
assembly [ə'sembli] (plant)	Montage(werk)
assembly shop [ə'sembli ʃɒp]	Montagehalle
assembly line [ə'sembli laɪn]	Montageband; Fließband
computer-controlled assembly	computergesteuerte Montage
maintenance ['meɪntənəns]	**Wartung; Instandhaltung**
factory ['fæktri]	**Fabrik**
factory workers / hands	Fabrikarbeiter(innen)
(manufacturing) **plant** [plɑ:nt]	**Werk; Betrieb; Maschinen**
Opel's Eisenach plant	das Opel-Werk in Eisenach

outdated [aʊt'deɪtɪd] plants	veraltete Anlagen
manage ['mænɪdʒ] a plant	ein Werk / einen Betrieb leiten
plant/works manager ['mænɪdʒə]	Betriebsleiter(in)
invest [ɪn'vest] millions in plant	Millionen in Maschinen investieren
(a cement [sə'ment]) **works**	(ein Zement-)**Werk**
(work) shop [('wɜ:k)ʃɒp]	**Werkstatt; Betrieb; Werk**
a repair shop [rɪ'peə ʃɒp]	eine Reparaturwerkstatt
the car/automotive **industry**	die Automobil**industrie**
the processing industries ['ɪndəstriz]	die verarbeitende Industrie
industrial [ɪn'dʌstriəl] development	die **industrielle** Entwicklung
industrial robot [ɪndʌstriəl 'rəʊbɒt]	Industrieroboter
output ['aʊtpʊt]	**(Produktions-)Leistung**
output per worker hour	Ausstoß pro Arbeitsstunde
boost [bu:st] output (by) 5 per cent	die Produktionsleistung um 5 Prozent steigern
efficiency [ɪ'fɪʃnsi]	**Leistung(sfähigkeit); Wirkungsgrad**
performance [pə'fɔ:məns]	(*Maschine*) **Leistung**
increased **productivity** [prɒdʌk'tɪvəti]	erhöhte **Produktivität**
mechanization [mekənaɪ'zeɪʃn]	**Mechanisierung**
automation [ɔ:tə'meɪʃn]	**Automatisierung; Automation**
an **automated** production process	ein **automatisierter** Produktionsablauf
automatic [ɔ:tə'mætɪk] regulation	**automatische** Regelung
perform [pə'fɔ:m] an operation automatically	einen Arbeitsgang automatisch ausführen
computerize [kəm'pju:təraɪz] a process	einen Arbeitsablauf **computerisieren**
cost(s) [kɒst(s)]	**Kosten**
cut labour costs ['leɪbə kɒsts]	die Lohnkosten senken
lower ['ləʊə] the cost per unit	die Stückkosten senken
conveyor belt [kən'veɪə belt]	**Förderband**
mechanic [mɪ'kænɪk]	**Mechaniker(in)**
fitter ['fɪtə]	**Monteur; (Maschinen-)Schlosser**
(machine) **operator** ['ɒpəreɪtə]	(Maschinen-)**Bediener(in)**

i Bei der Fertigungssteuerung (= *in production management*) wird heute zunehmend *JIT* (= *just-in-time*) praktiziert: Die Zulieferer (= *suppliers* [sə'plaɪəz]) der Automobilindustrie z.B. liefern die Teile (= *components* [kəm'pəʊnənts]) exakt zu dem Zeitpunkt an (= *supply* / *deliver*), wo sie für die Montage (= *assembly* [ə'sembli]) benötigt werden.

15.3 Electricity and electronics
Elektrizität und Elektronik

electricity [ɪlek'trɪsəti]	(die) **Elektrizität; Strom**
electricity company ['kʌmpəni]	Elektrizitätsgesellschaft
an **electric(al)** [ɪ'lektrɪk(l)] shock	ein **elektrischer** Schlag
electrical engineering [endʒɪ'nɪərɪŋ]	(die) Elektrotechnik
electrical engineer [endʒɪ'nɪə]	Elektroingenieur(in)
electrician [ɪlek'trɪʃn]	**Elektriker(in)**
generate ['dʒenəreɪt] electricity	Elektrizität / Strom **erzeugen**
generator ['dʒenəreɪtə]	**Generator;** *AE* **Lichtmaschine**
dynamo ['daɪnəməʊ]	**Dynamo;** *BE* **Lichtmaschine**
battery ['bætəri]	**Batterie**
an electrostatic [ɪlektrə'stætɪk] **charge**	eine elektrostatische **Aufladung**
(re)charge the battery ['bætəri]	die Batterie (wieder) aufladen
direct current [daɪrekt 'kʌrənt]	**Gleichstrom**
alternating ['ɔːltəneɪtɪŋ] **current**	**Wechselstrom**
220 **volts** [vəʊlts]	220 **Volt**
voltage ['vəʊltɪdʒ]	**(Volt- / Netz-)Spannung**
a 100-**watt** [wɒt] light bulb	eine 100-**Watt**-Glühbirne
transformer [træns'fɔːmə]	**Transformator**
electricity supply / *BE auch* **mains**	**Stromnetz**
cable ['keɪbl]	**Kabel; Leitung**
flex [fleks] *BE* / *AE* **cord** [kɔːd]	**(Anschluss-)Kabel / Schnur; Litze**
extension lead [liːd] *BE* / *AE* **cord**	**Verlängerungsschnur**
power point / (wall) socket	**Steckdose**
outlet ['aʊtlet]	*AE* **Steckdose**
plug [plʌg]	**Stecker**
Where do you plug in the speakers?	Wo schließt man die Lautsprecher an?
switch [swɪtʃ]	**Schalter; schalten**
switch / turn the TV on / off	den Fernseher ein- / ausschalten
fluorescent [flɔː'resnt] **lamp / tube**	**Leuchtstofflampe / -röhre**
insulate – insulation [ɪnsju'leɪʃn]	**isolieren – Isolierung**
electronic data ['deɪtə] processing	**elektronische** Datenverarbeitung
microchip ['maɪkrəʊtʃɪp]	**(Mikro-)Chip**
microprocessor ['maɪkrəʊprəʊsesə]	**Mikroprozessor**
transistor [træn'zɪstə]	**Transistor; Transistorradio**
amplify ['æmplɪfaɪ] – **amplifier**	**verstärken – Verstärker**
digital ['dɪdʒɪtl]	**digital; Digital-**
digitize ['dɪdʒitaɪz] – **digitization**	**digitalisieren – Digitalisierung**

16.1 Reference sources
Nachschlagemöglichkeiten

a **reference** ['refrəns] book / work	ein **Nachschlage**buch / -werk
dictionary ['dɪkʃənəri]	**Wörterbuch**
look it up in the dictionary	es im Wörterbuch nachschlagen
thesaurus [θɪ'sɔːrəs]	**Thesaurus; Synonymwörterbuch**
encyclopedia [ɪnsaɪklə'piːdiə]	**Enzyklopädie**
glossary ['glɒsəri]	**Glossar; Wörterverzeichnis**
index ['ɪndeks]	**Register; Index**
almanac ['ɔːlmənæk]	**Almanach**
manual ['mænjuəl] / **handbook**	**Handbuch**
catalogue ['kætəlɒg]	**Katalog**
atlas ['ætləs]	**Atlas**
bibliography [bɪbli'ɒgrəfi]	**Bibliografie; Schriftenverzeichnis**
directory [də'rektəri]	**Adressbuch**
library ['laɪbrəri]	**Bibliothek; Bücherei**
borrow a book from the library	ein Buch aus der Bibliothek entleihen
photocopy ['fəʊtəʊkɒpi]	**Fotokopie; fotokopieren**
study the specialist literature	die Fachliteratur **studieren**
browse [braʊz] through a book	in einem Buch **blättern**
search [sɜːtʃ] for a particular name	einen bestimmten Namen **suchen**
scan [skæn] an article	einen Artikel **überfliegen**
record [rɪ'kɔːd] something	etwas **aufzeichnen**
information [ɪnfə'meɪʃn]	**Information(en)**
try to find a piece of information	eine Information suchen
virtual reality [vɜːtʃuəl ri'æləti]	**virtuelle Realität**
the **Internet** ['ɪntənet] / the **Web**	das **Internet;** das **Netz**
download text from the Internet	Text aus dem Internet kopieren / herunterladen / „downloaden"
an **e-mail** (message ['mesɪdʒ])	eine **E-Mail**
E-mail us your questions.	Senden Sie uns Ihre Fragen per E-Mail.
full-text **search** [sɜːtʃ]	Volltext**suche**
run a search (– ran – run)	einen Suchlauf durchführen / machen
search engine ['sɜːtʃ enʒɪn]	Suchmaschine
transmit **data** [trænzmɪt 'deɪtə]	**Daten** übertragen
database ['deɪtəbeɪs]	Datenbestand; Datenbank

16.2 Books and publishing
Bücher und Verlagswesen

book [bʊk]	**Buch**
bookseller – bookstall ['bʊkstɔːl]	Buchhändler(in) – Bücherstand
secondhand / antiquarian books	**antiquarische** Bücher
secondhand / antiquarian bookshop	Antiquariat
a **hardback** *BE* / *AE* **hardcover**	ein **Buch mit festem Einband**
paperback ['peɪpəbæk]	**Taschenbuch(-)**
foreword / preface ['prefəs]	**Vorwort**
introduction [ɪntrə'dʌkʃn]	**Einleitung**
(table of) **contents** ['kɒntents]	**Inhalt**(sverzeichnis)
page [peɪdʒ]	(Buch-)**Seite**
the lists in the **appendix** [ə'pendɪks]	die Listen im **Anhang**
author ['ɔːθə] – **reader** ['riːdə]	**Autor(in) – Leser(in)**
translate [træns'leɪt]	**übersetzen; übertragen**
a translation into Danish	eine Übersetzung ins Dänische
translator [træns'leɪtə]	Übersetzer(in)
adapt [ə'dæpt] – **adaptation**	**bearbeiten – Bearbeitung**
abridge [ə'brɪdʒ] – **abridgment**	**kürzen – Kürzung**
an (un)abridged version ['vɜːʃn]	eine (un)gekürzte Fassung
copyright ['kɒpiraɪt]	**Copyright; Urheberrecht**
publish ['pʌblɪʃ]	**veröffentlichen; verlegen**
publishing house / firm / company	Verlag

> *The book came out / was published* ['pʌblɪʃt] *last May.* (= Das Buch ist im vergangenen Mai erschienen.) • *bring a book out* (= ein Buch herausbringen) • *launch a book* (= ein Buch auf den Markt bringen)

manuscript ['mænju-] – **typescript**	**Manuskript – Typoskript**
edit ['edɪt] a manuscript	ein Manuskript **lektorieren**
editor ['edɪtə]	**Lektor(in); Redakteur(in)**
edition [ɪ'dɪʃn]	**Ausgabe; Auflage**
typeset a book (– typeset – typeset)	ein Buch **setzen**
read the proofs [pruːfs]	**Korrektur lesen**
misprint ['mɪsprɪnt]	**Druckfehler**
print [prɪnt]	**drucken; Druck**
The book is out of print.	Das Buch ist vergriffen.
a print run of 5,000 copies	eine (Druck-)Auflage von 5 000
the **printer(s)** ['prɪntə(z)]	die **Druckerei**
a **copy** ['kɒpi] of the book	ein **Exemplar** des Buches
bestseller [best'selə]	**Bestseller**

16.3 The press
Die Presse

the (mass) **media** ['mi:diə] are / is ...	die (Massen-)**Medien** sind ...
freedom ['fri:dəm] of the **press**	**Presse**freiheit
hold a press conference ['kɒnfərəns]	eine Pressekonferenz geben
journalism ['dʒɜ:nəlɪzm] – **journalist**	**Journalismus – Journalist(in)**
a **news item** ['nju:z aɪtəm]	eine **Nachricht**
news agency ['nju:z eɪdʒənsi]	Nachrichtenagentur
a national **(news)paper**	eine überregionale **Zeitung**
newsstand ['nju:zstænd]	Zeitungskiosk; Zeitungsstand
a **daily** ['deɪli] (paper)	eine **Tageszeitung**
a **weekly** ['wi:kli]	eine **Wochenzeitung / -zeitschrift**
magazine [mægə'zi:n]	**Magazin; Zeitschrift**
newsmagazine ['nju:zmægəzi:n]	Nachrichtenmagazin
a technical **journal** ['dʒɜ:nl]	eine **Fachzeitschrift**
story ['stɔ:ri]	**Bericht; Meldung; Story; Artikel**
carry a story	eine Meldung bringen
report [rɪ'pɔ:t]	**berichten; melden; Bericht; Meldung**
according [ə'kɔ:dɪŋ] to news reports	Presseberichten zufolge
reporter [rɪ'pɔ:tə]	**Reporter(in)**
feature ['fi:tʃə]	**(Sonder-)Beitrag; Feature**
announce [ə'naʊns]	**bekannt geben; verlautbaren**
front page [frʌnt 'peɪdʒ]	(*Zeitung*) **Titelseite / erste Seite**
sports / business ['bɪznəs] **section**	Sport- / Wirtschafts**teil**
(international) **edition** [ɪ'dɪʃn]	(internationale) **Ausgabe**
editor ['edɪtə] (in chief [tʃi:f])	(Chef-)**Redakteur(in)**
letters to the editor	Leserbriefe
lead [li:d] with a story (– led – led)	eine Story **groß herausstellen**
column ['kɒləm]	(*Zeitung*) **Spalte, Kolumne**
columnist ['kɒləmnɪst]	**Kolumnist(in)**
correspondent [kɒrə'spɒndənt]	**Korrespondent(in)**
copy ['kɒpi]	**Text(e); Artikel; Stoff**
heading ['hedɪŋ]	**Überschrift**
headline ['hedlaɪn]	**Schlagzeile**
hit the headlines (– hit – hit)	Schlagzeilen machen
subscribe [səb'skraɪb] to a newspaper	eine Zeitung **im Abonnement beziehen**
subscriber – subscription	**Abonnent(in) – Abonnement**
take out a subscription to a paper	eine Zeitung abonnieren
spokesman ['spəʊks-] / **-woman**	**(Presse-)Sprecher / Sprecherin**

16.4 Radio and television
Rundfunk und Fernsehen

radio ['reɪdiəʊ]	**Rundfunk(-); Radio(-); Hörfunk**
listen ['lɪsn] to the radio	Radio hören
I heard [hɜːd] it on the radio.	Das habe ich im Radio gehört.
television ['telɪvɪʒn] / **TV** [tiː'viː]	(das) **Fernsehen; Fernseh-; Fernseher**
What's on (the) television tonight?	Was ist heute Abend im Fernsehen?
watch [wɒtʃ] television / TV	fernsehen
broadcast (– broadcast – broadcast)	**senden; übertragen; ausstrahlen**
live broadcast [laɪv 'brɔːdkɑːst]	Direktübertragung; Livesendung
televise	**im Fernsehen senden / übertragen**
network ['netwɜːk] / **station**	(*Rundfunk / Fernsehen*) **Sender**
channel ['tʃænl]	**(Fernseh-)Kanal**
tune in to a station	einen Sender **einstellen**
(radio / TV) **programme** ['prəʊgræm]	(Rundfunk- / Fernseh-)**Sendung**
documentary [dɒkju'mentri]	**Dokumentarfilm**
a **commercial** [kə'mɜːʃl]	ein **Werbespot**
television play / **teleplay**	**Fernsehspiel**
a popular TV **series** ['sɪəriːz]	eine beliebte Fernseh**serie**
quiz show ['kwɪz ʃəʊ]	**Quizsendung**
chat show *BE* / *AE* talk show	Talkshow
episode ['epɪsəʊd]	**Folge** (einer Fernsehserie)
interview ['ɪntəvjuː] – **interviewer**	**Interview** – **Interviewer(in)**
announcer [ə'naʊnsə]	**Ansager(in); Sprecher(in)**
newscaster / *BE auch* **newsreader**	**Nachrichtensprecher(in)**
presenter [prɪ'zentə] *BE* / *AE* **anchor** ['æŋkə] / **anchorman** / **-woman**	**Moderator(in)**
commentator ['kɒmənteɪtə]	**Kommentator(in)**
weatherman / **-woman** / **-person**	**Wettermann** / **-frau**
producer [prə'djuːsə]	**Produzent(in)**
listener ['lɪsnə]	(Rundfunk-)**Hörer(in)**
viewer ['vjuːə]	(Fernseh-)**Zuschauer(in)**
tape recorder ['teɪp rɪkɔːdə]	**Tonbandgerät**
cassette recorder [kə'set rɪkɔːdə]	Kassettenrekorder
video ['vɪdiəʊ]	**Video(-);** *BE* **Videorekorder**
videocassette [vɪdiəʊkə'set]	Videokassette
video(cassette) recorder / VCR	Videorekorder
DVD [diːviː'diː] **(player)**	**DVD(-Player / -Abspielgerät)**
microphone ['maɪkrəfəʊn] / **mike**	**Mikrofon**

16.5 The postal service
Der Postdienst

post [pəʊst]	**Post**
take a letter to the post	einen Brief auf die Post bringen
We'll send it by post.	Wir schicken es mit der Post.
post *BE* / *AE* mail a letter	einen Brief auf die Post geben
by return [rɪ'tɜːn] (of post)	postwendend
postcard ['pəʊst kaːd]	**Postkarte**
post office ['pəʊst ɒfɪs]	**Post(filiale / -amt)**
the Post Office	die Post (*als Einrichtung*)
post-office box / POB / PO box	Postfach
postal rates / charges ['tʃɑːdʒɪz]	**Post**gebühren

Für Postzusteller(in) / Briefträger(in) / Postfrau etc. gibt es eine Reihe von Entsprechungen: BE *postman / postwoman*, AE *mailman / mail carrier / letter carrier / postman.*

mail [meɪl]	**Post(-)**
Has the mail / post come yet?	Ist die Post schon da?
mailing list ['meɪlɪŋ lɪst]	Adressenliste
parcel ['pɑːsl]	**Paket**
pack / unpack a parcel	ein Paket / Päckchen packen / auspacken
ship sth. by parcel post	etw. per Paketpost versenden
small packet ['pækɪt] *BE* / *AE* **small parcel**	**Päckchen**
printed matter ['prɪntɪd mætə]	**Drucksache(n)**
deliver [dɪ'lɪvə] – **delivery** [dɪ'lɪvəri]	**zustellen – Zustellung**
If undelivered, please return [rɪ'tɜːn] to sender.	Falls unzustellbar, bitte zurück an Absender.
special delivery [speʃl dɪ'lɪvəri]	Eilzustellung
by *BE* / *AE* via ['vaɪə] **airmail**	mit / per **Luftpost**

Ein Briefkasten auf der Straße ist im BE *postbox, letterbox* oder (veraltet) *pillar box* ['pɪlə bɒks], im AE *mailbox.* Ein privater Briefkasten ist im BE *letterbox*, im AE *mailbox.*

please **forward** ['fɔːwəd]	bitte **nachsenden**
postage ['pəʊstɪdʒ]	**Porto**
(postage) stamp [stæmp]	**Briefmarke**
the **postcode** *BE* / *AE* **zip code**	die **Postleitzahl**

16.6 Telephone and fax
Telefon und Fax

(tele)phone [('telɪ)fəʊn]	**Telefon(-); Fernsprech-**
Our phone is out of order.	Unser Telefon ist gestört.
You're wanted on the phone.	Sie werden am Telefon verlangt.
answer ['ɑːnsə] the phone	ans Telefon gehen
pick up the phone	den Hörer abnehmen
during a (tele)phone conversation	während eines Telefongesprächs
telephone charges ['telɪfəʊn tʃɑːdʒɪz]	Telefongebühren
cordless ['kɔːdləs] phone	schnurloses Telefon
mobile (phone) *BE* / *AE* cellphone	Funk-/Mobiltelefon; Handy
We (tele)phoned the doctor.	Wir riefen den Arzt an.
We (tele)phoned for a doctor.	Wir telefonierten nach einem Arzt.
call [kɔːl]	**anrufen; Anruf; Telefonat**
I called her (up) at the office.	Ich habe sie im Büro angerufen.
Can I call you back?	Kann ich Sie zurückrufen?
Thank you / Thanks for calling.	Vielen Dank für Ihren Anruf.
make a phone call (– made – made)	ein Telefongespräch führen
local call [ləʊkl 'kɔːl]	Ortsgespräch
long-distance call ['dɪstəns]	Ferngespräch
ring (– rang – rung) *BE* / *AE* call	**anrufen**
I'll ring you tonight.	Ich rufe dich heute Abend an.
I rang her up in London.	Ich habe sie in London angerufen.
Give me a ring sometime.	Rufe mich doch mal an.
ring off *BE* / *AE* hang up	einhängen; auflegen
(tele)phone number ['nʌmbə]	**Telefonnummer**
You can call me on *BE* / *AE* at this number.	Sie können mich unter dieser Nummer anrufen.
You've got the/a wrong number.	Sie sind falsch verbunden.
toll-free ['təʊl friː] number	(gebührenfrei anrufbare Nummer)
an ex-directory [eksdə'rektəri] *BE* / *AE* unlisted number	eine Nummer, die nicht im Telefonbuch steht

How to say phone numbers **(= Wie man Telefonnummern spricht)**
From Germany, the code for the UK is 0044 (double oh, double four). Within the UK, the code for central London is 0171 (oh one seven one). Our phone number is 385 1300 (three eight five, one three double oh).

phone book / telephone directory	**Telefonbuch**
Yellow Pages [jeləʊ 'peɪdʒɪz]	**Gelbe Seiten; Branchentelefonbuch**

directory enquiries [ɪn'kwaɪəriz] *BE* / *AE* **directory assistance** [ə'sɪstəns]	(die) **Telefonauskunft**
subscriber [səb'skraɪbə]	**(Telefon-)Kunde / Kundin**
dial ['daɪəl] a number	eine Nummer **wählen**
dialling *BE* / *AE* dial tone [təʊn]	Freizeichen; Wählton; Rufton
The number's **engaged** *BE* / *AE* **busy**.	Die Nummer ist **besetzt**.

Phrases used on the phone **(= Am Telefon benutzte Redensarten)**
Who's this? (= Wer ist da?) • *Is that Mrs King?* (= Ist da Frau King?) • *Speaking.* (= Am Apparat.) • *Can I speak to Pat, please?* (= Kann ich bitte Pat sprechen?) • *Hold on, I'll connect you.* (= Moment, ich verbinde Sie.) • *One moment, please.* (= Einen Augenblick bitte.) • *This is Jill Fox (speaking).* (= Hier ist / spricht Jill Fox.) • *Can you speak a bit louder, please?* (= Können Sie bitte ein bisschen lauter sprechen?) • *We've been disconnected.* (= Wir sind getrennt worden.)

line – **connection** [kə'nekʃn]	**Leitung** – **Verbindung**
Will you please hold the line.	Bleiben Sie bitte am Apparat.
extension [ɪk'stenʃn]	**Nebenstelle; Apparat**
receiver [rɪ'si:və]	**(Telefon-)Hörer**
replace [rɪ'pleɪs] the receiver	(den Hörer) auflegen
answering machine / *BE auch* **answerphone**	**Anrufbeantworter**
call box *BE* / **(tele)phone box** *BE* / *AE* **(tele)phone booth** [bu:ð]	**Telefonzelle**
pay phone / *AE auch* **pay station**	**Münz- / Kartentelefon**
phonecard ['fəʊnkɑ:d]	**Telefonkarte**
switchboard ['swɪtʃbɔ:d]	**(Telefon-)Zentrale / Vermittlung**
send an **SMS (message)**	eine **SMS** senden

Beachten Sie den Unterschied zwischen *hang on* (= warten / dran bleiben) und *hang up* (= einhängen / auflegen): *Hang on a minute.* (= Augenblick bitte.) *He had the cheek to hang up on me.* (= Er besaß die Frechheit, einfach aufzulegen.)

fax [fæks]	**(Tele-)Fax; faxen**
send (– sent – sent) a fax	ein Fax schicken / senden
Could you send it by fax?	Könnten Sie es per Fax senden?
I'll give you my fax number.	Ich gebe Ihnen meine Faxnummer.
We'll fax you our offer.	Wir faxen Ihnen unser Angebot.
fax (machine [mə'ʃi:n])	(Tele-)Faxgerät

16.7 Computers
Computer

computer [kəm'pju:tə]	**Computer; Rechner**
computer game [geɪm]	Computerspiel
computer-literate ['lɪtrət] kids	Kinder mit Computerverstand
computer science ['saɪəns]	(die) Informatik
use a **word processor** ['prəʊsesə]	eine **Textverarbeitung** benutzen
a word-processing program	ein Textverarbeitungsprogramm
enter **data** ['deɪtə]	**Daten** eingeben
data processing (system)	Datenverarbeitung(sanlage); EDV
data transfer ['trænsfɜ:]	Datenübertragung / -transfer
program ['prəʊgræm]	**Programm(-); programmieren**
programmer ['prəʊgræmə]	Programmierer(in)
programming ['prəʊgræmɪŋ]	Programmieren; Programmierung
software package ['sɒftweə pækɪdʒ]	**Software**paket; **Programm**paket
bug [bʌg]	**Programmfehler; Macke**
crash [kræʃ]	**abstürzen; Absturz**
operating system ['sɪstəm] / OS	**Betriebssystem / BS**

Aussprache ins Deutsche übernommener Computerwörter
cache [kæʃ] • *configuration* [kənfɪgjə'reɪʃn] • *cookie* ['kʊki] • *cursor* ['kɜ:sə] • *display* [dɪ'spleɪ] • *domain* [dəʊ'meɪn] • *excel* [ɪk'sel] • *hacker* ['hækə] • *hardware* ['hɑ:dweə] • *host* [həʊst] • *hyperlink* ['haɪpəlɪŋk] • *hypertext* ['haɪpətekst] • *icon* ['aɪkɒn] • *interactive* [ɪntər'æktɪv] • *joystick* ['dʒɔɪstɪk] • *laptop* ['læptɒp] • *macro* ['mækrəʊ] • *modem* ['məʊdem] • *monitor* ['mɒnɪtə] • *parameter* [pə'ræmɪtə] • *provider* [prə'vaɪdə] • *software* ['sɒftweə]

online – **offline**	**verbunden – nicht verbunden**
keyboard ['ki:bɔ:d]	**Tastatur**
screen [skri:n]	**Bildschirm**
(ink-jet / laser ['leɪzə]) **printer**	(Tintenstrahl- / Laser-)**Drucker**
thermal ['θɜ:ml] printer	Thermoprinter
interface ['ɪntəfeɪs]	**Schnittstelle**
(serial ['sɪəriəl]) **port**	(serieller) **Anschluss**
drive [draɪv]	**Laufwerk**
diskette [dɪ'sket] / **floppy (disk)**	**Diskette**
boot (up) [bu:t] / **start up**	**hochfahren; starten**
shut down / off	**abschalten**
load [ləʊd]	**laden; Lade-**
download a file	eine Datei herunterladen

install [ɪn'stɔ:l]	**installieren**
installation [ɪnstə'leɪʃn]	**Installation**
log on [lɒg 'ɒn] – **log off** [lɒg 'ɒf]	**sich anmelden – sich abmelden**
(sub)directory [(sʌb)daɪ'rektəri]	**(Unter-)Verzeichnis**
file [faɪl]	**Datei(-)**
create [kri'eɪt] a file	eine Datei anlegen/erstellen
open/close a file	eine Datei öffnen/schließen
access ['ækses] to the Net	**Zugang** zum Internet
format ['fɔ:mæt]	**formatieren; Format**
scroll [skrəʊl] **(up/down)**	**(zurück-/vor)scrollen**
highlight ['haɪlaɪt]	**hervorheben; markieren**
edit ['edɪt]	**editieren; bearbeiten**
search and replace [rɪ'pleɪs]	**suchen und ersetzen**
copy ['kɒpi]	**kopieren; Kopie**
delete [dɪ'li:t] / **erase** [ɪ'reɪz]	**löschen**
drag and drop	**„ziehen und fallen lassen"**
save [seiv]	**sichern; schützen; (ab)speichern**
store [stɔ:] – **storage** ['stɔ:rɪdʒ]	**speichern – Speicher-**
data stored on the hard disk	auf der Festplatte gespeicherte Daten
storage capacity [kə'pæsəti]	Speicherkapazität
memory ['meməri]	**(Arbeits-)Speicher**
buffer ['bʌfə]	**Puffer(speicher); Zwischenablage**
backup (copy) ['bækʌp]	**Sicherungskopie**
pop-up menu ['menju:]	**Pop-up-Menü; Balkenmenü**
tool bar ['tu:l bɑ:]	**Symbolleiste**
default [dɪ'fɔ:lt] (option/setting)	**Standard**(einstellung); **Voreinstellung**
click on the Search button	die Schaltfläche Suchen **anklicken**
double-click on an icon ['aɪkɒn]	auf ein Bildsymbol doppelklicken
shift key ['ʃɪft ki:]	**Umschalttaste**
function key ['fʌŋkʃn ki:]	Funktionstaste
press/hit the return key [rɪ'tɜ:n ki:]	die Eingabetaste drücken
control [kən'trəʊl] / **Ctrl**	**Steuerung / Strg**
press/hit **Enter** ['entə]	**Eingabe** drücken
character ['kærəktə]	**Zeichen**
proportional font [fɒnt] / **spacing**	**Proportionalschrift**
hard hyphen ['haɪfn]	**geschützter Bindestrich**
soft [sɒft] hyphen	bedingter Trennstrich
paragraph ['pærəgrɑ:f] **mark/sign**	**Absatzmarke**
backslash ['bækslæʃ]	**Backslash; negativer Schrägstrich**
message ['mesɪdʒ]	**Mitteilung; Meldung; Nachricht**

update [ʌp'deɪt]	**aktualisieren**
upgrade ['ʌpgreɪd]	**verbesserte Version**
upgrade [ʌp'greɪd] the software	die Software aktualisieren
user ['ju:zə]	**Anwender(in); Benutzer(in)**
user-friendly ['ju:zə frendli]	benutzerfreundlich
network ['netwɜ:k]	**Netz(werk)**
terminal ['tɜ:mɪnəl]	**Terminal; Dateneingabestation**
leased line [li:st 'laɪn]	**Standleitung**
compress [kəm'pres] a file	eine Datei **komprimieren**
encode [ɪn'kəʊd] – **decode** [di:'kəʊd]	**kodieren – dekodieren**
encrypt [ɪn'krɪpt] – **decrypt** [di:'krɪpt]	**verschlüsseln – entschlüsseln**
activate ['æktɪveɪt]	**aktivieren; einschalten**
deactivate [di:'æktɪveɪt]	**deaktivieren; ausschalten**
path [pɑ:θ]	**Pfad**
flat rate [flæt 'reɪt]	**Pauschaltarif**
the **Web** (= the **World Wide Web**)	das **Netz**
search [sɜ:tʃ] the Web / Internet	das Netz / Internet durchsuchen
visit ['vɪzɪt] a website	eine Website besuchen
webpage ['webpeɪdʒ]	Webseite
on the **Internet** ['ɪntənet]	im **Internet**
homepage ['həʊmpeɪdʒ]	Start- / Ausgangsseite im WWW
design [dɪ'zaɪn] a homepage	eine Homepage gestalten
hit [hɪt]	**Zugriff** (auf eine Internet-Seite)
browse [braʊz]	**browsen; surfen**
country code ['kʌntri kəʊd]	**Länderkennung** (z. B. .de)
e-mail ['i: meɪl] – **snail mail**	**E-Mail – herkömmliche Post**
mail server ['meɪl sɜ:və]	Mail-Server
mailbox ['meɪlbɒks]	elektronischer Briefkasten
attachment [ə'tætʃmənt]	(E-Mail-)**Anlage**
spam [spæm]	**Werbemüll**
chat [tʃæt]	**Chat; chatten**
join a chat group ['tʃæt gru:p]	in einer Chat-Group mitmachen
(computer) **virus** ['vaɪrəs]	(Computer-)**Virus**
the virus erases [ɪ'reɪzɪz] your hard disk / hard drive	der Virus löscht deine Festplatte
(anti)virus protection [prə'tekʃn]	Schutz gegen Viren
worm [wɜ:m]	**Wurm**
secure server [sɪ'kjʊə 'sɜ:və]	**sicherer / verschlüsselter Server**
digital signature [dɪdʒɪtl 'sɪgnətʃə]	**digitale Unterschrift / Signatur**
password ['pɑ:swɜ:d]	**Passwort**
ascending [ə'sendɪŋ] – **descending**	(*Tabelle*) **aufsteigend – absteigend**
simple **query** ['kwɪəri]	einfache **Abfrage**
advanced [əd'vɑ:nst] query	erweiterte Abfrage

17.1 Motor vehicles and road traffic
Kraftfahrzeuge und Straßenverkehr

(motor) vehicle [(məʊtə) 'viːɪkl]	**(Kraft-)Fahrzeug**
an efficient **means of transport** ['trænspɔːt] *BE* / *AE* **transportation**	ein effizientes **Transportmittel / Verkehrsmittel**
car / *AE auch* **auto(mobile)** ['ɔːtəʊ]	**Auto**
go by car	mit dem Wagen fahren
car rental ['rentl] – rental car	Autovermietung – Mietwagen
lorry ['lɒri] *BE* / *AE* **truck** [trʌk]	**Lastwagen; Lkw; Laster**
van [væn]	(geschlossener) **Lieferwagen**
removal van *BE* / *AE* moving van	Möbelwagen
drive [draɪv] (– drove – driven)	**fahren** (*d. h. am Steuer sitzen*)
She drives very well.	Sie fährt sehr gut.
It's an hour's drive.	Es ist eine einstündige Fahrt.
driver ['draɪvə]	**Fahrer(in)**
a **driving school** ['draɪvɪŋ skuːl]	eine **Fahrschule**
run [rʌn] (– ran – run)	(*jemand / ein Fahrzeug*) **fahren**
Shall I run/drive you home?	Soll ich Sie nach Hause fahren?
motorist ['məʊtərɪst]	**Autofahrer(in); Kraftfahrer(in)**
commute [kə'mjuːt]	**pendeln**
commuter [kə'mjuːtə]	Pendler(in)
hitchhike ['hɪtʃhaɪk]	**per Anhalter fahren; trampen**
hitchhiker ['hɪtʃhaɪkə]	Anhalter(in); Tramper(in)
Can you give me a **lift** / **ride**?	Können Sie mich mitnehmen?
We had a smooth [smuːð] ride.	Wir hatten eine ruhige Fahrt.

Autobahnen sind im BE *motorways*; im AE heißen autobahnartige Straßen *superhighways, freeways, expressways* oder *interstates*. Hauptverkehrsstraßen (= *main roads*) heißen im AE allgemein *highways*. Deutsche Autobahnen nennt man meist auch englisch so – der Plural lautet *autobahns*.

road [rəʊd]	**Straße** (als Verkehrsweg)
ship goods by road	Waren auf der Straße befördern
one-way street [wʌn weɪ 'striːt]	**Einbahnstraße**
cul-de-sac ['kʌl də sæk]	**Sackgasse**
bend / **curve** [kɜːv]	**Kurve**
at/on the **corner** ['kɔːnə]	an der **Ecke**
junction *BE* / *AE* **intersection**	**(Straßen-)Kreuzung**

roundabout *BE* / *AE* **traffic circle**	**Kreisverkehr**
traffic light(s) ['træfɪk laɪt(s)]	**Verkehrsampel**
lane [leɪn] – **bus lane**	**(Fahr-)Spur** – **Busspur**
the best/quickest **route** [ru:t] to X	der beste/schnellste **Weg** nach X
make a **detour** ['di:tʊə]	einen **Umweg** machen
diversion [daɪ'vɜ:ʃn] – **bypass**	**Umleitung** – **Umgehungsstraße**
pavement *BE* / *AE* **sidewalk**	**Bürgersteig; Gehsteig**
(pedestrian [pə'destriən]) **crossing**	(Fußgänger-)**Überweg**
heavy **traffic** ['træfɪk]	starker **Verkehr**
rush-hour ['rʌʃ aʊə] traffic	Berufsverkehr
traffic jams during rush hours	**Staus** während der Stoßzeiten
service area ['sɜ:vɪs eəriə] *BE*	**(Autobahn-)Raststätte**
petrol ['petrəl] *BE* / *AE* **gas station**	**Tankstelle**
a **breakdown** ['breɪkdaʊn]	eine **Panne**
My car's at the **garage** ['gærɑ:ʒ].	Mein Auto ist in der **Werkstatt.**
a spare **tyre** ['taɪə] / wheel	ein Ersatz**reifen**/-rad
check the tyre pressure ['preʃə]	den Reifendruck prüfen
burst tyre / flat tyre / blowout	geplatzter Reifen; Reifenpanne
change [tʃeɪndʒ] a tyre / the oil	einen Reifen / das Öl **wechseln**
Can you **fix** it?	Können Sie es **reparieren?**
I've just had my car **serviced** ['sɜ:vɪst].	Mein Auto war gerade zur Inspektion.
You can't **park** here.	Hier können Sie nicht **parken.**
a parked [pɑ:kt] car	ein parkendes Auto
a no parking sign	ein Parkverbotsschild
look for a parking space	eine Parklücke suchen
parking meter ['mi:tə]	Parkuhr
parking fine [faɪn]	Geldbuße für Falschparken
car park *BE* / *AE* **parking lot**	**Parkplatz**
traffic cop ['træfɪk kɒp] *AE*	**Verkehrspolizist(in)**
driving licence ['laɪsns] *BE* / *AE* **driver's license**	**Führerschein**
car/vehicle **documents**	Auto-/Fahrzeug**papiere**
speeding ['spi:dɪŋ]	**zu schnelles Fahren**
reckless driving [rekləs 'draɪvɪŋ]	**rücksichtsloses Fahren**
drink-driving *BE* / *AE* **drunk driving**	**Trunkenheit am Steuer**
road/traffic accident ['æksɪdənt]	**Verkehrsunfall**
motorcycle ['məʊtəsaɪkl] / **motorbike**	**Motorrad**
ride a motorcycle/motorbike	Motorrad fahren
motorcyclist / **motorcycle rider**	**Motorradfahrer(in)**
bicycle ['baɪsɪkl] / **bike** / **cycle** ['saɪkl]	**Fahrrad**
go by bike / bicycle / cycle	mit dem Fahrrad fahren

17.2 Rail transport
Beförderung mit der Eisenbahn

rail [reɪl]	**Schiene(n-); (Eisen-)Bahn(-)**
rail strike ['reɪl straɪk]	Eisenbahnerstreik
London's rail terminals ['tɜ:mɪnlz]	die Londoner (Fern-)Bahnhöfe
railway *BE / AE* **railroad**	**Eisenbahn**
railway *BE / AE* railroad line	(Eisen-)Bahnlinie / -strecke
the rail(way) workers	die Eisenbahner
nationalize ['næʃnəlaɪz] the railways	die Eisenbahnen verstaatlichen
privatize ['praɪvətaɪz] the railways	die Eisenbahnen privatisieren
train [treɪn]	**Zug**
go / travel by train	mit dem Zug / der Bahn fahren
catch a train (– caught – caught)	einen Zug nehmen / schaffen
We missed our train.	Wir haben unseren Zug verpasst.
When's the next train to / for Hull?	Wann geht der nächste Zug nach Hull?
goods train *BE / AE* freight train	Güterzug
local (train) ['ləʊkl]	Nahverkehrszug; Regionalbahn
express (train) [ɪk'spres]	Schnellzug
high-speed train [haɪ spi:d 'treɪn]	Hochgeschwindigkeitszug
a through train ['θru: treɪn]	ein durchgehender Zug
train service ['sɜ:vɪs]	**Zugverbindung**
a direct ['daɪrekt] service	eine Direktverbindung
intercity services to York	Intercity-Verbindungen nach York
a **shuttle** (service) ['ʃʌtl]	**Pendelverkehr**
railway **carriage** ['kærɪdʒ] *BE / AE* railroad **car**	Eisenbahn**wagen**
sleeping car / sleeper	Schlafwagen
dining car / *AE auch* diner / *BE auch* restaurant ['restrɒnt] car	Speisewagen
buffet (car) ['bʊfeɪ]	Büfettwagen
(non-)smoker ['sməʊkə]	**(Nicht-)Raucher(wagen / -abteil)**
engine ['endʒɪn] / **loco(motive)**	**Lokomotive**
electric locomotive [ləʊkə'məʊtɪv]	Elektrolok(omotive)
engine driver *BE / AE* **engineer**	**Lok(omotiv)führer(in)**
(first-class) **compartment**	(Erster-Klasse-)**Abteil**
reserve [rɪ'zɜ:v] a **seat**	einen **Platz** reservieren
This seat is taken / occupied.	Dieser Platz ist besetzt.
guard [gɑ:d] *BE / AE* **conductor**	**Zugbegleiter(in); Schaffner(in)**
station ['steɪʃn]	**Bahnhof**
mainline station	Fernbahnhof

platform 3 *BE* / *AE* **track 3**	**Bahnsteig 3; Gleis 3**
Keep off the tracks.	Betreten der Gleise verboten.
waiting room ['weɪtɪŋ rʊm]	**Wartesaal**
porter / *AE auch* **redcap** ['redkæp]	**Gepäckträger**
luggage trolley *BE* / *AE* **baggage cart**	**Kofferkuli**
Where can I check in my **luggage**?	Wo kann ich mein **Gepäck** aufgeben?
the left-luggage (office) *BE* / *AE* checkroom	die Gepäckaufbewahrung
the **lost-property** (office) *BE* / *AE* **lost-and-found** (office)	das **Fundbüro**
fare (increase / *AE auch* hike)	**Fahrpreis**(erhöhung)
ticket (office)	**Fahrkarte**(nschalter)
return ticket *BE* / *AE* round-trip ticket	Rückfahrkarte
Two first-class singles to Hull, please.	Bitte zweimal erste Klasse einfach nach Hull.
get on a train / **board** [bɔ:d] a train	in einen Zug **einsteigen**
get off (a train) (– got – got)	(aus einem Zug) **aussteigen**
a train **journey** ['dʒɜ:ni] / *AE auch* train **ride**	eine Bahn**fahrt**
outward / return journey	Hin- / Rückreise
the journey there and back / the round trip	die Hin- und Rückfahrt
journey time / travel time	Fahrzeit
a comfortable ['kʌmftəbl] **ride**	eine bequeme **Fahrt**
change [tʃeɪndʒ] at Rugby	in Rugby **umsteigen**
make / miss a **connection** [kə'nekʃn]	einen **Anschluss** schaffen / verpassen
a **stopover** in Chicago [ʃɪ'kɑ:gəʊ]	ein **Zwischenaufenthalt** in Chicago
departure [di'pɑ:tʃə] – **arrival**	**Abfahrt – Ankunft**
timetable *BE* / *AE* **schedule**	**Fahrplan; Kursbuch**
The train was **on schedule** ['ʃedju:l].	Der Zug war **pünktlich**.
The train is behind schedule.	Der Zug hat Verspätung.
The train is scheduled to arrive at 6.35.	Der Zug soll fahrplanmäßig um 6.35 Uhr ankommen.
The train was **on time**.	Der Zug war **pünktlich**.
Many trains are running **late** today.	Viele Züge haben heute Verspätung.
What time do we **get to** York?	Wann **kommen** wir in York **an**?
passenger ['pæsɪndʒə]	**Fahrgast; Reisende(r); Passagier**

17.3 Air transport
Beförderung mit dem Flugzeug

fly [flaɪ] (– flew [flu:] – flown [fləʊn])	**fliegen**
fly economy [ɪ'kɒnəmi] (class) / *AE* fly coach	in der Touristenklasse fliegen
He's afraid of flying.	Er hat Angst vor dem Fliegen.
The flying / flight time is six hours.	Die Flugzeit beträgt sechs Stunden.
frequent flyer [fri:kwənt 'flaɪə]	**Vielflieger(in)**
travel / go by **air / plane**	mit dem **Flugzeug** reisen / fliegen
ship / send goods by air	Waren auf dem Luftweg versenden
low / high air fares	niedrige / hohe Flugpreise
aircraft ['eəkrɑ:ft] *Plural ohne -s!*	**Flugzeug(e)**
This aircraft is very fast.	Dieses Flugzeug ist sehr schnell.
These aircraft are very fast.	Diese Flugzeuge sind sehr schnell.
plane / airplane *AE* / *BE* **aeroplane**	**Flugzeug**
He died [daɪd] in a plane crash.	Er kam bei einem Flugzeugabsturz ums Leben.
airliner ['eəlaɪnə]	**Verkehrsflugzeug, -maschine**
jet [dʒet]	**Düsenflugzeug, -maschine**
jet lag ['dʒet læg]	Jetlag
jetliner ['dʒetlaɪnə]	Düsenverkehrsflugzeug
airline ['eəlaɪn]	**Fluggesellschaft; (Flug-)Linie**
an airline ticket in his name	ein Flugschein auf seinen Namen
airport ['eəpɔ:t]	**Flughafen**
Shall I meet you at the airport?	Soll ich dich am Flughafen abholen?
terminal ['tɜ:mɪnl]	(*Flughafen*) **Abfertigungshalle**
timetable / flight schedule ['ʃedju:l]	**Flugplan**
arrival(s) [ə'raɪvl(z)] – **departure(s)**	**Ankunft – Abflug**
arrival / departure lounge [laʊndʒ]	Ankunfts- / Abflughalle
Scheduled arrival time is 16:05 (sixteen oh five), but the flight will be delayed.	Die flugplanmäßige Ankunftszeit ist 16.05 Uhr, aber der Flug wird verspätet eintreffen.
cancel ['kænsl]	**streichen; stornieren; ausfallen lassen**
Flight 452 has been cancelled.	Flug 452 fällt aus.
cancel a reservation [rezə'veɪʃn]	eine Reservierung rückgängig machen

destination [destɪ'neɪʃn]	**Zielflughafen; Reiseziel**
domestic **flight** [dəmestɪk 'flaɪt]	Inland**flug**
direct flight [daɪrekt 'flaɪt]	Direktverbindung mit Zwischenlandung
nonstop flight [nɒnstɒp 'flaɪt]	Flug ohne Zwischenlandung
book a seat ['si:t]	einen Platz **buchen**
security [sɪ'kjʊərəti] **search / check**	**Sicherheitskontrolle**
check-in counter ['tʃekin kaʊntə]	(Fluggast-)**Abfertigungsschalter**
What time do we have to check in?	Um welche Zeit müssen wir am Abfertigungsschalter sein?
upgrade ['ʌpgreɪd]	**Höherstufung** (z. B. von *economy class* zur *business* ['bɪznəs] *class*)
Your flight leaves from **gate** 4.	Ihr Flug geht von **Flugsteig** 4 (ab).
an **unaccompanied minor** ['maɪnə]	ein **unbegleitetes Kind**
carry-on bag – carry-on baggage	**Bordtasche – Kabinengepäck**
one piece of hand baggage / luggage	ein Stück Handgepäck
boarding pass / card	**Einsteigekarte; Bordkarte**
standby ['stændbaɪ] (passenger)	Fluggast / Passagier auf Warteliste
charter ['tʃɑ:tə] flight / plane	**Charter**flug / -maschine
go charter (– went – gone [gɒn])	einen Charterflug nehmen
charter a helicopter ['helɪkɒptə]	einen Hubschrauber chartern
scheduled ['ʃedju:ld] flight	Linienflug / -maschine
Please fasten ['fɑ:sn] your **seat belt**.	Bitte schnallen Sie sich an.
oxygen mask ['ɒksɪdʒən mɑ:sk]	**Sauerstoffmaske**
life jacket ['laɪf dʒækɪt] / **life vest**	**Schwimmweste**
overhead ['əʊvəhed] **rack / locker**	**über dem Sitz befindliches Gepäckfach**
cockpit ['kɒkpɪt]	**Cockpit; Pilotenkabine**
captain ['kæptɪn] and **crew** [kru:]	**Kapitän** und **Besatzung**
the ground crew ['graʊnd kru:]	das Bodenpersonal
pilot ['paɪlət]	**Pilot(in); Flugzeugführer(in)**
runway ['rʌnweɪ]	**Start- / Landebahn**
shortly after **takeoff** ['teɪkɒf]	kurz nach dem **Start**
cruising altitude ['kru:zɪŋ æltitju:d]	**Reiseflughöhe**

Flugbegleiter(innen) (= *flight attendants* ['flaɪt ətendənts]) heißen auch *stewardesses / stewards* oder (nur weibl.) *(air) hostesses* ['həʊstəsɪz].

hijack ['haɪdʒæk] / **skyjack** a plane	ein Flugzeug **entführen**
a hijacking / skyjacking	eine Flugzeugentführung
the hijackers / skyjackers	die Flugzeugentführer
air freight ['eə freɪt] / **air cargo**	**Luftfracht**

17.4 Water transport
Beförderung auf dem Wasserweg

the **sea** [si:]	die **See**; das **Meer**
in international [ɪntə'næʃnəl] **waters**	in internationalen **Gewässern**
ship [ʃɪp]	**Schiff; verschiffen**
The captain ['kæptɪn] goes down with his ship / vessel.	Der Kapitän geht mit seinem Schiff unter.
I had the books shipped over from the US.	Ich ließ mir die Bücher aus den USA schicken.
shipping ['ʃɪpɪŋ]	(die) **Schifffahrt; Schiffe**
They were **shipwrecked** ['ʃɪprekt].	Sie erlitten Schiffbruch.
shipyard ['ʃɪpjɑ:d] (workers)	**Werft**(arbeiter)
boat [bəʊt]	**Boot; Schiff; Fähre**
the boat train to Dover ['dəʊvə]	der Zug zur Fähre in Dover
canoe [kə'nu:]	**Kanu (fahren); Paddelboot; paddeln**
on board the **ferry** ['feri]	an Bord der **Fähre**

Kinds of watercraft **(= Arten von Wasserfahrzeugen)**
ocean liner ['əʊʃn laɪnə] (= Ozeandampfer) • *passenger liner* (= Passagierschiff) • *steamship* (= Dampfschiff) • *steamer* (= Dampfer) • *cargo ship / freighter* (= Frachtschiff / Frachter) • *merchant* ['mɜ:tʃənt] *ship* (= Handelsschiff) • *container ship* (= Containerschiff) • *oil tanker* (= Öltanker) • *supertanker* (= Supertanker) • *fishing trawler* ['trɔ:lə] (= Fischkutter) • *whaler* ['weɪlə] (= Walfänger) • *paddle steamer* (= Raddampfer) • *tug (boat)* (= Schlepper) • *lifeboat* (= Rettungsboot) • *motorboat* (= Motorboot) • *yacht* [jɒt] (= Jacht) • *sailing boat* BE / AE *sailboat* (= Segelboot) • *rowing* [əʊ] *boat* BE / AE *rowboat* (= Ruderboot) • *raft* [rɑ:ft] (= Floß)

sail [seɪl]	**Segel**
They went sailing.	Sie gingen segeln.
Our ship sails tomorrow.	Unser Schiff läuft morgen aus.
sailing / yachting ['jɒtɪŋ]	**Segeln; Segel-**
go on a **cruise** [kru:z]	eine **Kreuzfahrt** machen
voyage ['vɔɪɪdʒ]	**(See-)Reise**

Schiffe sind *it* oder *she: The Titanic* [tai'tænɪk] / *It / She sank within three hours, and of its / her 2 206 passengers* ['pæsɪndʒəz] *only 703 were saved.* (= Die Titanic sank innerhalb von drei Stunden, und von ihren 2206 Passagieren wurden nur 703 gerettet.)

passage ['pæsɪdʒ]	**Überfahrt**
book a passage to America	eine Schiffsreise nach Amerika buchen
passengers travelling steerage	**Passagiere**, die im Zwischendeck reisen
stowaway ['stəʊəweɪ]	**blinder Passagier**
embark [ɪm'bɑːk]	**sich einschiffen**
disembark [dɪsɪm'bɑːk]	von Bord gehen
aboard [ə'bɔːd] / **on board** (the) ship	**an Bord** des Schiffes
go/come **ashore** [ə'ʃɔː]	**an Land** gehen/kommen
run **aground** [ə'graʊnd] (– ran – run)	**auf Grund** laufen; stranden
capsize [kæp'saɪz]	**kentern**
sink [sɪŋk] (– sank – sunk)	**sinken**
change **course** [tʃeindʒ 'kɔːs]	den **Kurs** ändern
bow [baʊ] – **stern** [stɜːn]	**Bug – Heck**
port [pɔːt] – **starboard** ['stɑːbəd]	**Backbord – Steuerbord**
the port where the ship **docked** [dɒkt]	der Hafen, in dem das Schiff **anlegte**
anchor ['æŋkə]	**Anker; (ver)ankern**
ride/lie at anchor	vor Anker liegen

"Nautical" idioms **(= „nautische" Idioms)**

I was between the devil and the deep blue sea. (= Ich war in einer argen Zwickmühle.) • *Frankly, I'm all at sea.* (= Offen gesagt, ich blicke nicht mehr durch.) • *There are plenty more fish in the sea.* (= Auch andere Mütter haben schöne Töchter.) • *We're all in the same boat.* (= Wir sitzen doch alle im gleichen Boot.) • *Economically, we've missed the boat.* (= Wirtschaftlich haben wir den Anschluss verpasst.)

sailor ['seilə]	**Seemann; Matrose**
I'm afraid I'm not a good sailor.	Leider bin ich nicht seefest.
captain ['kæptɪn] / **skipper** ['skɪpə]	**Kapitän**
radio operator ['reɪdiəʊ ɒpəreɪtə]	**Funker**
crew [kruː]	**Mannschaft; Besatzung**
All **hands** on deck!	Alle **Mann** an Deck!
pilot ['paɪlət]	**Lotse**
shipowner ['ʃɪpəʊnə]	**Schiffseigner(in); Reeder**
pirate ['paɪrət] – **piracy** ['paɪrəsi]	**Pirat – Piraterie**
seasick ['siːsɪk] – **seasickness**	**seekrank – Seekrankheit**
lighthouse ['laɪthaʊs]	**Leuchtturm**
lock [lɒk]	**Schleuse**

17.5 Public transport
Öffentlicher Nahverkehr

the **underground** *BE* / *AE* **subway**	die **U-Bahn**
take the underground / subway	mit der U-Bahn fahren
the **tube** [tju:b]	die **U-Bahn** (*in London*)
Where's the nearest tube? *BE*	Wo ist der nächste U-Bahnhof?
Buses are slower than tubes. *BE*	Busse sind langsamer als U-Bahnen.
a half-hour **journey** [ɜ:] *BE* / *AE* **ride**	eine halbstündige **Fahrt**
The S-Bahn is useful for longer journeys / rides / runs.	Die S-Bahn ist gut für längere Fahrten.
Children age 4 and under ride free. *AE*	Kinder bis zu 4 Jahren fahren frei.
subway riders ['sʌbweɪ raɪdəz] *AE*	**U-Bahnfahrer; U-Bahnfahrgäste**
the **elevated railroad** / the **el** [el]	die **Hochbahn** (*z. B. in Chicago*)
a train **bound** for Watford ['wɒtfəd]	ein Zug nach Watford

Dem britischen *public transport* ['trænspɔ:t] sowie den überwiegend im AE gebräuchlichen Bezeichnungen *public transportation, public transit* ['trænsɪt], *mass transportation* und *mass transit* entsprechen im Deutschen die Begriffe öffentlicher (Personen-)Nahverkehr bzw. öffentliche Verkehrsmittel.
Entsprechend: *use public transport* BE / AE *ride public transportation* (= öffentliche Verkehrsmittel benutzen), *an efficient* [ɪ'fɪʃnt] *public transport(ation) system / mass transit system* (= ein leistungsfähiges System von öffentlichen Verkehrsmitteln).
Means of transport(ation) kann Einzahl oder Mehrzahl sein:
a means of transport(ation) (= ein Verkehrsmittel) – *these means of transport(ation)* (= diese Verkehrsmittel).

tram [træm] *BE* / *AE* **streetcar**	**Straßenbahn**
I travel to work by **bus** [bʌs].	Ich fahre mit dem **Bus** zur Arbeit.
double-decker (bus) [dʌbl'dekə]	Doppeldecker(bus)
The buses run every five minutes.	Die Busse verkehren alle fünf Minuten.
the number 6 bus route ['bʌs ru:t]	die Buslinie 6
bus stop ['bʌs stɒp]	**Bushaltestelle**
request stop [rɪ'kwest stɒp]	**Bedarfshaltestelle**
minibus ['mɪnibʌs]	**Kleinbus**
coach [kəʊtʃ] *BE*	**Reisebus**

hail a **cab** / **taxi** ['tæksi]	ein **Taxi** heran- / herbeiwinken
a taxi ride / journey ['dʒɜːni]	eine Taxifahrt
taxi rank *BE* / *AE* taxi stand	Taxistand
turn the **meter** ['miːtə] on / off	das **Taxameter** / die **Uhr** ein- / ausschalten
a $2 **surcharge** ['sɜːtʃɑːdʒ]	ein **Zuschlag** von 2 Dollar
tip the driver ['draɪvə]	dem Fahrer **ein Trinkgeld geben**
short-trip / short-distance **ticket**	Kurzstrecken**karte**
ticket machine ['tɪkɪt məʃiːn]	Fahrkartenautomat
a **transfer** ['trænsfɜː] *AE*	ein **Umsteigefahrschein**
a flat **fare** ['flæt feə]	ein Einheits- / Pauschal**fahrpreis**
a fare increase / *AE auch* fare hike	eine Fahrpreiserhöhung
The conductor [kən'dʌktə] collects the fares.	Der Schaffner / Die Schaffnerin kassiert das Fahrgeld.
fare dodging ['dɒdʒɪŋ]	Schwarzfahren
Fare dodgers face a stiff fine.	Schwarzfahrern droht eine hohe Geldstrafe.
One Day **Travelcard** ['trævlkɑːd]	(verbilligte Tageskarte in London)

i *Tokens* ['təʊkənz] sind als Fahrausweis dienende Metallmarken, die man an einer *token booth* kauft und beim Betreten des Bahnsteigs (= *platform*) oder des Busses in ein Drehkreuz (= *turnstile*) steckt.

Some useful expressions **(= Nützliche Redensarten)**

How do I get to X, please?	Wie komme ich bitte nach X?
Which platform for Victoria [vɪk'tɔːriə]?	Von welchem Bahnsteig geht es nach Victoria?
Follow the signs [saɪnz] for Circle Line.	Folgen Sie den Schildern zur Circle-Linie.
Take the Central Line eastbound ['iːstbaʊnd].	Fahren Sie mit der Central-Linie in Richtung Osten.
Does this train go to ...?	Fährt dieser Zug nach ...?
The train goes via Charing Cross.	Der Zug fährt über Charing Cross.
Where do I change / transfer for ...?	Wo muss ich nach ... umsteigen?
What bus / train do I take for ...?	Welcher Bus / Zug fährt nach ...?
When / Where do I have to get off?	Wann / Wo muss ich aussteigen?
It's six stops to Victoria.	Nach Victoria sind es sechs Stationen.
You can get there on Line 1.	Da kommst du mit der Linie 1 hin.
Train terminates ['tɜːmɪneɪts] here.	(Der) Zug endet hier.
The escalator is out of service.	Die Rolltreppe ist außer Betrieb.
Mind [maɪnd] the gap!	Beachten Sie den Spalt (zwischen Bahnsteig und Zug)!

18.1 Economic theory and policy
Wirtschaftstheorie und -politik

economic(ally) [iːkə'nɒmɪk(li)]	**wirtschaftlich; ökonomisch**
economic policy ['pɒləsi]	(die) Wirtschaftspolitik
raise economic growth [grəʊθ]	das Wirtschaftswachstum steigern
economist [ɪ'kɒnəmɪst]	**Volkswirt(schaftler)(in); Wirtschaftswissenschaftler(in)**
the (national) **economy** [ɪ'kɒnəmi]	die (Volks-)**Wirtschaft**

Economic ist „wirtschaftlich = mit der Wirtschaft zusammenhängend"; *economical* ist „wirtschaftlich = sparsam". – *The economy* ist die Wirtschaft (eines Landes); *economy* (ohne Artikel) ist Sparsamkeit / Wirtschaftlichkeit. *Economics* ist (die) Wirtschaftswissenschaft / Volkswirtschaftslehre.

goods and services	**Waren und Dienstleistungen**
supply and demand [dɪ'mɑːnd]	**Angebot und Nachfrage**
the (world [wɜːld]) **market**	der **(Welt-)Markt**
free / unfair **competition** [kɒmpə'tɪʃn]	freier / unlauterer **Wettbewerb**
production [prə'dʌkʃn]	**Produktion**
production costs [kɒsts]	(die) Produktionskosten
the **private** sector [praɪvət 'sektə]	die **Privat**wirtschaft
free **enterprise** [friː 'entəpraiz]	freies **Unternehmertum**
business **profits** [bɪznəs 'prɒfɪts]	(die) Unternehmer**gewinne**
accumulate [ə'kjuːmjəleɪt] **capital**	**Kapital** bilden
prosperity [prɒ'sperəti]	**Wohlstand**
wealth [welθ]	**Reichtum; Vermögen**
gross [grəʊs] **national product**	**Bruttosozialprodukt**
a balanced **budget** ['bʌdʒɪt]	ein ausgeglichener **Haushalt**
the budget deficit ['defəsɪt]	das Haushaltsdefizit
budget cuts / freeze	Haushaltskürzungen / -stopp
the national **debt** [det]	die Staats**schuld** / **-verschuldung**
cut / reduce **subsidies** ['sʌbsədiz]	**Subventionen** abbauen
cut **interest rates** ['ɪntrəst reɪts]	die **Zinsen** senken
increase **productivity** [prɒdʌk'tɪvəti]	die **Produktivität** erhöhen
the **standard of living**	der **Lebensstandard**
the **cost of living** [kɒst əv 'lɪvɪŋ]	die **Lebenshaltungskosten**
consumer prices [kən'sjuːmə praisɪz]	(die) **Verbraucher**preise
inflation [ɪn'fleɪʃn] – **deflation**	**Inflation** – **Deflation**

18.2 Business
Das Geschäftsleben

business ['bɪznəs]	(das) **Geschäft; Geschäfts-**
Business is good / bad.	Die Geschäfte gehen gut / schlecht.
Are you here on business?	Sind Sie geschäftlich hier?
a thriving ['θraɪvɪŋ] business	ein florierendes Unternehmen
businessman / -woman / -people	**Geschäftsmann / -frau / -leute**
commerce ['kɒmɜːs]	**Handel(sverkehr)**
chamber ['tʃeɪmbə] of commerce	(Industrie- und) Handelskammer
commercial [kə'mɜːʃl]	**kaufmännisch; kommerziell; Handels-**
trade [treɪd]	**Handel; Gewerbe**
the furniture ['fɜːnɪtʃə] trade	die Möbelbranche
merchant ['mɜːtʃənt]	**Kaufmann / -frau**
(quality) **merchandise / goods**	(Qualitäts-)**Ware(n)**
deal in sth. (– dealt [e] – dealt)	mit etw. **handeln**
deal with sb.	mit jem. Geschäfte machen
owner / proprietor [prə'praɪətə]	**Besitzer(in); Eigentümer(in)**
shopkeeper ['ʃɒpkiːpə]	**Ladenbesitzer(in)**
company ['kʌmpəni]	**Gesellschaft; Firma; Unternehmen**
multinational (corporation)	multinationaler Konzern; Multi
(un)limited **liability** [laɪə'bɪləti]	(un)beschränkte **Haftung**
shareholder / stockholder	**Aktionär(in)**
director [də'rektə]	**Direktor(in)**
the **board** [bɔːd] **of directors**	der **Vorstand**
chairman of the board	Vorstandsvorsitzende(r)
manager ['mænɪdʒə]	**Leiter(in)**
data-processing manager	Leiter(in) der EDV-Abteilung
sales manager / *AE auch* vice president of sales	Verkaufs- / Vertriebsdirektor(in)
executive [ɪg'zekjətɪv]	**leitende(r) Angestellte(r); Manager(in)**
sell (– sold – sold)	**verkaufen**
sale [seɪl]	**Verkauf; Vertrieb**
sales figures ['seilz fɪgəz]	Verkaufs- / Absatzzahlen
a drop / decline in sales	ein Umsatzrückgang
a rise / an increase in sales	ein Umsatzanstieg; eine Umsatzerhöhung
Sales have dropped / declined.	Die Umsätze sind zurückgegangen.
Sales are going up / increasing.	Die Umsätze steigen.
seller – buyer ['baɪə]	**Verkäufer(in) – Käufer(in)**

salesman – saleswoman	**Verkäufer – Verkäuferin**
travelling salesman	(Handels-/Reise-)Vertreter
representative [reprɪ'zentətɪv]	**Vertreter(in); Repräsentant(in)**
sales rep(resentative) ['seilz rep]	(Handels-)Vertreter(in)
a **commission** [kə'mɪʃn] of 25 per cent	eine **Provision** von 25 Prozent
wholesale ['həʊlseɪl] – **retail** ['ri:teɪl]	**Großhandel(s-) – Einzelhandel(s-)**
wholesaler – retailer ['ri:teɪlə]	Großhändler – Einzelhändler
distribute [dɪ'strɪbju:t] goods	Waren **vertreiben/ausliefern**
contract ['kɒntrækt]	**Vertrag**
buy [baɪ] (– bought [ɔ:] – bought)	**(an-/ein)kaufen**
turnover ['tɜ:nəʊvə]	(der) **Umsatz**
make a **profit** ['prɒfɪt]	**Gewinn** erzielen
profitable ['prɒfɪtəbl]	**Gewinn bringend; rentabel**
lose [lu:z] (– lost [lɒst] – lost)	**verlieren**
loss [lɒs]	**Verlust**
suffer huge [hju:dʒ] losses	enorme Verluste erleiden
charge a **price**	einen **Preis** berechnen
cut/raise prices	die Preise senken/erhöhen
overcharge [əʊvə'tʃɑ:dʒ] someone	jemand **zu viel abverlangen**
value ['vælju:]	**Wert**
discount ['dɪskaʊnt]	**Rabatt; Skonto**
stiff **competition**	scharfe **Konkurrenz**
bid for something (– bid – bid)	ein Angebot für etwas abgeben
offer ['ɒfə]	**Angebot; anbieten**
showroom ['ʃəʊru:m]	**Ausstellungsraum**
place an **order** with a firm	(einen) **Auftrag** an eine Firma erteilen
fill / fulfil / execute an order	einen Auftrag ausführen
Can you **supply** these items?	Können Sie diese Artikel **liefern**?
supplier [sə'plaɪə]	**Lieferant**
deliver [dɪ'lɪvə] from stock	vom Lager **(aus)liefern**
the **delivery** [dɪ'lɪvəri] of goods	die **Lieferung** von Waren
ship / dispatch / forward sth.	etwas **versenden**
shipment/consignment [kən'saɪn-]	**(Waren-)Sendung; Lieferung**
stock [stɒk]	**Lager**
It's in stock / out of stock.	Es ist (nicht) vorrätig.
Our stocks are running low.	Unsere Vorräte gehen zur Neige.
warehouse ['weəhaʊs]	**Lagerhaus; (Waren-)Lager**
guarantee [gærən'ti:]	**garantieren** (für); **Garantie(schein)**
a two-year guarantee/warranty [ɒ]	eine zweijährige Garantie
import ['ɪmpɔ:t] – **export** ['ekspɔ:t]	**Import – Export**
import [ɪm'pɔ:t] – export [ɪk'spɔ:t]	importieren – exportieren

18.3 Money and finance
Geld und Finanzwesen

(make a lot of) **money** ['mʌni]	(viel) **Geld** (verdienen)
a large/small amount of money	ein großer/kleiner Geldbetrag
I haven't got any **cash** [kæʃ] on me.	Ich habe kein **(Bar-)Geld** bei mir.
five thousand dollars in cash	5 000 Dollar in bar
Are you paying (in) cash?	Zahlen Sie bar?
I'm rather short of cash.	Ich bin ziemlich knapp bei Kasse.
cash payment ['kæʃ peɪmənt]	Barzahlung
cash machine ['kæʃ məʃi:n]	**Geldautomat**

Beachten Sie die Einzahl- und Mehrzahlformen bei Geldbeträgen
We've got £60 (= sixty pounds) in the bank. (= Wir haben 60 Pfund auf der Bank.) • *They bid half a million dollars.* (= Sie boten eine halbe Million Dollar.) • *That's eleven euros thirty.* (= Das macht dann elf Euro dreißig.) • *He had only 20 cents in his pocket.* (= Er hatte nur 20 Cent in der Tasche.) • *a 20-euro note* BE / AE *bill* (= ein 20-Euro-Schein) • *a 50-pound note / 50-dollar bill* (= eine 50-Pfund-Note / 50-Dollar-Note).

How much did he **charge** for the job?	Was hat er für die Arbeit **berechnet**?
You can charge it to my account.	Belasten Sie es meinem Konto.
cost [kɒst] (– cost – cost)	**kosten**
They cost 60p [sɪksti 'pi:] each.	Sie koste(te)n 60 Pence das Stück.
change a 100-euro note	einen Hunderteuroschein **wechseln**
pay [peɪ] (– paid [peɪd] – paid)	**(be)zahlen**
pay for goods	Waren bezahlen
pay a bill	eine Rechnung bezahlen
She's paid (off) all her debts [dets].	Sie hat alle ihre Schulden bezahlt.
pay by cheque / by credit card	mit Scheck/Kreditkarte bezahlen
payment ['peɪmənt]	**Bezahlung**
wallet ['wɒlɪt] / *AE auch* **billfold**	**Brieftasche**
purse [pɜ:s] *BE* / *AE* **change purse**	**Portmonee; Geldbeutel**

Dollars sind umgangssprachlich *bucks*; **pounds** sind *quid: I owe her two hundred bucks/quid.* (= Ich schulde ihr zweihundert Dollar/Pfund.)

spend money (on) (– spent – spent)	Geld **ausgeben** (für)

expenditure(s) [ɪk'spendɪtʃə(z)]	**Ausgaben; Aufwendungen**
lend money to someone (– lent – lent)	jemand Geld **leihen**
borrow money from someone	(sich) Geld von jemand **borgen**
take out a **loan** [ləʊn]	einen **Kredit** aufnehmen
lease [liːs] a car	einen Wagen **leasen**
save money ['mʌni]	Geld **sparen**
invoice ['ɪnvɔɪs]	**(Waren-)Rechnung; Faktura**
foot [fʊt] the **bill**	die **Rechnung** bezahlen / begleichen
open an **account** [ə'kaʊnt] with a bank	bei einer Bank ein **Konto** eröffnen
the money in my account	das Geld auf meinem Konto
withdraw (– withdrew – withdrawn)	(*Geld*) **abheben**
banker – **bank manager** ['mænɪdʒə]	**Bank(i)er** – **Zweigstellenleiter(in)**
cut / reduce **interest rates**	die **Zinsen** senken
treasurer ['treʒərə]	**Schatzmeister(in); Leiter(in) der Finanzabteilung; Kassenwart**
the **Treasury** ['treʒəri] (Department)	das **Finanzministerium**
monetary ['mʌnɪtri] policy	(die) **Geld(markt)politik**
monetary union [mʌnɪtri 'juːniən]	(die) Währungsunion
the peso was **devalued** by 50 %	der Peso wurde um 50 % **abgewertet**
exchange rates [ɪks'tʃeɪndʒ reɪts]	**Wechsel- / Devisenkurse**
foreign exchange [fɒrən ɪks'tʃeɪndʒ]	Devisen
create a common **currency** ['kʌrənsi]	eine gemeinsame **Währung** schaffen
invest – **investor** – **investment**	**investieren** – **Investor(in)** – **Investition**
invest millions in a project ['prɒdʒekt]	Millionen in ein(em) Projekt investieren
our **financial** [faɪ'nænʃl] position	unsere **finanzielle** Lage
finance [faɪ'næns] a project	ein Projekt **finanzieren**
insolvency [ɪn'sɒlvənsi]	**Zahlungsunfähigkeit**
pay for something by **instalments**	etwas in **Raten** bezahlen
The first instalment is due in May.	Die erste Rate ist im Mai fällig.
a high / low **income** ['ɪnkʌm]	ein hohes / niedriges **Einkommen**
the **stock exchange** ['stɒk ɪkstʃeɪndʒ]	die **Börse**
stocks [stɒks]	**Aktien**
dividend ['dɪvɪdend]	**Dividende; Gewinnanteil**
broker ['brəʊkə]	(*z. B. Börsen-*)**Makler(in)**
fund [fʌnd] **manager**	**Fondsverwalter(in)**
stock-market crash [kræʃ]	**Zusammenbruch des Aktienmarktes**

18.4 Advertising
Werbung

advertising ['ædvətaɪzɪŋ]	(die) **Werbung; Reklame**
advertising agency ['eɪdʒənsi]	Werbeagentur
advertising department	Werbeabteilung
advertising manager ['mænɪdʒə]	Werbeleiter(in)
advertising campaign [kæm'peɪn]	Werbekampagne / -feldzug
advertise ['ædvətaɪz] a product	für ein Produkt **Reklame machen**
advertiser ['ædvətaɪzə]	**Inserent(in)**
advertisement [əd'vɜːtɪsmənt] / **ad** [æd] / *BE auch* **advert** ['ædvɜːt]	**(Werbe-)Anzeige; Werbespot; Reklame**
place ad(vertisement)s	Anzeigen schalten
classified ad(vertisement)	Kleinanzeige
copy ['kɒpi]	(ein / der) **Werbetext**
He writes good copy.	Er schreibt gute Werbetexte.
copywriter ['kɒpiraɪtə]	(Werbe-)Texter(in)
creative(ly) [kri'eɪtɪv(li)]	**kreativ; schöpferisch; gestaltend**
marketing ['mɑːkɪtɪŋ]	**Marketing(-)**
direct ['daɪrekt] marketing	Direktmarketing; Direktwerbung
telemarketing ['telimɑːkɪtɪŋ]	(Verkauf / Werbung per Telefon)
market-oriented ['ɔːrientɪd]	**marktorientiert**
market research [rɪ'sɜːtʃ]	(die) **Marktforschung**
promotion [prə'məʊʃn]	**Verkaufsförderung**
promote [prə'məʊt] a product	ein Produkt **bewerben**
publicity [pʌb'lɪsəti]	**Publicity; Werbung**
launch [lɔːntʃ] a publicity campaign	eine Werbekampagne starten
Public relations [pʌblɪk rɪ'leɪʃnz] is / are very important.	(Die) **Öffentlichkeitsarbeit** ist sehr wichtig.
goodwill [gʊd'wɪl]	**Goodwill; ideeller Firmenwert**
commercials [kə'mɜːʃlz]	(*Fernsehen / Radio*) **Werbespots**
brochure ['brəʊʃə]	**Werbeschrift; Prospekt**
leaflet ['liːflət]	**Werbezettel; Prospekt**
flyer ['flaɪə] / **handbill**	**Handzettel**
direct mail [dairekt 'meɪl]	**Infopost; Postwurfsendungen**
junk mail ['dʒʌŋk meɪl]	(*abfällig*) **Reklamesendungen**
hoarding ['hɔːdɪŋ] *BE* / *AE* **billboard**	**Reklame- / Plakatwand**
display [dɪ'spleɪ]	**Display; Auslage**
giveaway ['gɪvəweɪ]	**Werbegeschenk**
target group / **target audience** ['ɔːdiəns]	**Zielgruppe**
test market ['test mɑːkɪt]	**Testmarkt**

18.5 Occupations
Berufe

vocation [vəʊ'keɪʃn]	**Berufung**
family, home and **job**	Familie, Haushalt und **Beruf**

Beruf
What does she do (for a living)? (= Was macht sie beruflich?) • *He's a butcher* ['bʊtʃə] *by trade.* (= Er ist Fleischer von Beruf.) • *Occupation* [ɒkju'peɪʃn]: *Housewife* (= Beruf: Hausfrau)
Professional people sind Angehörige der freien bzw. hoch qualifizierter Berufe, also etwa der *legal* ['li:gl], *medical* ['medɪkl], *or teaching professions.* Entsprechend: *She's a lawyer* ['lɔ:jə] *by profession.* (= Von Beruf ist sie Rechtsanwältin.)

work **freelance** ['fri:lɑ:ns]	**freiberuflich** tätig sein
freelance writer	freie(r) Schriftsteller(in)
self-employed [self ɪm'plɔɪd]	**selb(st)ständig**
the **boss** [bɒs]	der **Chef** / die **Chefin**
head [hed] (of a department)	**Leiter(in)** (einer Abteilung)
head(master / -mistress) *BE* / *AE* **principal** ['prɪnsəpl]	(*Schule*) **Direktor(in) / Leiter(in)**
professor [prə'fesə]	**Professor(in)**

Lehrer(in) kann auch *instructor* [ɪn'strʌktə] sein:
driving instructor (= Fahrlehrer/in) • *riding instructor* (= Reitlehrer/in) • *swimming instructor* (= Schwimmlehrer/in) • *ski* [ski:] / *skiing instructor* (= Skilehrer/in) • *flight / flying instructor* (= Fluglehrer/in)

the **chair(man)** ['tʃeə(mən)]	der **Vorsitzende**
the chair(woman) ['tʃeə(wʊmən)]	die Vorsitzende
labourer ['leɪbərə]	**(Hilfs-)Arbeiter(in)**
unskilled **worker** [ʌnskɪld 'wɜ:kə]	ungelernte(r) **Arbeiter(in)**
semiskilled worker ['semɪskɪld]	angelernte(r) Arbeiter(in)
skilled worker [skɪld 'wɜ:kə]	Facharbeiter(in)
blue-collar [blu: 'kɒlə] worker	Arbeiter(in)
white-collar worker	Angestellte(r)
apprentice [ə'prentɪs]	**Lehrling; Auszubildende(r)**
have **workmen** in the house	**Handwerker** im Haus haben

Traditionelle Handwerksberufe (deutsch jeweils auch weiblich)
baker (= Bäcker) • *shoemaker* (= Schuhmacher) • *bricklayer* (= Maurer) • *butcher* ['bʊtʃə] (= Fleischer / Metzger) • *cabinetmaker* (= Kunst- / Möbeltischler) • *carpenter* (= Zimmermann / Bautischler) • *chimney sweep* (= Schornsteinfeger) • *clockmaker / watchmaker* (= Uhrmacher) • *joiner* (= Tischler / Schreiner) • *dressmaker* (= Damenschneider) • *tailor* (= Herrenschneider) • *plumber* ['plʌmə] (= Klempner / Installateur)

accountant [ə'kaʊntənt] / **book-keeper**	**Buchhalter(in)**
shorthand typist [ʃɔ:thænd 'taɪpɪst]	**Stenotypistin**
secretary ['sekrətri]	**Sekretär(in)**
personal assistant [ə'sɪstənt] / **PA**	(*etwa*) **Chefsekretärin / Assistentin**
shop assistant ['ʃɒp əsɪstənt] *BE*	**Verkäufer(in)** (*in Laden etc.*)

Employee [ɪm'plɔɪi:] **= Angestellte(r) / Mitarbeiter(in)**
bank employee (= Bankangestellte/r) • *civil service employee* (= Angestellte/r im öffentlichen Dienst) • *a male employee* (= ein Mitarbeiter) • *a female employee* (= eine Mitarbeiterin)

Clerk **hat oft eine ähnliche Bedeutung wie *employee***
bank clerk ['bæŋk klɑ:k] (= Bankangestellte/r) • *office clerk* (= Büroangestellte/r) • *postal clerk* (= Schalterangestellte/r bei der Post) • *salesclerk* (AE = Verkäufer/in) • *supermarket clerk* (= Supermarktangestellte/r)

civil servant [sɪvl 'sɜ:vənt] / *AE auch* **government employee**	(*etwa*) **Beamter / Beamtin**
civil engineer [sɪvl endʒɪ'nɪə]	**Bauingenieur(in)**
inventor [ɪn'ventə]	**Erfinder(in)**
(aircraft) **designer** [dɪ'zaɪnə]	(Flugzeug-)**Konstrukteur(in)**
fashion designer	Modeschöpfer(in)

Attendants [ə'tendənts]
swimming-pool attendant (= Bademeister/in) • *car-park attendant* BE / AE *parking attendant* (= Parkwächter/in) • *lavatory* ['lævətri] *attendant* (= Toilettenmann / -frau) • *museum* [mju'zɪəm] *attendant* (= Museumswärter/in)

housewife / **house husband** *BE*	**Hausfrau – Hausmann**
homemaker *AE*	**Hausfrau – Hausmann**
cleaner ['kli:nə]	**Raumpfleger(in); Reinigungskraft**

18.6 In the office
Im Büro

office ['ɒfɪs]	**Büro**; (*Anwalt*) **Kanzlei**
office hours ['aʊəz]	Dienst- / Arbeitsstunden
superior [su'pɪəriə] / *AE auch* **supervisor** ['su:pəvaɪzə]	**Vorgesetzte(r)**
my **colleagues** ['kɒli:gz] / **coworkers**	meine **Kolleg(inn)en**
her **subordinates** [sə'bɔ:dɪnəts]	ihre **Mitarbeiter(innen)**
the **receptionist** [rɪ'sepʃənɪst]	die **Dame** / der **Herr am Empfang**
arrange an **appointment**	einen **Termin** vereinbaren
I've an appointment to see Mr Fox.	Ich habe einen Termin bei Herrn Fox.
A Mr Dole to **see** you.	Ein Herr Dole möchte Sie sprechen.
meet with someone (– met – met)	mit jem. **eine Unterredung haben**
hold a **meeting** (– held – held)	eine **Sitzung** abhalten
She's going to a meeting.	Sie ist auf dem Weg zu einer Besprechung.
She's still in **conference** ['kɒnfrəns].	Sie ist noch in einer **Besprechung**.
business card ['bɪznəs kɑ:d]	**Visiten- / Geschäftskarte**
business lunch ['bɪznəs lʌntʃ]	**Arbeitsessen**
desk [desk]	**Schreibtisch**
desk lamp	Schreibtischlampe
a desk job	eine Bürotätigkeit
draft [drɑ:ft] a letter	einen Brief **entwerfen**
a draft letter	ein Briefentwurf
type [taɪp] a letter	einen Brief **auf der Maschine / auf dem PC schreiben / tippen**
Could you type this right away?	Könnten Sie dies direkt schreiben?
How long will it take to type out the contract ['kɒntrækt]?	Wie lange wird es dauern, den Vertrag zu schreiben?
type up the minutes of the meeting	das Protokoll der Sitzung schreiben
typing error ['erə] / **typo** ['taɪpəʊ]	**Tippfehler**
typing paper ['taɪpɪŋ peɪpə]	**Schreibmaschinenpapier**
typing pool ['taɪpɪŋ pu:l]	**Schreibzentrale**
typewriter ['taɪpraɪtə]	**Schreibmaschine**
dictate [dɪk'teɪt] letters to a secretary	einer Sekretärin Briefe **diktieren**
dictated by X and signed in his / her absence ['æbsəns]	nach Diktat verreist

dictating machine [dɪk'teɪtɪŋ məʃi:n]	**Diktiergerät**
take **dictation** (– took – taken)	ein **Diktat** aufnehmen
take something down in **shorthand**	etwas **stenografieren**
Get me the Smith **file**, please.	Bringen Sie mir bitte die **Akte** Smith.
These things can be filed (away).	Diese Sachen können in die Ablage.
photocopier ['fəʊtəʊkɒpiə]	**Fotokopierer**
photocopy ['fəʊtəʊkɒpi]	**Fotokopie; fotokopieren**
I have some copying to do.	Ich muss noch einiges fotokopieren.
copy paper ['kɒpi peɪpə]	Kopierpapier
take on extra work (– took – taken)	zusätzliche Arbeit **übernehmen**
I'm afraid I'm **busy** ['bɪzi] right now.	Ich bin leider gerade **beschäftigt**.
(office) **stationery** ['steɪʃənri]	**Büromaterial**; (Firmen-)**Briefpapier**
paper clip ['peɪpə klɪp]	**Büroklammer**
clipboard ['klɪpbɔ:d]	**Klemmbrett; Manuskripthalter**
staple ['steɪpl] – **stapler** ['steɪplə]	**Heftklammer – Heftmaschine**
staple papers together	Papiere zusammenheften
(hole) **punch** [pʌntʃ]	**Locher**
notepad ['nəʊtpæd] – **notebook**	**Notizblock – Notizbuch**
ring binder ['rɪŋ baɪndə]	**Ringbuch**
card index [kɑ:d 'ɪndeks]	**Kartei**
notice board *BE* / *AE* **bulletin board**	**Anschlagtafel; schwarzes Brett**
drawing pin *BE* / *AE* **thumbtack**	**Reißzwecke; Reißnagel**
write [raɪt] (– wrote – written)	**schreiben**
writing paper ['raɪtɪŋ peɪpə]	Schreibpapier, Briefpapier
pencil ['pensl]	**Bleistift**
pencil sharpener ['ʃɑ:pnə]	Bleistift(an)spitzer
propelling *BE* / *AE* mechanical pencil	Drehbleistift; Druckbleistift
Have you got a **pen**?	Hast du **was zum Schreiben**?
ballpoint (pen)	Kugelschreiber
felt tip (pen) / felt pen ['felt pen]	Filzstift; Filzschreiber
marker (pen) ['mɑ:kə]	Markierstift
fountain pen ['faʊntən pen]	Füll(feder)halter; Füller
refill ['ri:fɪl]	**(Kugelschreiber- / Bleistift-)Mine**
written in **ink** [ɪŋk]	mit **Tinte** geschrieben
(ink) **cartridge** ['kɑ:trɪdʒ]	(Tinten-)**Patrone**
rubber *BE* / *AE* **eraser** [ɪ'reɪzə]	**Radiergummi**
Sellotape™ *BE* / *AE* **Scotch tape**™	**Tesafilm**™; **Klebefilm**

18.7 Labour relations
Beziehungen zwischen den Tarifpartnern

labour ['leɪbə]	**Arbeit; die Arbeiterschaft**
organized / unionized ['juːniənaɪzd] labour	gewerkschaftlich organisierte Arbeitnehmer(innen)
the **work force** ['wɜːk fɔːs]	die **Belegschaft**

i *Labour relations* bezeichnet die Beziehungen zwischen der Unternehmensleitung (= *management*) und den Mitarbeitern (= *employees* [ɪm'plɔɪiːz]), zwischen Arbeitgebern (= *employers*) und Gewerkschaften (= *union*).

trade union *BE* / *AE* **labor union**	**Gewerkschaft**
belong to a union ['juːniən]	einer Gewerkschaft angehören
union member ['juːniən membə]	Gewerkschaftsmitglied
strike (– struck – struck)	**streiken**
striking workers	streikende Arbeiter(innen)
take strike action against a firm	eine Firma bestreiken
The miners are on strike.	Die Bergarbeiter streiken.
an unofficial / wildcat strike	ein wilder Streik
a sympathy ['sɪmpəθi] strike	ein Sympathiestreik
stage warning ['wɔːnɪŋ] strikes	Warnstreiks durchführen
call off a strike	einen Streik abblasen / beenden
head off a strike	einen Streik abwenden
settle a strike	einen Streik beilegen
work to rule [ruːl]	**Dienst nach Vorschrift (machen)**
a **go-slow** *BE* / *AE* **slowdown**	ein **Bummelstreik**
stop work / **down tools** [tuːlz]	die **Arbeit niederlegen**
lock out [lɒk 'aʊt] – **lockout** ['lɒkaʊt]	**aussperren** – **Aussperrung**
minimum **wage** [mɪnɪməm 'weɪdʒ]	**Mindestlohn**
demand [dɪ'mɑːnd] wage increases	Lohnerhöhungen fordern
negotiate [nɪ'gəʊʃieɪt] / **bargain** ['bɑːgən] with the unions	mit den Gewerkschaften **verhandeln**
negotiate a pay agreement	einen Tarifvertrag aushandeln
settle a dispute [dɪ'spjuːt]	einen Streit **beilegen**
pay / wage settlement ['setlmənt]	Tarifabschluss
return [rɪ'tɜːn] to / **go back** to work	die Arbeit **wieder aufnehmen**
layoffs ['leɪɒfs]	(vorübergehende) **Entlassungen**
They're on **short time** [ʃɔːt 'taɪm].	Sie machen **Kurzarbeit**.

Register Englisch

Zahlen, Wochentage, Monatsnamen, Personennamen und geographische Namen sowie die nachstehend aufgelisteten Wörter sind in diesem Register nicht berücksichtigt – es sei denn, sie sind Teil einer Kollokation oder vom Sprachgebrauch her besonders zu beachten.

a(n)	cannot	himself	not	that	were
about	could(n't)	his	now	the	what
after	did	how	of	their	when
again	didn't	I	on	them	where
all	do	if	one	themselves	which
also	does(n't)	in	only	then	who
am	don't	into	or	there	why
American	down	is	other	these	will
and	England	it	our	they	with
are	English	its	ourselves	this	without
as	first	itself	out	those	woman
at	for	just	over	through	won't
be	from	man	people	to	would(n't)
because	got	many	please	too	yes
been	had	me	she	UK	you
before	has	more	so	up	yourself
between	have	most	some	us	yourselves
Britain	he	much	somebody	US(A)	
British	her	must	someone	very	
but	here	my	something	was	
by	herself	myself	such	we	
can('t)	him	no	than	well	

A

A

A

B

B

C

C

C

D

E

E

F

E

G

G

H

H

J

M

M

M

O

N

P

P

P

P

R

S

S

S

T

T

T

U

U

X

Y

Z

Register Deutsch

Um Platz zu sparen, ist mitunter bei Wörtern wie *Politiker(in)*, *Rentner(in)*, *Student(in)* nur die männliche Form aufgeführt. Die weibliche Form ist aber in jedem Fall genannt, wenn ihr im Englischen ein eigenes Wort entspricht (z. B. *Schauspielerin = actress*, *Zeichnerin = draughtswoman*).

A

A

A

A

B

C

B

D

D

F

F

G

G

H

H

H

K

L

K

M

M

N

O

N

P

P

Q

R

P

S

R

S

S

T

U

U

V

V

W

W